Um Gottes Willen: ein Priester!

Um Gottes Willen: ein Priester!

Kurzgeschichten aus dem Leben des Peter Dyckhoff

zum 80. Geburtstag am 19. August 2017

VERLAG PH. C. W. SCHMIDT
2017

Titel und Herausgeber: Jutta Brück

VERLAG PH. C. W. SCHMIDT
Neustadt an der Aisch

Satz: SATZstudio Josef Pieper, Bedburg-Hau
Einbandgestaltung: Finken & Bumiller, Stuttgart
Cover-Foto: Prof. Dr. George Augustin
Fotos: privat oder von den betreffenden Personen zur Verfügung gestellt

ISBN 978-3-87707-106-9

Gesamtherstellung:
VDS VERLAGSDRUCKEREI SCHMIDT
91413 Neustadt an der Aisch

Inhalt

Teil 2

Wie es zu diesem Buch kam …

Ein gewagtes Vorhaben ist es, ein großteils biografisches Buch zu erstellen, ohne dass derjenige, um den es geht, hiervon weiß. In diesem Fall ist das so. Es sollte eine Überraschung für Pfarrer Dr. Peter Dyckhoff zu seinem 80. Geburtstag und 35-jährigen Priesterjubiläum sein.

Die Inhalte dieses Buches und alle Informationen konnte ich den verschiedensten Unterlagen aus Aktenordnern, Briefen, Büchern von Peter Dyckhoff und Foto-Alben entnehmen – insbesondere jedoch seinen eigenen früheren Berichten. Viele Informationen verdanke ich auch den Erzählungen seiner Mutter, die ich jahrelang regelmäßig in Rheine besuchte. Natürlich sind auch Erlebnisse, die ich selbst hatte, eingeflossen.

Unsere Mütter waren seit ihren Jugendjahren (ab 1935) eng miteinander befreundet; so lernten Peter Dyckhoff und ich uns bereits als Kinder kennen. Viele Jahre verloren wir uns dann aus den Augen, bis sich unsere Mütter und so auch wir uns im Jahr 1985 wiedertrafen.

Seine Mutter Charlotte Dyckhoff und er entschlossen sich, uns auf dem Rückweg vom Benediktiner-Kloster Gerleve (Billerbeck) in Senden zu besuchen – nach mehr als 10 Jahren „Sendepause". Im Gegensatz zu meiner Mutter wusste ich nicht, dass Peter Dyckhoff Priester geworden war. Ich öffnete die Haustür und sah ihn neben seiner Mutter stehen: jugendlich und gut aussehend – im Priesteranzug mit Kollar. Nie werde ich meine erste Reaktion vergessen, die mir statt einer Begrüßung herausrutschte: *Welch eine Verschwendung …!*

Heute würde ich dies nicht mehr so sagen; seinerzeit hatte ich jedoch aufgrund negativer Erfahrungen mit einigen Geistlichen ein recht angespanntes Verhältnis zur Kirche. Durch das Zusammensein mit Peter Dyckhoff fand ich zum Christentum zurück und weiß, dass zu differenzieren ist.

Seine Mutter Charlotte (Lotty) bemühte sich sodann rührend um meine Mutter („Mutter Mathilde", wie Peter Dyckhoff sie stets nannte), die etwa 10 Jahre lang ein schwerer Pflegefall war. Dieses Kümmern schloss auch meinen geistig und körperlich behinderten Bruder Helmut mit ein.

Die letzten Worte meiner Mutter zu mir waren: *Lotty ruft dich.* So bemühte ich mich nach ihrem Tod um Peter Dyckhoffs Mutter und besuchte sie jeden

Sonntag in Rheine, auch, um ihr ein wenig wiederzugeben. Sie wurde so etwas wie meine „Ersatzmutter" …

Das Versprechen, das ich seiner Mutter vor ihrem Tod gab, war, ihn nicht allein zu lassen und immer für ihn da zu sein. Und Peter Dyckhoff versprach ihr, auch für mich da zu sein. Wir beide haben unsere Versprechen gehalten und gedenken, das weiterhin zu tun.

Er beerdigte meine Mutter und später auch meinen Bruder Helmut, der im Haus Matthäus (Stift Tilbeck) am 4. Februar 2008, einem Rosenmontag, starb. Diese recht ungewöhnliche Situation beschreibe ich gesondert unter der Überschrift „Zeichen eines liebenden Gottes".

Etwa 30 Jahre lang sind Peter Dyckhoff und ich nun freundschaftlich eng miteinander verbunden. Seit ungefähr 20 Jahren wohnen wir – allerdings in getrennten abgeschlossenen Wohnungen – nebeneinander, tauschen uns aus, sind füreinander da und helfen uns gegenseitig. So erklärt sich hoffentlich für Sie, wie ich an seine Unterlagen und Foto-Alben komme, und woher ich die anderen Informationen habe. Sie fragen sich, ob ich bei ihm „wühlen" durfte? Ja, ich darf!

Mit diesem Buch bezwecke ich keine „Beweihräucherung" von Peter Dyckhoff – im Gegenteil. Auch er hat „Ecken und Kanten", denn er ist gottlob „auch nur ein Mensch", und als diesen möchte ich ihn etwas beschreiben. Es ist mein Anliegen, ihn als sensiblen Menschen mit Stärken und Schwächen zu zeigen sowie bei der Erfüllung seiner Aufgaben als Priester und als geistlicher Autor. Es geht um die Skizzierung seines „kurvenreichen" Lebens, Auszüge aus seiner Lebensleistung und sein geplantes Vermächtnis.

Sie werden sehen, dass auch so manches Humorvolle geschildert wird.

Übrigens: Peter Dyckhoff ist ein „Witz-Killer". Die meisten Witze müssen ihm detailliert erklärt werden, da er sie nicht auf Anhieb versteht. Und das ist natürlich der Tod eines jeden Witzes. Ja, manchmal ist er schon recht naiv …

Vielleicht versuchen Sie es einmal?

Ich wünsche Peter Dyckhoff für die vor ihm liegenden – hoffentlich noch langen – Jahre neben guter Gesundheit weiterhin viel Freude an seiner wichtigen pastoralen und literarischen Arbeit und liebe Menschen um sich herum.

Möge sich die Verbreitung des Ruhegebetes, was zu seiner Lebensaufgabe geworden ist, auch dann fortsetzen, wenn er einmal diese irdische Welt verlässt.

Jutta Brück

NORBERT TRELLE
BISCHOF VON HILDESHEIM

Grußwort des
Bischofs von Hildesheim
Norbert Trelle
zum 80. Geburtstag von
Pfarrer
Dr. Peter Dyckhoff
am 19. August 2017

Sehr verehrter Herr Pfarrer Dr. Dyckhoff,
lieber Mitbruder!

Ihr achtzigster Geburtstag steht bevor; eine Zeitspanne von zweimal vierzig Jahren liegt dann hinter Ihnen. Diesem Zeitraum ist in der Heiligen Schrift eine hohe Symbolkraft zugewiesen. Vierzig Jahre lang war das Volk Israel in der Wüste unterwegs - auf dem Weg in das Heilige Land, begleitet von Anfechtungen, gestärkt durch die Dichte von Gottesbegegnungen, mal ungewiss, mal zielsicher.

Fast genau vierzig Jahre ist es her - zur Mitte Ihres bisherigen Lebens -, dass Sie sich entschieden haben, Ihren Lebensweg als Priester zu gehen. Der heilige Johannes Cassian ist Ihnen dabei ein wichtiger Begleiter geworden. Indem Sie selbst sich hineinvertieft haben in seine Praxis des Ruhegebetes, ist es Ihnen gelungen, diesen kostbaren geistlichen Schatz unserer heutigen Zeit zugänglich zu machen und viele Menschen zu einer vertieften Form der Gottesbegegnung zu führen.

Der Evangelist Lukas erzählt, Jesus „verbrachte die ganze Nacht im Gebet zu Gott" (Lk 6,12), bevor er die zwölf Apostel berief. Das Motiv vom Herrn, der sich in die Einsamkeit zurückzieht und die Ruhe des Gebets sucht, durchzieht das ganze Evangelium. Kontemplation und Aktion, Sammlung und Sendung werden so für das christliche Leben untrennbar miteinander verbunden.

Ihnen, lieber Herr Pfarrer Dyckhoff, danke ich von Herzen für Ihren prophetischen Ruf, die Ruhe des Gebets - und insbesondere das Ruhegebet - zu suchen. Damit haben Sie in unserem Bistum Hildesheim und darüber hinaus beigetragen zu einer tieferen geistlichen Durchdringung der Kirche.

Möge der Herr Sie auch in Zukunft mit seinem Segen begleiten und weiterhin für viele Menschen zum Segen werden lassen.

Mit brüderlichen Grüßen und herzlichen Segenswünschen

Ihr + Norbert Trelle

Bischof von Hildesheim

TEIL 1

Ein Wort zuvor

… zu den folgenden Anekdoten, kleinen Geschichten und Erzählungen aus dem Leben von Pfarrer Dr. Peter Dyckhoff

Es gibt wirklich spannende chronologische Schilderungen von Lebensläufen. Allerdings bin ich zu einer solchen zeitgenauen Wiedergabe nicht in der Lage – insbesondere, da ich keine Rücksprache mit Peter Dyckhoff nehmen konnte. Schließlich sollte dieses Buch eine Überraschung sein.

Es blieb mir also nur die Möglichkeit, Stationen seines Lebens und besondere Situationen in groben „Zeitblöcken" unterzubringen.

Die folgenden humorvollen Anekdoten sowie die tiefer gehenden (teilweise auch traurigen) Geschichten oder Erzählungen sollen nicht ausschließlich der Unterhaltung dienen. Die Mischung „ernst – lustig" ist übrigens beabsichtigt …

Kleine leichte „Doppelungen" ließen sich manchmal nicht vermeiden, denn jede Erzählung soll für sich allein stehen können.

Wenn Sie „hellhörig" sind und etwas mehr in die Tiefe gehen, werden Sie den Menschen Peter Dyckhoff näher kennenlernen als dies durch eine reine Beschreibung seines Lebensweges möglich ist.

Sie können, wenn Sie es möchten, hier auf eine etwas andere Weise die Persönlichkeit finden, die Peter Dyckhoff wirklich ist. Das bezieht sich übrigens auch auf die meisten der humorvollen Anekdoten …

Peter Dyckhoff wird am 19. August 1937 in Rheine geboren

Seine Kindheit …

Der „Philips-Empfänger“ und spätere „Cassian-Sender“

Es war an einem Donnerstag, als der Storch über der gemieteten Wohnung an der Thiebergstraße in Rheine zur Landung ansetzte und Rudolf und Charlotte Dyckhoff den ersehnten Stammhalter Peter brachte. Zu dieser Zeit war es üblich, ein Kind zu Hause auf die Welt zu holen und dafür eine Hebamme zur Hilfe zu rufen. Die Hebamme trug den schönen Namen „Fräulein“ Philips.

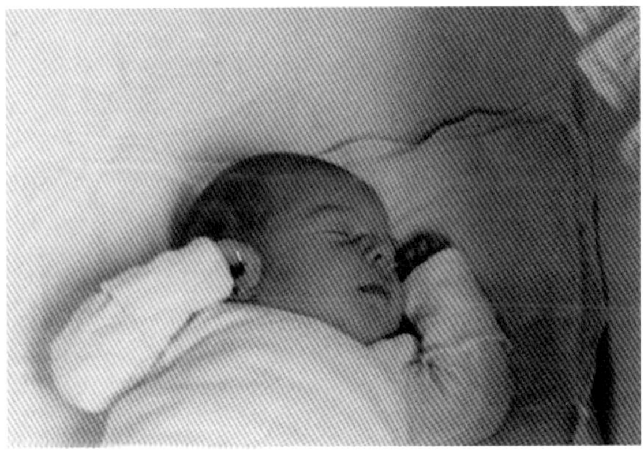

Bisher war es recht still an der Thiebergstraße – nun aber wurde es lauter. Es wurde geschrien oder gebrabbelt; die verschiedensten Töne klangen zur Freude der Eltern durch das Haus. Sie kamen aus dem prächtigen nagelneuen „Philips-Empfänger“ …

Niemald konnte zu der Zeit ahnen, dass einmal aus diesem „Philips-Emp fänger“ ein „Cassian-Sender“ wird.

(Wer Cassian war und was Peter „sendete“, erfahren Sie später …)

Getauft wurde Peter am 28. August 1937 durch Dechant Fabry auf den Namen „Heinrich Peter Wilhelm“. Heinrich und Wilhelm waren die Namen seiner Großväter.

Nach einigen Jahren stellte sich jedoch heraus, dass Peter nicht so ganz „pflegeleicht“ war. Nein, er wollte das elterliche Industrieunternehmen nicht übernehmen! Er telefonierte zwar gern – aber bitte nicht „geschäftlich“!

Dass er auf keinen Fall den Betrieb übernehmen wollte, wurde ihm bereits bewusst, als er im Alter von etwa fünf Jahren mit seinem Vater oben auf einer Metalltreppe stand, sein Vater nach unten in die Fertigung zeigte und zu ihm sagte: *Das wird später alles einmal dir gehören!*

Der erste große Schock in seinem Leben! Nein, er wollte seinen eigenen Weg gehen.

Eine Folge des Krieges …

Als Peter zwei Jahre alt war, brach der Zweite Weltkrieg mit all seinen verheerenden Folgen aus, die er zunächst unbewusst, dann bewusst mitbekam. Seinen Vater, der nach Russland an die Front eingezogen wurde, konnte er nicht entbehren, da er ihn ja nicht recht kennengelernt hatte. Aber er musste auch häufig auf die Mutter verzichten, die sich täglich im Krankenhaus Rheine um verletzte Soldaten kümmerte.

Die Bombennächte verbrachte er, auf Strohsäcken liegend, mit seiner Mutter im Keller in der Adolfstraße 1, dessen Decke mit Holzbalken abgestützt war. Er erinnert sich noch heute an den durch brennende Häuser erleuchteten Nachthimmel, an den höllischen Lärm der angreifenden Flugzeuge und an die Schüsse der sich in der Nähe befindlichen Flak.

Mit dem Roller fahren oder spielen in der freien Natur durfte er nicht. Die einzige Möglichkeit, nach draußen zu kommen, war, wenn ihn seine Mutter mit zu den verletzten Soldaten ins Krankenhaus nahm.

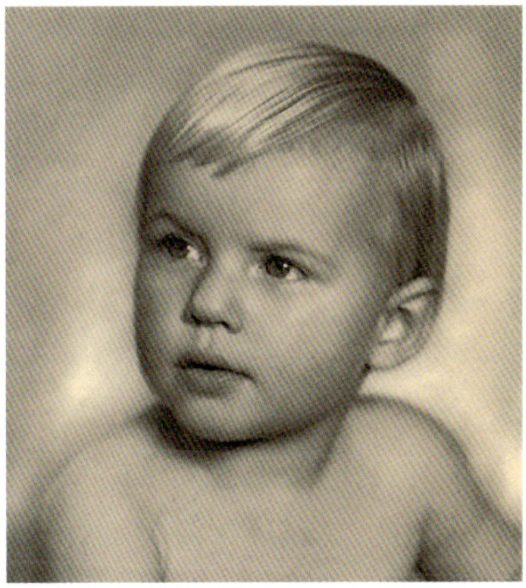

Natürlich ging es vielen anderen Kindern genauso, jedoch ist Peter durch diese Zeit im engen und meist dunklen Keller eine dauerhafte Beeinträchtigung geblieben: Noch heute kann er nicht eingeengt sein; er kann nur schlecht in einem Zimmer mit Dachschräge oder in einem Kellerraum schlafen.

Schlupp muss mal ...

Peters Mutter ging täglich ins Mathias-Spital, um die vielen verletzten Soldaten zu besuchen, ihnen seelisch beizustehen und, wenn möglich, ihre Wünsche zu erfüllen. In vielen Fällen waren es die letzten ... Wenn sie wusste, dass sie zu Sterbenden ging, konnte sie Peter nicht mit ins Krankenhaus nehmen. Er musste dann allein zu Hause bleiben, was ihm sonderbarerweise nichts ausmachte.

Eine Freundin seiner Mutter, Höppen Dörholt (ja, „Höppen" war der Vorname!), hatte die gleiche Aufgabe übernommen, und die beiden trafen sich regelmäßig im Krankenhaus. Frau Dörholt besaß einen Langhaardackel namens Schlupp.

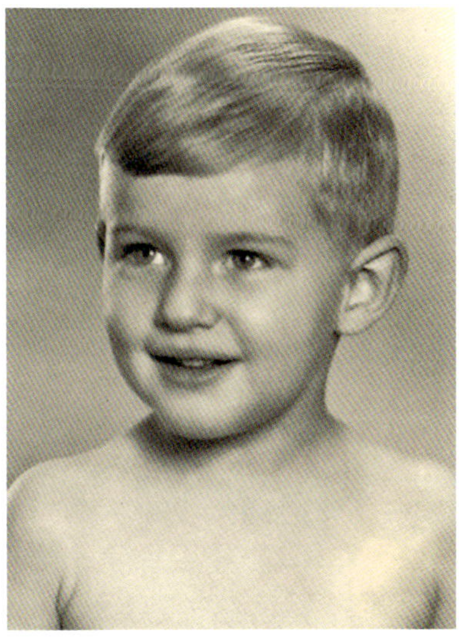

Wenn seine Mutter die nur leichter verletzten Soldaten besuchte, die damals noch in sogenannten „Krankensälen" lagen, durfte Peter mitgehen. Es lagen bis zu fünfzehn Verwundete in einem Zimmer. Schon damals hatte Peter ein großes Herz für Kranke und fühlte mit ihnen. So gab er allen Soldaten die Hand und freute sich, wenn sie ihn ansprachen.

Am meisten aber freute es ihn, wenn Tante Höppen den kleinen Schlupp mit ins Krankenhaus brachte, was zu Zeiten des

Krieges erlaubt war. An diesen Tagen hatte Peter – nachdem er die Soldaten „artig" begrüßt und (wie es damals üblich war) einen „Diener gemacht" hatte – nur noch Augen für Schlupp. Sein Herz schlug höher, wenn er ihn streicheln durfte.

Er erschrak, als plötzlich die um ihn herum liegenden Soldaten laut schallend auflachten. Lachende Verwundete? Das hatte er noch nicht erlebt. Und dies nur wegen seines lauten und aufgeregten Satzes:

Tante Höppen, Tante Höppen, ich glaub', dein Hund, der muss mal, er wackelt so mit dem Schwanz!

Der erste Eindruck war bedrohlich ...

Obwohl Peter in seinen drei ersten Lebensjahren beide Eltern um sich hatte, konnte er sich an seinen Vater nicht erinnern. Und so trat dieser eines Nachts mit einem Schock in sein Leben. Peter muss damals knapp vier Jahre alt gewesen sein. Er lebte bekanntlich mit seiner Mutter allein, die oft sehr traurig war und viel von seinem Vater sprach. Von dem, was sie sagte, hatte er keine Vorstellung; es war nicht greifbar und fühlbar für ihn. Als schön und wohltuend empfand er es jedoch, jede Nacht neben seiner Mutter in Vaters Bett schlafen zu dürfen. Eines Abends – für Peter war es schon tiefe Nacht – weckte ihn seine Mutter leise, aber aufgeregt. Sie machte Licht und horchte. Dann klopfte es an die Schlafzimmertür, die sich gleich darauf öffnete. Peter bekam einen großen Schreck: Im Türrahmen stand ein „riesengroßer" Mann in Militäruniform. Er sagte nichts, sondern schaute seine Mutter und ihn nur an. Peter empfand es wie eine Ewigkeit, bis seine Mutter ausrief: *Rolf!*

Nun hatte er einen leibhaften Vater, der innerlich auch dann bei ihm blieb, als er nach dem überraschenden kurzen Fronturlaub wieder in den Krieg zurückmusste.

Sein Vater hatte ein Geschenk mitgebracht. Es war etwas Großes, Viereckiges, das mit einem alten Tuch umwickelt war. Zum Vorschein kam eine echte alte russische Ikone. Er hatte diese als Dank von einem Bauern geschenkt bekommen, dem er während einer gefährlichen Situation in Russland geholfen hatte.

Diese Ikone begleitet seither Peter Dyckhoffs Leben und hat ihn sowohl „inspiriert“ als auch motiviert, sich intensiver mit Ikonen zu beschäftigen.

In Melle bist du sicher …

Noch im gleichen Jahr brachte seine Mutter ihn für einige Monate zu ihren Eltern nach Melle, da ihr einmal die Situation in Rheine als zu gefährlich schien und zum anderen ihre Eltern sich besser um Peter kümmern konnten. In Rheine gab es einen Eisenbahn-Knotenpunkt, der stark bombardiert wurde – Melle dagegen ist ein kleiner Ort in der Nähe von Osnabrück, der nicht so stark betroffen war. Zudem konnte sie sich auf diese Weise noch intensiver um die Soldaten kümmern und versuchen, deren letzten Wünsche zu erfüllen.

Obwohl Peter seine Omi und seinen Opa (Foto) sehr liebte und in ihrer

Gegenwart glücklich war, bekam ihm der Schulwechsel absolut nicht. Er fühlte sich fremd und seine Leistungen ließen zu wünschen übrig. Er erinnert sich noch an die Hitler-Bilder, die in jedem Klassenzimmer hingen. Es war gut, dass ihn seine Mutter zu ihren Eltern nach Melle geschickt hatte, denn das Haus an der Adolfstraße fiel 1944 dem Bombenhagel zum Opfer.

Nach dem Krieg, im Sommer 1945, zogen sie in das Haus der Großeltern an der Riegelstraße 12 in Rheine.

Ja, dies waren die Großeltern – in Melle waren es Omi und Opa.

Damals war er noch vorlaut …

Während seiner kurzen Volksschulzeit in Rheine (1943) hatten seine Eltern das Haus an der Adolfstraße gemietet, in das einige Zeit später auch Militär einquartiert wurde. Obwohl die Soldaten recht freundlich zu ihm waren, empfand er sie doch als „Fremdkörper". Peter hatte einen recht weiten Weg bis zur Michaelschule. So bot ihm einmal ein Leutnant an, der zufällig denselben Weg hatte, ihn auf seinem Fahrrad zur Schule mitzunehmen. Freudig nahm er dieses Angebot an. Als der Leutnant an der Schule abstieg, ihn vom Rad hob und auf die Erde stellte, gab Peter keinen Laut von sich.

Der Leutnant stemmte die Hände in die Hüften und fragte: *Was sagt man denn?* Die Antwort kam spontan: *Für diese ruckelige Fahrt soll ich noch Danke sagen?*

Storch, Storch Bester – bring mir eine Schwester

Immer wieder brachte man ihn für Wochen oder Monate nach Melle. Er fühlte sich sehr wohl bei Omi und Opa in diesem nahezu ärmlichen Hinterhaus. Man hielt in einem kleinen Verschlag sogar ein eigenes Schwein, dem er manchmal Essensreste bringen durfte.

Das Haus seiner Großeltern, Vaters Eltern, in Rheine war mit diesem kleinen gemütlichen Heim in Melle nicht zu vergleichen: Es war „stattlich", hatte einen aus Kindersicht „riesigen" Balkon und einen großen Garten. Obwohl vieles noch behelfsmäßig war, entbehrte er nichts – bis auf die Liebe von Omi und Opa.

Peter kam zur Ruhe – bis ...?

Die kleine Familie schien komplett.

Komplett? Nein, das war sie nach Ansicht seiner Eltern noch nicht! Während eines Heimaturlaubs des Vaters machten sie gemeinsam einen Ausflug in den Tiergarten. Dort zeigten sie dem 5-jährigen Peter Störche und erklärten ihm, welche Aufgabe diese „Klapperstörche" hatten ...

Von da an drängte man ihn zu seinem Leidwesen wiederholt – und dann noch vor anderen – zu singen: *Storch, Storch Bester – bring mir eine Schwester!* 1942 erhörte ihn irgendein Storch, und Peter musste dieses Lied gottlob nicht mehr singen.

Als Inge geboren war, durfte er sie kurz von Melle aus in Rheine besuchen. Er wollte seiner klitzekleinen Schwester etwas Gutes tun und legte ihr schweren Herzens seinen geliebten Stoff-Elefanten in den Kinderwagen. Aber sie reagierte überhaupt nicht. Ja, so ist es meist im Leben:

Man bereut ein Geschenk, wenn sich der andere nicht freut oder dankbar zeigt …

Im Sommer 1945 wurde sein Vater aus einer kurzzeitigen Kriegsgefangenschaft entlassen, und seine Eltern holten Peter auf Dauer nach Rheine zurück.

Jetzt musste er wieder regelmäßig die Schule in Rheine besuchen. Der Unterricht fand in einer alten Baracke auf dem Gelände der zerstörten Thieberg-Schule statt. Natürlich hatte er auch hier Probleme mit dem Schulwechsel – noch dazu bei 60 Mitschülern …

Hommage an seine „Omi"

Vier Jahre während des Krieges verbrachte Peter zeitweise im Haus seiner Omi in Melle, der Mutter seiner Mutter, und seinem Opa. Es waren Jahre der materiellen Not. Trotz all der politischen und wirtschaftlichen Wirren gaben sie ihm Schutz und förderten seine geistige Entwicklung. Sie sorgten dafür, obwohl sie selbst evangelisch waren, dass er Kommunionunterricht erhielt, und am Tag der ersten heiligen Kommunion bereiteten sie ihm mit dem Wenigen, was sie hatten, ein Fest.

Oft, wenn es sogar seiner Omi schwer wurde, mit Entbehrungen zu leben, deutete sie mit ihrer Haltung eine weite Dimension an: Sie meinte, vom Verzicht des Einzelnen hinge das Überleben aller Menschen ab. In vielem verstand Peter sie damals nicht und ging – oft ihr zum Trotz – seine eigenen Wege.

Ihr Vorbild jedoch, vornehmlich ihre religiöse Haltung, prägte ihn. So, wie sie ihn praktische Dinge lehrte, so lehrte sie ihn auch zu beten. Zusammen besuchten sie den Gottesdienst, und nie hörte er ein schlechtes Wort, das sie über andere sagte. Sie hatte für jeden, der an die Tür klopfte, etwas zu essen und wusch vorbeiziehenden Soldaten sogar die müden Füße.

Heute ist ihm bewusst, dass ihn seine Omi maßgeblich prägte und ihn zur Aufrichtigkeit und Lebenswahrhaftigkeit erzog. Ihr großes offenes Herz, ihre Lebensweisheit und ihre Güte nahm er früher als selbstverständlich hin.

Immer wieder betont er, wie dankbar er heute auf ihr Leben zurückblickt. Sie ließ ihn erfahren, dass er von ihr, den Mitmenschen und letztlich auch von Gott angenommen und geliebt wird. Durch ihre erfrischende Herzlichkeit, durch ihre liebende Zuwendung und nicht zuletzt durch ihren festen Glauben verstand diese Frau es, den Grundstein für ein tragendes und religiöses Fundament in seinem Leben zu legen.

Peter Dyckhoff sagt, dass selbst eigenwillige Umwege und manche Abstürze nicht in der Lage waren, dieses Fundament in ihm zu zerbrechen. Zur rechten Zeit in seinem Leben sei ihm seine tragende Kraft und seine Lebendigkeit bewusst geworden, und er habe lernen müssen, in sich zu gehen, um aus dieser Quelle sein Fühlen, Denken und Tun neu zu gestalten.

Aber auch zu seiner Großmutter in Rheine (Foto oben) hatte er eine besondere Beziehung, obwohl diese ein völlig anderes „Naturell" hatte als seine Omi. Vielleicht lag es daran, dass er schon damals recht gut auf ältere Menschen eingehen konnte?

Höhenflug mit tiefer Wirkung

Der Erste, der Peter in seinem Leben „schubste", war sein Vater.

Dieser wollte ihm eine besondere Freude bereiten und ließ seinen kleinen Sohn zuschauen, als er im Garten zwei dicke Pfähle mithilfe eines Querbalkens verband, diese verschraubte und oben zwei Seile befestigte. An die Seilenden knotete er ein Brett und prüfte die Festigkeit. Dann schnappte er Peter, setzte ihn auf das Brett und gab ihm einen Schubs. Peter kannte bis dahin keine Schaukel und verkrampfte sich vor Angst in die Seile. Diese anfängliche Angst wich jedoch bald dem Gefühl großer Freude und Freiheit. Er erfuhr also nach den Erlebnissen im Krieg, der Angst und Enge im Bunker bzw. im Luftschutzkeller zum ersten Mal das erhebende Gefühl tiefer innerer Freiheit.

Dieses Erlebnis prägte ihn sehr. Es war nur ein einfaches Holzbrett, das an zwei Seilen hing, was ihm dieses Gefühl der Leichtigkeit und Freiheit schenkte.

Später wurde ihm bewusst: Würde man die Schaukel „bequemer" machen, sie „vervollständigen" durch ein Kissen, Armstützen, Rückenlehne, ein Trittbrett zum schnelleren Aufsitzen, ein Überdach usw., dann würde sie immer schwerer und wäre nicht mehr in der Lage, so leicht zu schwingen.

Seine Schlussfolgerung: Wenn etwas übermäßig „beladen" ist, ist kein leichtes Schwingen mehr möglich und die unbeschreibliche Freiheit wäre fort ...

Dieses Beispiel führte und führt er immer wieder in seinen Einübungskursen zum Ruhegebet an, um den Menschen zu verdeutlichen, dass nur in der Einfachheit wirkliche Freude liegen kann.

Nichts ist schwer, sind wir nur leicht. (Richard Dehmel)

Asta, seine erste grosse Liebe

Peter konnte im Alter von neun Jahren nicht viel mit seiner fünf Jahre jüngeren Schwester „anfangen". Aber mit dem Hund der Nachbarn! Diese hatten einen Münsterländer, der viel allein im Zwinger war. Es dauerte lange und kostete ihn Überwindung, zu den Nachbarn zu gehen und zu fragen, ob er mit ihrem Hund spazieren gehen durfte. Sie waren glücklich darüber, dass ihr Hund somit mehr Auslauf bekam. Als sein Vater, der eigentlich mit dem Aufbau des im Krieg zerstörten elterlichen Textilbetriebes voll und ganz beschäftigt war, seine Hundefreundschaft und das damit für ihn verbundene Glück sah, schenkte er ihm eine einjährige Schäferhündin. Peter nannte sie Asta.

Der Vorbesitzer hatte sie ausbilden lassen, war aber nach der Ausbildung nicht mehr mit ihr zufrieden und wollte sie abgeben. Sein Vater erzählte später, wie brutal der Ausbilder mit Asta umgegangen sei und sie dadurch einige Schäden bekommen hätte. Sie war zum Beispiel Fremden gegenüber aggressiv und oft eigenwillig. Doch davon wollte Peter während der aufkeimenden großen Liebe zwischen ihnen nichts wissen. Eine herrliche Zeit begann, allerdings manches Mal auf Kosten der Schule.

Da man noch im Haus der Großeltern in Rheine lebte, durfte Asta nicht mit ins Haus. Hinter der Garage hatte sie einen Zwinger und lag auf Stroh in einer Hütte. Peter schaute oft sehnsuchtsvoll aus dem Fenster, da er nicht zu ihr durfte, sondern lernen musste. Das schönste Fressen ließ sie für Spaziergänge mit ihm stehen. Keine Freundschaft mit anderen kam an die Liebe heran, die sich zwischen Asta und ihm entwickelt hatte. Sie waren in jeder freien Zeit zusammen.

Durch Asta lernte er schwimmen. An der Ems gab es die „Zehnpfennigswiese". Hier war die Böschung nicht steil oder steinig, sondern eine ziemlich große Sandfläche führte sanft ins Wasser. Wenn man hier baden wollte, musste man zehn Pfennig bezahlen. Asta war eine leidenschaftliche Schwimmerin. Noch bevor er sich umgezogen hatte, war sie bereits durch die Ems ans andere Ufer geschwommen und zurück. Dann wartete sie, bis auch er ins Wasser kam. Sie konnte es wohl nicht verstehen, dass jemand nicht schwimmen konnte, denn er ging nur so weit ins Wasser wie er noch stehen konnte. Sie umschwamm ihn in großen Kreisen. Einmal – wohl mehr aus Laune oder Versehen – ergriff er ihren Schwanz und stellte fest, dass sie bereit war, ihn durch das Wasser zu ziehen. Ihr machte es sichtlich Spaß, hocherhobenen Hauptes durch das Wasser zu paddeln und ihn ans andere Ufer zu bringen. Auf diese Weise lernte er, selbst zu schwimmen.

Asta ist achtzehn Jahre alt geworden. Als sie zu ihm kam, war er neun Jahre, und als sie ihn verließ, war er siebenundzwanzig Jahre. Sie war alt und schlief viel. Asta bekam Gesäugekrebs. Es war für ihn fast unerträglich, anzusehen, wie sie auf ihren Decken lag und Wasser, Blut und Eiter aus ihren Wunden flossen. Ihre wachen braunen Augen schauten ihn hilfesuchend an.

In Emsbüren kannte Peter einen Bauern, der gleichzeitig einen Forst verwaltete. Er rief ihn an und fragte ihn um Rat. *Komm her, ich mache das schon* – war die Antwort. Am nächsten Tag nahm er seinen Beifahrersitz aus dem Auto, legte ein Steppbett auf den Boden, darüber eine Decke und ein Tuch. Asta war so abgemagert, dass er sie allein von ihrem Lager ins Auto tragen konnte. Sie war ruhig und ließ alles mit sich geschehen, weil sie ihm vertraute. Und was tat er jetzt?

Als er in Emsbüren ankam, gab er Asta ein letztes Mal ein rohes Ei. Dann ging er in das Haus und beriet sich mit dem Bauern, dessen entschiedene Art ihn darin bestärkte, das Rechte zu tun. Er nahm Asta aus dem Auto und trug sie ein Stück weit in den Wald, der an das Haus grenzte. Er spürte, wie ihr Herz schlug, und sah, wie sie den Kopf hob – ja, sogar ihre Ohren spitzte. Er flüsterte ihr etwas zu und legte sie wie besprochen auf den bestimmten Platz und rannte fort.

Im Laufen konnte er nicht anders, als sich noch einmal umzuschauen. Asta hatte sich erhoben – was sie schon wochenlang nicht mehr konnte – und wollte ihm nachlaufen. Ihre Augen schienen ihm auf einmal doppelt so groß. Er rannte weiter, dann hörte er die tödlichen Schüsse …

Es war verabredet, dass Peter gleich abfuhr. Er tat es. Zu Hause hatte er Angst vor aufkommenden Gefühlen und trank „mehr als erlaubt", um das Geschehen zu verdrängen.

Noch heute schämt er sich für den Abschied, den er ihr bereitet hat. Er weiß nicht einmal, wo sie begraben liegt, denn den besagten Bauern hat er nie wieder besucht. Er glaubte, die Zeit ginge darüber hin und würde Vergessen machen. Das war aber nicht so.

Es ist Deine Schuld …

Welch großen und oft lebenslangen Schaden Schuldzuweisungen bei einem Kind anrichten können, zeigt das Erlebnis mit dem von ihm sehr geliebten „Fräulein" Kromeich.

Nach dem Ende des schrecklichen Krieges konnte Peter wieder geregelt zur Schule gehen. Er besuchte die Thie-Schule, die nicht weit entfernt lag vom Haus seiner Großeltern, in das die junge Familie eingezogen war. Das Haus an der Adolfstraße war zerbombt.

Bei seinen Großeltern lebte „Fräulein" Anna Kromeich, eine ältere Dame, die sozusagen mit zur Familie gehörte, da sie schon mehr als vierzig Jahre seiner Großmutter im Haushalt zur Seite stand. Vornehmlich kümmerte sie sich jedoch um Peters Vater und dessen fünf Geschwister, die sie mehr oder weniger erzog.

Nun war „Fräulein" Kromeich hauptsächlich für Peter da, überwachte seine Hausaufgaben, lernte und betete mit ihm. Sie lehrte ihn den Rosenkranz zu beten und führte ihn tiefer in den christlichen Glauben. Peter gewann sie lieb.

Eines Tages kam Peter nicht zur gewohnten Mittagszeit aus der Schule nach Hause. Der Grund: In Peters Klasse erzählte man sich, auf dem Emswehr unten bei der Mühle läge die Leiche eines amerikanischen Soldaten im Wasser. Aus Neugier und Sensationslust rannten die Jungen nach dem Unterricht an die Ems. Niemand dachte daran, dass die Eltern sich sorgten. Und tatsächlich sahen sie etwas auf dem Wehr liegen, das wie die Leiche eines Menschen aussah. Zum Glück war die Entfernung so groß, dass die Kinder keine Einzelheiten erkennen konnten.

„Fräulein" Kromeich – so schilderte man es Peter nach seiner verspäteten Ankunft zu Hause – sei nahezu „durchgedreht" vor Sorge. Sie habe sich auf den Weg gemacht, ihn zu suchen. Auf dem abschüssigen Weg hinter der Thie-Schule sei sie auf dem groben Kopfsteinpflaster gestürzt und habe eine Kopfwunde davongetragen, die im Krankenhaus genäht werden musste. Deutlich ließ man bei Peter durchblicken, er bzw. seine Neugier seien hieran schuld gewesen.

Dieses Erlebnis schildert er noch heute vielen Eltern, um ihnen deutlich zu machen, wie sehr Schuldzuweisungen – und dazu noch unberechtigte – Kinder lebenslang verfolgen können.

Seine Jugend – ab 1949

„Aufklärung" vor 67 Jahren …

Es war selten – aber es kam vor –, dass sein Vater ihn fragte, ob er einen Spaziergang mit ihm machen wolle. Er hatte wohl bemerkt, wie sehr Peter ihn gerade in der Pubertät brauchte. Peter fühlte sich zu der Zeit von seinem Vater sowohl angezogen als auch abgestoßen – eine eigenartige Beziehung. Anfangs sprach niemand. Dann begann er, ihm mit ruhiger Stimme den Unterschied zwischen Mann und Frau zu erklären. Man schrieb das Jahr 1949 – Peter war 12 Jahre alt. Ja, es war damals nicht wie in der heutigen Zeit, in der Kinder in der Grundschule oder bereits vorher „aufgeklärt" werden!

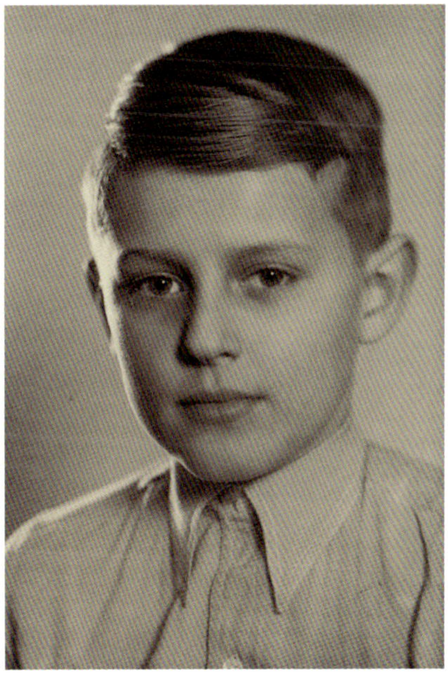

Sein Vater erklärte ihm das, was ein Mann „wissen musste". So hatte er den Vorzug, auf den viele Kinder und Jugendliche heute verzichten müssen, nämlich zu erfahren, dass Liebe mehr als nur Sexualität bedeutet. Peter war froh, dass dieses Gespräch während eines Spaziergangs stattfand, damit er in die Natur schauen konnte und nicht seinen Vater anschauen musste.

Ob er bis zu dieser Zeit wohl noch an den Storch glaubte? Man weiß es nicht. Sicher wird ihm aber klar geworden sein, dass das mit den Menschen nicht wie bei den Bienen funktionierte …

Die erste „störrische Dame" in seinem Leben: Sabine

Im Jahr 1955 – Peter war 17 Jahre alt – erlitt er einen Reitunfall, dessen Folgen ihn sein ganzes Leben begleiten. Sein Vater besaß eine rote Stute namens Sabine, die bei einem befreundeten Bauern im Stall stand. Natürlich musste sie häufig bewegt werden und freute sich, wenn Peter sie ausführte. (Sabine war übrigens nicht die Einzige; sein ganzes Leben lang gab es solche Wünsche von Damen.)

Obwohl es Peter – wie seiner Mutter – nie recht wohl dabei war, ein Pferd „unter sich zu haben", ritt er an den Weihnachtstagen mit Sabine aus. Auch für Neujahr war vorgesehen, dass er die Stute bewegte.

Allerdings war Silvester in diesem Jahr recht ausgiebig gefeiert worden, und er hatte noch – wie man so schön sagt – einen etwas „dicken Kopf". Trotzdem ging er zum Stall, um mit der eigentlich lammfrommen Sabine auszureiten. Auf dem Rückweg ritt er durch das Mühlentörchen an der Ems, an das sich eine lange Ahornallee anschloss. Für Sabine muss wohl die Freiheit, die vor ihr liegende Weite, so wunderbar gewesen sein, dass sie ganz plötzlich ohne Rücksicht auf ihn in einen Strecken-Galopp wechselte. Peter fiel vom Pferd: mit seinem Rücken auf den gelben gefrorenen Sand, der so fest war wie Asphalt. Mit großen Schmerzen schleppte er sich zum Stall zurück; Sabine lief ganz ruhig neben ihm, so, als sei nichts geschehen.

Er wurde ins Krankenhaus eingeliefert, in dem man einen angebrochenen Wirbel diagnostizierte. In Köln-Lindenthal wurde er operiert, musste einige Zeit mit dem Rollstuhl fahren und gleichzeitig für längere Zeit ein Gips-Korsett tragen.

Noch heute, nach diesen langen Jahren, kann Peter Dyckhoff nichts tragen, was über etwa 4 kg wiegt; er kann keine Last von der Erde heben usw.

Was glauben Sie, wie oft Menschen den Kopf schütteln, wenn er mit leeren Händen geht, während eine Frau neben ihm eine schwere Tasche oder einen Koffer trägt?

Eine herbe Enttäuschung

Heinrich traf er während seiner Zeit auf dem Gymnasium Dionysianum in Rheine, an dem er 1958 sein Abitur ablegte. Peter sah ihn als seinen ersten richtigen Freund. Auch Heinrichs Vater war selbstständig; er war Beerdigungsunternehmer. Fast täglich kam Heinrich zu Peter nach Hause; sie lernten zusammen, hörten klassische Musik, „fachsimpelten" über ihr Leben und ihre Zukunft. Es schien eine echte „Männerfreundschaft" zu sein!

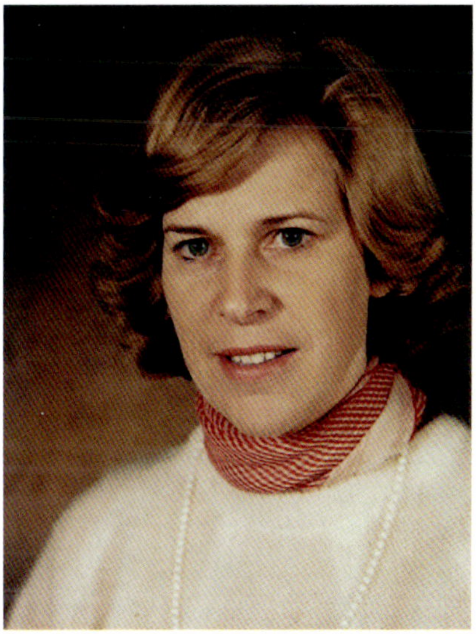

Manchmal gesellte sich seine Schwester Inge zu ihnen, doch meist wurde es ihr zu langweilig und sie ging wieder. Er war stolz auf seine so liebe und hübsche Schwester, mit der er bislang alles teilen und besprechen konnte.

Eines Tages bemerkte er, dass Inge und Heinrich miteinander tuschelten. In seiner „kindlichen Naivität" glaubte er, sie sprächen über eine Überraschung für ihn. Aber es war nicht so. Die beiden schienen sich ineinander verliebt zu haben und suchten jede Gelegenheit, allein zu sein – er wurde ausgeschlossen. Seine Enttäuschung war unbeschreiblich, und er fühlte sich verraten. Sein Verhältnis sowohl zu Inge als auch zu Heinrich wurde distanziert; er zog sich vollkommen zurück. Je öfter die beiden miteinander zusammen waren oder sogar lachten, desto einsamer fühlte er sich. Sprechen wollte er mit niemandem darüber. Vielleicht würde man ihm Eifersucht unterstellen oder ihn auslachen?

Aber es war keine Eifersucht. Es war einfach die schmerzhafte Erkenntnis, dass ein Mensch einen anderen „einfach so" fallen lassen kann, wenn ihm jemand anderes begegnet. Ihm stellten sich erstmals die Fragen: „Was heißt Loyalität – was heißt Treue?"

Nicht der Tod ist es, den ich fürchte ...

Ungefähr im Jahr 1953/54, Peter war etwa 16 Jahre alt, erzählte ihm sein Vater etwas, was ihn noch heute bewegt:

Sein Großvater war sechs oder sieben Jahre alt (also 1869/1870), als er an der Beerdigung seines Onkels teilnehmen musste. Die Familie besaß eine große Gruft auf dem alten Friedhof in Haren an der Ems, wo die Familie Dyckhoff zuerst ansässig war. Als der Sarg mit dem verstorbenen Onkel heruntergelassen und auf den Boden des Grabes abgesenkt wurde, vernahm die umstehende Trauergesellschaft seltsame und unerklärliche Geräusche, die vom Sarg her zu kommen schienen.

Der Pfarrer wies die Träger an, den Sarg sofort wieder hinaufzuziehen und ihn zu öffnen. In der Aufregung dachte niemand daran, dem kleinen Heinrich die Sicht zu versperren, sodass dieser zusehen musste, wie man versuchte, seinen bis dahin scheintoten Onkel wiederzubeleben. Es gelang, und der Onkel konnte noch einige Jahre leben.

Dieses grauenvolle Ereignis hatte bei seinem Großvater einen so tief greifenden Eindruck und Angst vor dem Tod hinterlassen, dass er Zeit seines Lebens nicht mehr davon loskam. Er sprach selbst niemals mehr darüber.

Peter hat seinen Großvater als alten vornehmen Herrn, als Patriarchen, erlebt, dessen Leben – Tag für Tag – nach ganz bestimmten wiederkehrenden Regeln ablief. Er bestimmte alles bis ins kleinste Detail.

Obwohl Peter mit seinen Eltern und seiner Schwester etwa fünf Jahre nach dem Krieg im gleichen Haus mit den Großeltern lebte, sprach sein Großvater selten mit ihm. Da er ihm so „mächtig" erschien, ging der Enkel ihm sogar möglichst aus dem Weg.

Vier Jahre, nachdem die „junge Familie" ausgezogen war, hieß es, sein Großvater wolle sterben. Peter wunderte sich über diese seltsame Ausdrucksweise, die nicht zum Leben seines Großvaters passte. Seine Mutter erklärte ihm in einem Gespräch unter vier Augen, jetzt, da er schon über neunzig Jahre alt sei, habe er keine Kraft mehr. Ihm bliebe jetzt nichts anderes übrig, als seinen eigenen Tod anzunehmen.

Niemand – bis auf seine Mutter – durfte den Großvater noch besuchen, der entsetzlich litt – insbesondere auch psychisch. Seine Mutter sagte ihm später, eine solch überwältigende Angst vor dem Tod, wie sie sie bei seinem Großvater erlebt habe, sei ihr während ihrer vielen Sterbebegleitungen bisher nicht begegnet.

Infolge des sein gesamtes Leben bestimmenden Scheintod-Erlebnisses in seiner frühen Jugend habe der Großvater zwar zeitweilig Gedanken an den eigenen Tod verdrängen können und seine wahre tief greifende Angst nicht wahrhaben wollen, doch am Ende seines Lebens sei er gezwungen worden, die maßlose Angst auszuhalten und über sich ergehen zu lassen, und im langsamen Sterben den Tod anzunehmen.

Nach dem 16. Februar 1954, dem Tag des Abschieds aus diesem Leben, trat tiefe Stille, dankbares Aufatmen und unsagbarer Friede in das Haus der Großeltern ein. Die Großmutter war völlig erschöpft von all der Anstrengung, die auch sie durchmachen musste.

Als Peter das Haus wieder betreten durfte, um zusammen mit seinen Eltern in Ruhe und betend Abschied vom Großvater zu nehmen, wirkte für ihn alles hell und überdimensioniert groß. Er sah das friedliche, schlafende und nun sanft aussehende Gesicht seines Großvaters und spürte einen ruhigen Frieden.

Plötzlich entdeckte er jedoch etwas Sonderbares: Über den gefalteten Händen sah er, dass Großvaters beide Handgelenke mit Binden umwickelt waren. Später fragte er seinen Vater nach dieser sonderbaren Beobachtung. Dessen Antwort:

Du weißt doch, Großvater hatte sein ganzes Leben lang entsetzliche Angst, nicht vor dem Sterben und gar dem Tod, sondern davor, lebend beerdigt zu werden. Um sicher zu gehen und die Möglichkeit eines Scheintodes auszuschließen, traf er sowohl testamentarisch als auch praktisch Vorsorge und verfügte, dass ein Arzt ihm nach seinem Tod beide Pulsadern öffnet, um festzustellen, dass Blut und Wasser aus ihnen fließt. Dieses sichere Zeichen des eingetretenen Todes musste Großvater aus dem Johannes-

evangelium bekannt sein, in dem es heißt, dass die Soldaten in die Seite Jesu stießen und seinen endgültigen Tod bestätigt sahen, als Blut und Wasser aus der Seite Christi flossen.

Du weißt doch, dass einmal in der Woche Großvaters Freund zu ihm kam, Dr. Valentin Dumpert, der Chirurg und Chefarzt vom Mathias-Spital, bei dem Großvater Mitbegründer und Mitglied im Kuratorium war. Sie haben bei einem Glas Wein dringende Angelegenheiten des Krankenhauses besprochen und sich darüber hinaus auch als Freunde persönlich unterhalten. Dr. Dumpert wusste, was er nach Großvaters Tod zu tun hatte, und als aus den Pulsadern Blut und Wasser floss, trat nach diesen entsetzlichen Todeskämpfen in das Haus und bei uns allen tiefer Friede und Erlösung ein.

Das 4. Gebot oder der eigene Wille?

„Fräulein" Kromeich, die Haushälterin seiner Großeltern in Rheine, betete regelmäßig mit Peter, nachdem er mit seinen Eltern 1945 in das Haus der Großeltern eingezogen war. Sie nahm ihn oft mit in die Kirche, las ihm Heiligenlegenden vor und führte ihn so nach und nach noch mehr an den katholischen Glauben. Seinen Eltern wurde es fast zuviel …

Anfangs war alles, was „Fräulein" Kromeich als Erwachsene ihm erzählte, einfach eine Tatsache. Er hinterfragte nichts. Und eigenartigerweise wurde Peter durch dieses „Zuviel" nicht – wie dies bei anderen Kindern oft der Fall ist – „abgeschreckt". Im Gegenteil. Je älter er wurde, desto mehr zog es ihn in die Kirche; er las in der Bibel und betete für sich allein. Und nun begann er auch, vieles ernsthaft zu hinterfragen. „Gute" Antworten, aber auch unqualifizierte und teilweise lächerliche Äußerungen nahm er auf. Er begann zu differenzieren – letztlich bestärkte ihn dies alles aber in seinem Glauben.

Schon früh fasste er für sich den Entschluss, Priester zu werden. Als er diese Äußerung das erste Mal seinen Eltern gegenüber machte, regten sich diese außerordentlich auf: Schließlich war es seit seiner Geburt beschlossen und selbstverständlich, dass er als einziger Sohn einmal das Familienunternehmen übernimmt. Andererseits wussten sie schon zu diesem Zeitpunkt, wie stark der Wille ihres Sohnes war und wie heftig er für seine Vorstellungen „kämpfen" würde.

Es gab für sie einfach keine Alternative zum Betrieb. Für Peter schon.

oder

Nun begannen die inneren und äußeren Konflikte: Seine Eltern bestanden nach seinem Abitur auf einer „bodenständigen" kaufmännischen Ausbildung und der Nachfolge im Betrieb – und Peter fühlte sich nur im religiösen und im spirituellen Bereich glücklich und „zu Hause". Er spürte ein großes Vakuum in sich. Es ging um die Frage: *Muss ich als gläubiger Christ das vierte Gebot befolgen oder darf ich versuchen, meine eigenen Wünsche zu realisieren?*

In dieser für ihn sehr schweren Zeit bekam er von einem Geistlichen den Rat, etwas Gutes zu tun – nicht nur um die Zeit bis zu seiner endgültigen Entscheidung zu füllen, sondern um diese auch kreativ zu nutzen. So fragte Peter Dyckhoff in der Raphaelsklinik in Münster, die von Clemensschwestern geführt wurde, an, ob er in der Krankenpflege helfen dürfe. Er freute sich über die Erlaubnis, kaufte sich zwei weiße Kittel in einem Geschäft für Berufsbekleidung und begann schon am nächsten Tag im Krankenhaus zu arbeiten.

Durch diese Tätigkeit hatte er Zugang zu allen Krankenzimmern der Station. In einem Zimmer lag ein älterer Herr im Sterben, der an Speiseröhrenkrebs erkrankt war. Peter Dyckhoff fühlte sich unsicher; er fürchtete sich, dem bisher unbekannten Tod zu begegnen. Aber gerade um diesen Patienten, der keine Angehörigen mehr hatte, kümmerte er sich besonders. Er erlebte den Abschied und ein ruhiges Sterben mit, das eine Erlösung für diesen Kranken bedeutete.

Dies alles schilderte er seinen Eltern, die allmählich zumindest etwas zu verstehen begannen, was in ihrem Sohn vorging.

Peter Dyckhoff ist auch heute noch der Meinung, dass es gut ist, vor wichtigen Entscheidungen „sein Haus zu verlassen" und sich vorübergehend anderen Dingen zuzuwenden. Dann spüre man häufig, wie sich eine Problemlösung anbahnt oder sich einem sogar schenkt.

In der Not lügen?

Peter Dyckhoff ist ein durch und durch ehrlicher Mensch. Es ist nicht einfach zu sehen, wie sehr er sich manchmal quält, wenn er die Wahrheit nicht sagen kann, möchte oder darf.

Und dies liegt nicht daran, dass man ein sehr gutes Gedächtnis haben muss, wenn man lügt – oder dass die Wahrheit eines Tages herauskommen könnte. Der eigentliche Grund liegt in folgendem Beispiel:

Er erinnert sich an seine Mutter, die ihm von einer Begebenheit am Ende des Zweiten Weltkriegs erzählte. Um aus Bernburg an der Saale, wo sie als Krankenschwester stationiert war, nach Hause zu kommen – die Russen waren bereits auf dem Vormarsch – bediente sie sich einer Notlüge, ja, sie nannte es Unwahrheit. Die Züge nach Westen, wenn sie überhaupt fuhren, waren überfüllt, und es wurden nur Mütter mit kleinen Kindern, Kranke und vornehmlich verletzte Soldaten befördert. Als Schwester beim Roten Kreuz hatte seine Mutter guten Kontakt zu den Ärzten. Obwohl sie völlig gesund war, ließ sie sich testieren, sie sei lungenkrank, und fand einen Transport, der sie mitnahm. Bei ihren Eltern in Melle bei Osnabrück angekommen, überfiel sie hohes Fieber, und die Krankheit entwickelte sich zu einer starken Lungenentzündung, die sie an den Rand des Todes brachte.

Diese dramatische und folgenreiche Notlüge wurde also für seine Mutter zur schmerzhaften Wahrheit. Sie warnte ihn davor, Notlügen zu benutzen, um damit schneller und besser ein Ziel zu erreichen. Sie lehnte ebenso Ausreden oder Halbwahrheiten ab, die zwar momentan Erleichterung verschaffen, den Menschen aber dann doch schnell einholen …

Peter Dyckhoff ist fest davon überzeugt, dass Wünsche und Gedanken eine weitaus größere Kraft besitzen als wir uns vorstellen können. Daher sollten wir niemandem etwas Schlechtes wünschen oder negativ von ihm denken.

Würde man jedoch seine Gedanken zum Guten einsetzen – zum Beispiel wenn man für jemanden betet –, dürfe man einer unterstützenden und heilenden Wirkung sicher sein.

Er sollte ein „Mann" werden

Für seine Eltern war es selbstverständlich, dass Sohn Peter einmal als Kaufmann den elterlichen Betrieb übernimmt. Das machten sie ihm, wie bereits erwähnt, in jungen Jahren klar. Doch schon als Kind war dies für ihn undenkbar; er sagte jedoch nichts, um sie nicht zu enttäuschen.

Vielleicht war es sein Fehler, nicht schon in jungen Jahren sein Unbehagen ausgedrückt zu haben. Obwohl er noch das Gymnasium besuchte – er hegte mit zunehmendem Alter mehr und mehr den Wunsch, Priester zu werden – nahm sein Vater ihn mit zu den Textilmessen in Frankfurt, ließ ihn an Vertretertagungen teilnehmen usw. Ja, er durfte sogar mit ihm nach Manchester fliegen, wo Textilmaschinen für das expandierende Unternehmen gekauft wurden.

Sein Vater war bemüht, einen lebensstarken und tüchtigen jungen Mann aus ihm zu machen. Daher nahm er ihn mit, wohin es ihm eben möglich war, und lehrte ihn Dinge, auf die er von sich aus niemals gekommen wäre. Er konfrontierte ihn mit neuen Lebenssituationen und wartete ab, wie er sich verhielt, um ihn entweder zu loben oder zu korrigieren. Noch bevor er 18 Jahre alt war, machte er den Führerschein. Sein Vater ließ ihn auf der Kirmes in tollkühnen Karussells fahren und freute sich, dass ihm nicht übel wurde. Wenn Sohn Peter Angst hatte, machte er es ihm vor und zeigte damit, wie ungefährlich es war.

In Restaurants ließ er ihn die Getränke und das Essen bestellen. Vieles, von dem er glaubte, dass es schwer sei, fiel ihm leicht, da er seinen Vater im Rücken hatte. Zu Weihnachten bekam er ein Moped, dessen Aufbau ihm sein Vater erklärte. Er nahm ihn bei stürmischem Wetter mit zu einer Bootsfahrt von Hamburg nach Helgoland. Wohlbehalten zurück gingen beide in Hamburg ins Café Keese, das sich auch „Ball paradox" nannte. Peter Dyckoff wurde von Frauen zum Tanz aufgefordert, und sein Vater blieb sitzen. Er hatte seine helle Freude. Im Varieté Allotria, am Anfang der Reeperbahn, wurde er von einem Zauberkünstler auf die Bühne geholt, musste ihm assistieren und wurde „verzaubert". Als Peter Dyckhoff seinem Vater sagte, wie unangenehm es für ihn gewesen sei, gestand er, dass er seinen Auftritt eingefädelt hatte.

Ganz offen, jedoch unter vier Augen, sprach sein Vater mit ihm über Sexualität, über das, was mit ihm und durch ihn geschah oder geschehen könnte. Am unangenehmsten für ihn war, als ihn sein Vater in Hamburg durch die „Herbertstraße" führte. Hier saßen Frauen in Schaufenstern … *Auch diese Seite des Lebens musst du einmal gesehen haben*, sagte sein Vater. Peter Dyckhoff hatte jedoch nur Mitleid mit den Frauen, die sich „zum Verkauf" anbieten mussten.

In Travemünde wollte der Vater mit seinem Sohn die Spielbank besuchen, doch gewährte man diesem wegen seiner Jugend, obwohl sein Vater ihn um ein Jahr älter gemacht hatte, keinen Zutritt.

Ob es das Segeln oder eine Probefahrt auf dem Nürburgring war: Sein Vater war stolz auf ihn, wenn er sich als handfest erwies und keine Angst zeigte.

Als er seinem Vater gegenüber erneut äußerte, dass er gern Priester werden möchte, sah er dessen Traurigkeit und erlebte über Tage sein Schweigen – unerträglich. Von einem Verwandten, Bischof Dr. Michael Keller (Foto), erfuhr sein Vater, dass es im Bistum Münster an Priesternachwuchs nicht mangelte. Sie sprachen über ihn und das vierte Gebot. Sein Vater argumentierte und erreichte, dass er dessen Wunsch entsprach und in Hamburg bei der Commerzbank ein Praktikum absolvierte.

Hinter Gittern …

Mit seinem Jugendfreund Klaus machte Peter von Rheine aus mit seinem kleinen Fiat 500 eine Spritztour nach Holland. Man wollte einfach einmal „just for fun“ einen Tag dort verbringen.

Da die Vordersitze in dem alten Wagen nicht nur recht unsauber waren, sondern weil man auch nicht besonders bequem darauf saß, überredete er seine Mutter, ihm ihre weiche Sofa-Decke zu leihen. Er versprach, sie unbeschadet zurückzubringen. Sie spannten diese dann über die beiden Vordersitze und saßen bequem.

Die beiden jungen Männer verlebten einen unbeschwerten Tag in Amsterdam und machten sich kurz vor Einbruch der Dunkelheit wieder in Richtung Rheine auf den Weg. Diesmal wurden sie beim Grenzübergang kontrolliert. Nein – das Thema „Rauschgift“ war damals noch keines; es ging einfach um „normale“ Schmuggelware. Auf die Frage, ob etwas zu verzollen sei, sagten beide *Nein.*

Durch die Fahrzeugpapiere wusste der Zollbeamte, dass das Auto Peter gehörte.

Peter und Klaus mussten aussteigen, und ein Zollbeamter sah sich gründlich im Auto um. Er sah die relativ neue Wolldecke, studierte das Etikett und stellte fest, dass es sich um ein holländisches Fabrikat handelte. Er wandte sich um und sagte zu ihnen: *Folgen Sie mir bitte.* Im Zollhaus befanden sich Zellen, in die er ihn und seinen Freund – getrennt voneinander – „hineinkomplimentierte“ und hinter ihnen abschloss.

Wie er denn beweisen könne, dass er die Decke schon bei der Einreise nach Holland gehabt habe, wurde er gefragt. Peter gab ihm die Telefonnummer seiner Mutter, und der Zollbeamte rief in Rheine an. Sie musste ihm diese Decke genau beschreiben. Es schien endlos zu dauern.

Sodann drehte sich der Schlüssel wieder im Schloss und sein „Gefängnis-Aufenthalt“ fand ein schnelles Ende …

Mehr als eine Brücke

Im Iran, im Norden der Provinz Aserbaids, liegt das Dorf Heris. Hier werden aus handgekämmter und pflanzengefärbter Wolle nach alten Vorbildern Teppiche geknüpft, die den Namen des Ortes tragen. Die Heris-Teppiche zeigen harmonische Muster in klaren, aber milden Farben. Man sagt, sie halten länger als ein Menschenleben. Einen solchen Teppich besaßen die Eltern von Peter Dyckhoff, die sich beide Zeit ihres Lebens für Orientteppiche interessierten.

Sein Onkel plante, den Geburtstag seiner Frau nicht zu Hause, sondern in der „Gesellschaft Verein" in Rheine zu feiern. Da dort der betreffende Raum relativ kalt wirkte, dachte er an den „Heris", den ihm sein Bruder Rudolf natürlich sofort lieh. Der „Heris" wurde am 1. August 1957, dem 52. Geburtstag seiner Frau Fanny, auf die kalten Fliesen gelegt. Franziska Dyckhoff – alle nannten sie Fanny – war nicht nur seine Tante, sondern auch seine Patentante. Jedes Jahr zu seinem Geburtstag und zu Weihnachten bereitete sie ihm eine Überraschung.

Eines Tages, er besuchte das Gymnasium Dionysianum, wurde er von seiner Patentante aus dem Unterricht gerufen. Wie vor Mathematik- und Lateinarbeiten hatte er ein ungutes und unruhiges Gefühl im Magen. Behutsam berichtete sie ihm von einem Autounfall seiner Eltern. Sein Vater hatte geschäftlich in Krefeld und in Moers zu tun, und seine Mutter war an diesem Tag mit ihm gefahren. Kurz vor Moers, auf gerader Landstraße, fuhr rechts ein Radfahrer, der plötzlich, ohne anzuzeigen, nach links einbog und die Straße überquerte. Um ihn nicht zu überfahren, riss sein Vater das Steuerrad nach rechts und fuhr mit relativ hoher Geschwindigkeit gegen einen Baum. Seine Eltern lagen im Krankenhaus von Moers, wohin seine Tante Fanny ihn brachte.

Während der Fahrt sagte sie, er müsse sich auf einen ungewohnten Anblick seiner Eltern einstellen – und mit Recht. Er war froh, seine Tante Fanny an der Seite zu haben. Als sie das Krankenzimmer betraten, hielt er sich aus Angst zurück und ging zögernd hinter ihr her, so, als ob sie ihm den Weg zu seinen

Eltern neu bahnen müsse. Das geschwollene Gesicht seines Vaters, er hatte eine Platzwunde über dem Auge, und den teils in Gips gehüllten Kopf seiner Mutter ließen ihn seine Eltern kaum erkennen. Beide lagen in dem selben Zimmer und waren somit für sich allein.

Von da an kümmerte sich Tante Fanny rührend um ihn.

Sieben Jahre später, er war inzwischen 19 Jahre alt, feierte sie ihren 52. Geburtstag auf dem Heris-Teppich über den kalten Fliesen im „Verein". Da vom Vorabend in den Geburtstag hineingefeiert wurde, nahm Peter Dyckhoff nicht teil, denn er befand sich unmittelbar vor dem Abitur.

Am nächsten Morgen in aller Frühe – noch vor der Zeit seines gewöhnlichen Aufstehens – kam sein Vater in sein Zimmer, setzte sich auf seinen Bettrand und sagte: *Heute Nacht ist etwas Schreckliches geschehen – Tante Fanny ist tot. Nach dem relativ späten Abendessen beglückwünschten wir sie um Mitternacht mit einem Glas Sekt. Kurz darauf griff sie mit beiden Händen zu ihrem Herzen und fiel zu Boden. Dr. Terrahe, ein Geburtstagsgast, kam ihr sofort zur Hilfe und machte Wiederbelebungsversuche, doch er konnte nur noch ihren Tod feststellen. Sie starb auf unserem Heris.*

Eines Nachts (er hatte das Gefühl, wach zu sein) kam seine Tante Fanny vom Fußende her langsam an seinem Bett vorbei. Sie schaute ihn an und sagte: *Bitte bete für mich, damit ich den vor mir liegenden Weg zu Ende gehen kann.*

Es ist tröstlich, Menschen in der jenseitigen Welt zu wissen, mit denen uns Liebevolles aus dieser Welt verbindet.

An der Wand seines Treppenaufgangs hängen viele Bilder von Verstorbenen aus seiner Familie und von Menschen, die ihm lieb waren. Jedes Mal, wenn er hinauf- oder heruntergeht, schaut ihn jemand in besonderer Weise an. Er versucht dann oft, mit diesem Menschen Kontakt aufzunehmen und spricht ein kurzes Gebet für ihn.

Als seine Mutter starb, hinterließ sie seiner Schwester und ihm ihre Wohnungseinrichtung. Sie suchten sich jeweils besondere Erinnerungsstücke aus. Dazu gehörte bei ihm der „Heris", auf dem seine Patentante gestorben war. Kurz nach ihrem plötzlichen Tod fiel es ihm schwer, ihn zu betreten. Doch inzwischen hat er ihn lieb gewonnen, da er für ihn zur Familiengeschichte gehört.

Krankheit, Tätigkeiten und Studium von 1958 bis 1976

Erste Begegnung mit dem Tod

Im Jahr 1958 begann Peter Dyckhoff ein Krankenpflege-Praktikum in der Raphaelsklinik in Münster. Die Station 7 (innere Medizin) leitete Schwester Felicia, eine Clemensschwester. Zu dieser Zeit wollte er bereits Priester werden, war aber überzeugt davon, dass ein Priester mit Sterbenden und dem Sterben selbst umgehen können müsste. Schwester Felicia erzählte er offen, warum er dieses Praktikum machte, und sie verstand ihn.

Er beschreibt Schwester Felicia als eine Ordensfrau von außerordentlicher Güte. Sie brachte ihm gegenüber ein großes Verständnis und vor allem Geduld auf, denn er hatte Angst zu überwinden.

Er war dabei, wenn Verbände gewechselt wurden, und sah zum ersten Mal bei einer zuckerkranken Frau den Stumpf nach ihrer Beinamputation. Er half, die Patienten zu waschen, machte die Betten und leerte die Urinflaschen. An all das und mehr hatte er sich schnell gewöhnt. Da damals noch drei und mehr Patienten sich ein Zimmer teilten, wurden die Sterbenden in ein Einzelzimmer verlegt, um ihnen individuelle Pflege und Betreuung zukommen zu lassen und ihnen so das Sterben leichter zu machen.

Eines Tages nahm sich Schwester Felicia die Zeit und erzählte ihm von einer Mitschwester, die heiligmäßig gelebt habe und vor drei Jahren gestorben sei. Sie wies dabei auf eine im Innenhof der Klinik stehende Holzbaracke.

Haben Sie den Namen Schwester Euthymia schon einmal gehört? In Schwester Euthymia hätten Sie einen Menschen erlebt, der immer auf ganz natürliche Weise übernatürlich war. Sie hat zwar Zeit ihres Lebens keine Schlagzeilen gemacht, doch verbreitete sie eine heilende Atmosphäre. 1934 wurde sie bei den Clemensschwestern aufgenommen und machte 1939 ihre Prüfung zur Krankenschwester. 1948 wurde sie unverständlicherweise aus der Krankenpflege herausgenommen und musste die Waschküche für die Raphaelsklinik und das Mutterhaus übernehmen. Der große Wäschereibetrieb der Klinik und des Mutterhauses war durch Bomben völlig zerstört. Die Baracke, auf die Sie von hier oben schauen, und in der Schwester Euthymia sieben Jahre ihre schwere Arbeit in Holzschuhen getan hat, ist heute noch unsere Waschküche.

Seine Arbeit wurde verantwortungsvoller; Schwester Felicia betraute ihn mit der persönlichen Betreuung eines schwer an Speiseröhrenkrebs erkrankten Mannes. In dessen Zimmer fand seine erste Begegnung mit einem Sterbenden und seinem Tod statt. Der Mann mittleren Alters hatte keine Angehörigen und bekam auch niemals Besuch. Als Peter Dyckhoff mit ihm vertraut wurde, konnte er mühsam noch ein wenig sprechen. Schwester Felicia unterstützte seine vielen Besuche in diesem Zimmer, denn sie wusste, was der Grund seines Pflegedienstes war.

Das einzige schmale Fenster dieses Raumes war auf den Hof gerichtet, in dem die Waschbaracke stand. In gewissen Abständen stiegen weiße Rauchschwaden auf und verschleierten den Ausblick. Während er lange wachend am Bett saß, las er in einer kleinen Broschüre über Schwester Euthymia. *Als gelernte und engagierte Krankenpflegerin unterwarf sich Schwester Euthymia gehorsam ihrer Bestimmung als Wäscherin. Sie stand da im blauen Arbeitskittel, in brauner Lederschürze, zog und hob die schweren Wäschewagen, drehte die schweren Maschinen zum Entleeren herunter und transportierte die Wäsche, als ob das alles für sie gar keine besondere Anstrengung bedeutete. Die Devise von Schwester Euthymia lautete: zu Ende führen, auch die geringste Aufgabe ganz erfüllen.*

Peter Dyckhoff berichtet, die kurzen Einblicke in das Leben von Schwester Euthymia hätten ihm auf wunderbare Weise geholfen, seine Aufgabe der Sterbebegleitung auch innerlich anzunehmen und zu verwirklichen.

Es dauerte lange – der Kranke musste mehrmals neu und mühsam ansetzen – bis Peter Dyckhoff verstand, was er ihm sagen wollte. Sein sehnlichster Wunsch und seine Bitte: Er bat um ein Mittel, um nicht länger leiden und diese entsetzlichen Qualen aushalten zu müssen. Hilflos, absolut hilflos stand er da. Wie sollte er mit seinen zwanzig Jahren mit einer solchen Problematik umgehen? Im Angesicht eines so furchtbaren Leidens hatte er Momente, in denen er diese Form der Erlösung sogar bejahte. Dann wiederum und vom Glauben her war es eine Unmöglichkeit für ihn, auf diese „tötende" Weise in das Leben eines Menschen einzugreifen.

Gebete zu Schwester Euthymia wurden für ihn zum Trost und führten ihn zu der klaren Antwort, niemanden und unter keinen Umständen zu töten. Aus dieser Überzeugung heraus – so erinnert er sich heute – habe er dem Sterbenden in seinem unsagbaren Leid noch liebevoller begegnen können.

Peter Dyckhoff las weiter in der Broschüre über Schwester Euthymia, die zu einer prägenden Persönlichkeit in seinem Leben wurde. Noch heute führt ihn sein Weg, wenn er den Zentralfriedhof in Münster besucht, stets an ihr Grab.

Im Juli 1955 erlitt Schwester Euthymia einen Schwächeanfall. Die Diagnose: eine Krebsgeschwulst im Unterleib, die bereits Metastasen in der Leber gebildet hatte. Am 9. September empfing Schwester Euthymia zum letzten Mal die heilige Kommunion. Es war um sechs Uhr am Morgen. Sie richtete sich in ihrem Todeskampf auf und sagte: ‚Noch zehn Minuten' … Dann nahm sie ihr Sterbekreuz und erwartete ruhig den Tod. Schwester Euthymia wurde am 7. Oktober 2001, 46 Jahre nach ihrem Tod, selig gesprochen.

Durch Schwester Felicia und Schwester Euthymia vorbereitet und geführt, durfte er über Wochen einen schwerkranken Mann begleiten und ihm in seinem Sterben nahe sein.

Peter Dyckhoff war und ist sich sicher, dass der krebskranke Mann, den er bis zu seinem Tod pflegen durfte und aus dessen Kranken- und Sterbezimmer er auf die Waschbaracke sehen konnte, zwar nicht durch die Katholische Kirche auf Erden, aber von Gott selig gesprochen wurde. Er habe das Unabänderliche seiner Krankheit, die entsetzlichen Schmerzen und sein langsames Sterben in Geduld angenommen und sei tief in das Geheimnis des Glaubens eingetaucht: in den Tod und in die Auferstehung Jesu Christi.

Praktikum bei der RZ Dyckhoff GmbH in Rheine

Das Praktikum von 1959 bis 1960 erfolgte vorwiegend in der Weberei und der Schlosserei. Schon zu dieser Zeit entwickelte er eine besondere Beziehung zu den dortigen Arbeiterinnen und Arbeitern. Er fühlte sich mehr als einer von ihnen statt als Sohn des Inhabers – zum Leidwesen seines Vaters.

Peter schickte als Geschäftsführer die Leute schon wegen eines leichten Magendrucks nach Hause – so erzählte später seine Mutter einmal.

Sein Vater drängte ihn zum Studium der Betriebswirtschaft, damit er „den Ernst des Lebens" erkennt – Peter Dyckhoff wollte jedoch Theologie studieren. Man fand einen Kompromiss: Von 1960 bis 1964 studierte er Psychologie. Er „verkaufte" seinem Vater dies als wichtige Grundlage für Menschenführung im Betrieb.

Ikarus

Das „dunkelste Kapitel" begann 1960 und, wie es oft im Leben ist, mit einem sehr freudigen und lichten Kapitel, das aber dann schlagartig überschattet wurde und ihn in die Dunkelheit führte – auch in die Gottferne. Am Ende seiner Schulzeit spürte er verstärkt den Wunsch, Priester zu werden, doch wagte er nicht, darüber zu sprechen. Für seinen Vater stand schon vor seiner Geburt fest, dass er später den elterlichen Textilbetrieb übernimmt – vorausgesetzt natürlich, es würde ein Junge. Ein Mädchen in einer Führungsrolle? Das schien zu der Zeit undenkbar!

Heimlich stellte er sich nach dem Abitur bei den Jesuiten von der Philosophisch-Theologischen Hochschule St. Georgen in Frankfurt vor. Doch zu seinem Bedauern: Man lehnte ab, da er noch keine 21 Jahre alt war und keine Einwilligungserklärung seiner Eltern hatte.

In den darauffolgenden zwei Jahren kam er seines Vaters Wünschen entgegen. Er absolvierte in Hamburg bei der Commerzbank in der Mönckebergstraße ein Bankpraktikum – in seinen freien Stunden lernte er Griechisch, das ihm für sein Theologiestudium noch fehlte. Dann folgten einige Monate praktische Arbeit in der Schlosserei des elterlichen Betriebes. Während des sich anschließenden Studiums der Betriebswirtschaft in Münster knüpfte er die Fäden nach St. Georgen neu. Ohne ihre Zustimmung und ohne den Segen seiner Eltern begann er im Frühjahr 1960 mit dem Theologiestudium in Frankfurt.

Er fühlte sich dort wie zu Hause und bezeichnet diese Zeit als „lichtvollsten Abschnitt" seines bisherigen Lebens. Die frühere Wirbelsäulenverletzung verbot es ihm, Fußball zu spielen – aber er tat es doch. Bei einem Sprung rutschte er aus und fiel unglücklich auf seinen Kopf. Zunächst überspielte er seine Gehirnerschütterung und die starken Kopfschmerzen. Allerdings fand man ihn nach der Maiandacht allein bewusstlos auf dem Steinfußboden. Er war noch einmal mit dem Kopf aufgeschlagen. Das, was für ihn wie ein innerer Aufstieg zum Licht begonnen hatte, kehrte sich um, und es begann stündlich dunkler in ihm zu werden. An „Lichtblicke" erinnert er sich: an das Bett in seinem Studierzimmer, an einen Arzt im weißen Kittel, an zwei Patres neben ihm im Auto. Dann versank er wieder in eine Bewusstlosigkeit, die sich durch keine äußeren Reize mehr unterbrechen ließ. Religiöse Bilder oder Botschaften erreichten ihn nicht mehr.

Als man ihm sagte, er sei auf der geschlossenen Station der Neurologischen und Psychiatrischen Universitätsklinik in Münster, konnte er das überhaupt nicht begreifen. Er erkannte niemanden, auch seine Eltern nicht; ihre ihm sonst so vertrauten und lieben Stimmen waren ihm fremd.

Wie seine Mutter später einmal sagte, hätten Professor Friedrich Mauz und die anderen Fachärzte in dieser Zeit besorgniserregend über seinen Zustand gesprochen und vermutet, dass eventuell ein Schaden zurückbleiben könnte. Sie versuchten jedoch mit den damaligen Methoden alles, ihn ins Wachbewusstsein und zu einer gesunden Wahrnehmung zu führen. Zu dieser Therapie gehörten der Insulin- und der Elektroschock. Beide Therapien wurden über einen längeren Zeitraum gleichzeitig angewandt. Soweit er sie bewusst erlebt hat, empfand er sie als grausame, entsetzliche Folter. Nach etwa einer Stunde wurde der herbeigeführte Koma-Zustand schließlich durch eine Injektion von Glucagon wieder beendet. Er erinnert sich, wie in Schweiß getränkt er war und wie er zitterte. Jede seiner flehentlichen Bitten, mit diesen grausamen Schocks aufzuhören, überhörten der Arzt und die Pfleger, oder sie schrieben sie seiner angeblichen Krankheit zu.

Heute noch sagt Peter Dyckhoff, dass diese Behandlung recht entwürdigend war, denn etliche Körperfunktionen wie quälende Zuckungen, erhöhter Speichelfluss und eine allgemeine Verlangsamung bildeten sich erst ganz langsam zurück. Damals hätten niemanden seine Gefühle interessiert, seine Gedanken und seine Empfindungen bei der Behandlung mit den Insulin- und Elektroschocks.

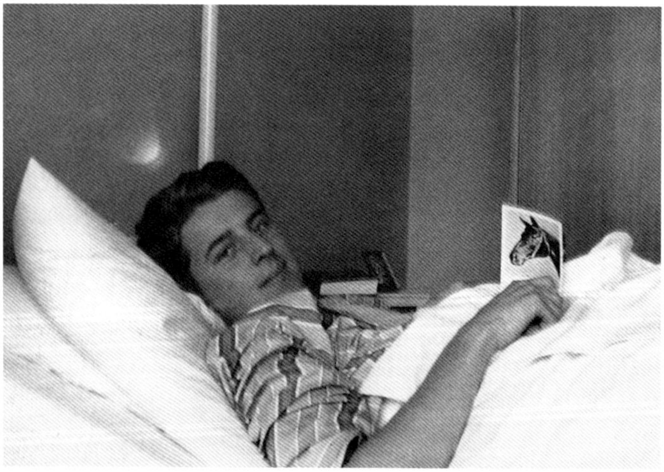

Während seines späteren Psychologie-Studiums besuchte er psychiatrische Vorlesungen, nicht zuletzt auch, um rückblickend ein wenig mehr darüber zu erfahren, was den Sinn und den angeblichen Erfolg der Therapieschocks ausmachte.

Liegt es nicht nahe, anzunehmen, dass so grausame Therapiemethoden wie der Elektroschock bleibende Hirnschädigungen verursachen können, in jedem Fall aber eine große Zahl von Neuronen abtöten? Durch die vielen Elektroschocks, die er bekam, erlebte er nicht nur eine Hirnfunktionsstörung, sondern merkte zudem, wie er auf sehr subtile Weise abhängig und beeinflussbar wurde. Ein etwas älterer Pfleger nutzte diese zunehmend größer werdende Offenheit auf abscheulich krankhafte Weise schamlos aus. Nach einer Serie von Elektroschocks konnte er nachts kaum oder gar nicht schlafen. Sein natürlicher Rhythmus war gestört und regenerierte erst langsam wieder. Wenn dieser Pfleger Nachtdienst hatte und sein Wachsein und seine Unruhe bemerkte, begann er ihn zu quälen und ihm entsetzliche Angst einzujagen. Er schob ihm Bilder aus einer Illustrierten unter die Tür: unter Geröll verschüttete eingeschlossene Bergleute, die um ihr Leben kämpften – Gesichter, die Entsetzen zeigten. Mit diesen Eindrücken wurde er stundenlang allein gelassen. Gegen Morgen nahm der Pfleger die Seiten wieder aus seiner „Zelle", versetzte ihm – ohne ein Wort zu sagen – einen Stoß und verschwand. Wie oft diese und andere grausame und entwürdigende Szenen vorkamen, vermag er nicht mehr zu sagen. Jede Äußerung von ihm in diese Richtung wurde sowohl von den Ärzten als auch von den Pflegern als krankhaftes Hirngespinst abgetan. In solchen Nächten fühlte er sich eingeengt, ungehört und verlassen. Er hatte sogar das Gefühl, dass seine Gebete nicht zu Gott durchdringen konnten …

Nach einigen Wochen erkannte er seine Eltern wieder, die, wie sie sagten, ihn in der schlimmen Zeit oft besucht hatten. Und eines Tages geschah ein „Wunder". Sein Vater kam in die Klinik: *Pack all deine Sachen ein*, sagte er, *und vergiss nicht die Bibel.*

Nachdem er aus der Psychiatrischen Klinik entlassen wurde, sprach er mit niemandem über seine grausamen Erfahrungen; seine Eltern wollte er nicht damit belasten und bei Fremden hatte er den Eindruck, sie glaubten ihm nicht.

So fühlt sich Alleinsein an!

Andererseits empfand er auch ein großes Gefühl der Zufriedenheit darüber, dass sein Vater sich mit dem Studium der Psychologie einverstanden erklärte und man wieder auf einer tieferen Ebene zueinander gefunden hatte.

Das Foto zeigt ihn während einer anschließenden Reise mit seinen Eltern auf die Nordseeinsel Sylt.

Leben neu gewinnen

Gebet von Peter Dyckhoff:

Herr, wie viele Menschen sind dir nachgefolgt und haben alles zurückgelassen, um anderen, die sich in Not und im Schatten des Todes befanden, deine niemals endende und alles umfassende Liebe zu bringen. Heute leben diese herausragenden Menschen ebenso unter uns wie zu allen Zeiten. Sie stehen körperlich und seelisch Leidenden bei und festigen in ihnen die Hoffnung auf Heilung und die Gewissheit eines ewigen Lebens.

Herr, berühre auch mich und entzünde in mir das Feuer deiner Liebe, damit ich die vielen Leidtragenden in unserer Welt sehe und mich auf den Weg mache, ihnen zu begegnen und sie zu berühren. Ich möchte durch tätige Liebe die Hoffnung, die du in mein Herz gesenkt hast, weiterschenken zum Heil und zur Heiligung all derer, die noch getrennt sind von dir. Schaffe in ihnen das Leben neu und lass in ihrer Seele diese Verheißung erfahrbare Wirklichkeit und wirkliche Gegenwart werden.

Herr, gib mir Ausdauer und Durchhaltevermögen. Lass mich in dir meinen Stand finden und niemals mehr wanken – selbst wenn eine Zeit des Wartens mir unmöglich erscheint. Schenke mir die Kraft, notwendige Prüfungen und Anfeindungen zu ertragen, um aus ihnen unbeschadet und gereift hervorzugehen. Herr, du hast mir nicht den Geist der Verzagtheit gegeben, sondern du hast mir den Geist der Liebe eingesenkt, den Geist der Kraft und der Besonnenheit (vgl. 2 Timotheus 1,7).

Ich danke dir, Herr, für all das Gute, das ich von dir empfange. Ich danke dir für den Auftrag, hinauszugehen – aus mir herauszugehen –, um die am Rande Stehenden zur Mitte zu führen, damit auch sie durch dich das Leben neu gewinnen.

Eindrücke verarbeiten

Ein Praktikum während seiner Ausbildung zum Psychologen bestand in einer kurzzeitigen Mitarbeit in einer psychiatrischen Klinik für Straffällige. Für die Kranken, von denen eine besondere Gefahr ausging, gab es ein eigenes großes Gebäude, das nach allen Seiten abgesichert war und auch Tag und Nacht bewacht wurde. In diesem Haus, ‚Männer 9' genannt, arbeitete er. Höchstens sechs bis acht Männer waren zu einer Gruppe zusammengefasst, die den Tag in einem vergitterten Aufenthaltsraum verbrachten. Was sich so manches Mal zwischen ihnen abspielte, kann man nicht beschreiben. *Noch nie habe ich eine so geballte Aggression erlebt,* sagt Peter Dyckhoff heute.

Nur zwei Pfleger zusammen durften diese Räume betreten – allerdings ohne Waffe. Ein dritter bewaffneter Pfleger stand außerhalb. Die Zeit, in der den Kranken das Essen gebracht wurde, war die ungefährlichste. Und für diesen Dienst hatte auch er Zugang zu den Gruppen – die ersten Male mit starkem Herzklopfen. Die meisten Inhaftierten standen zwar unter stark beruhigenden Medikamenten, doch habe man die Reaktionen nie voraussehen können.

Ein Mann in Einzelhaft – er hatte mehrere Menschen umgebracht – beeindruckte Peter Dyckhoff so tief, dass er viele Nächte nicht schlafen konnte. Seine Zelle hatte oben, nicht erreichbar, ein kleines Fenster. Der Mann war nackt, da sonst die Gefahr bestand, dass er sich mit seiner Garderobe erwürgt. Wenn Tobsuchtsanfälle ihn überfielen, er zu essen oder Medikamente bekam oder seine Zelle gereinigt werden musste, wurde die Temperatur im Raum heruntergefahren, bis der Mann zu frieren begann. Über der Liegematte ging dann automatisch eine Infrarot-Heizlampe an, die diesen Bereich wärmte. Er zog sich dorthin zurück und war dann meist sehr friedlich. Wenn Peter Dyckhoff nur durch den Späher in der Tür schaute, fühlte es der Kranke sofort und wandte sich um.

Ein Studienkollege, der auch in diesem forensischen Klinikum gearbeitet hatte, sagte ihm später, er müsse etwas zur Abgrenzung tun, denn er würde sich zu sehr mit den Kranken identifizieren.

Er hatte recht, denn heute ergeht es Peter Dyckhoff in seinem Beruf ähnlich. In den geistlichen Gesprächen wird er häufig mit Schicksalen konfrontiert, die ihn derart beeindrucken, dass sie ihn tage- und nächtelang nicht loslassen.

Vorzeichen wahr-nehmen

Peter Dyckhoff glaubt daran, dass manchmal entscheidenden Ereignissen Zeichen vorausgehen, da er mehrmals diese Erfahrung machte.

Nachdem die Zeit der häufigen Auseinandersetzungen seiner Berufswünsche wegen vorüber war und sich die beiden wieder annäherten, lud ihn sein Vater des Öfteren zu einer Fahrt mit „Charly" ein. „Charly" war das Boot seines Vaters – benannt nach seiner Frau Charlotte …

In den Herbstferien 1964 – er war siebenundzwanzig Jahre alt – genossen er und sein Vater sonnige und insbesondere menschlich harmonische Tage auf der Ostsee.

Während sein Vater Makrelen angelte und zubereitete, schrieb Peter Dyckhoff auf seiner Reiseschreibmaschine an seiner Diplomarbeit. Selten hatte er mit seinem Vater so gute Gespräche geführt – tags an Deck in der milden Herbstsonne oder abends beim Schein der Petroleumlampe in der Kajüte. Die „Charly" hatte zwei Schlafkajüten; in der einen schlief sein Vater, in der anderen er. Die gemeinsame Zeit, in der sich eine tiefe Männerfreundschaft angebahnt hatte, ging langsam zu Ende.

Eines Nachts träumte er von einer Pendeluhr. Sie hängt an der Wand und das Pendel geht seinen gewohnten Rhythmus. Dann wird die Uhr größer und größer und kommt auf ihn zu. Das Pendel schlägt schneller und schneller und das Geräusch des Schlagens wird immer lauter und eindringlicher – unerträglich laut, hektisch und schrill. Alles geschieht außerordentlich schnell – bis ganz plötzlich das Pendel mit einem ohrenbetäubenden Lärm aufhört zu schlagen.

Er muss während des Traumes geschrien haben, denn sein Vater saß kurz darauf auf seinem Bettrand, hielt seine Hände und beruhigte ihn.

Er erzählte ihm von dieser Pendeluhr und bekam währenddessen das Gefühl, seiner Mutter müsse etwas passiert sein. Jetzt machte er sich Sorgen um sie, da das Pendel – er dachte an ihr Herz – stehen geblieben war. Sein Vater versprach ihm, gleich in der Frühe Travemünde anzulaufen und mit seiner Mutter zu telefonieren. Er beruhigte ihn und mahnte, *nicht zu viel Psychologie auf einmal* zu betreiben. Als er am nächsten Morgen die fröhliche Stimme seiner Mutter am Telefon hörte, erzählte er ihr nichts.

Es folgten noch letzte erholsame Tage an Bord unter strahlender Sonne auf bewegter See und kühle Nächte unter sternklarem Himmel. Er war jung, und wahrscheinlich gehört es dazu, dass man Unangenehmes schnell vergisst.

Am 10. Oktober 1964, nur kurze Zeit nach dieser wunderbaren Bootsreise, bei der sich die beiden innerlich so nahe gekommen waren, schellte es mittags. An der Tür stand sein Onkel, der ihm die Nachricht vom Unfalltod seines Vaters brachte.

Versöhnung macht den Abschied leichter

Am Sonnabend, 10. Oktober 1964, gegen 12 Uhr mittags verunglückte sein Vater tödlich mit dem Auto. Peter Dyckhoff war der Erste der engeren Familie, der von dem tragischen Unfall erfuhr. An diesem Tag war sein Vater schon früh zum Fischen an die Ems gefahren. Die Familie besaß ein kleines „Waldhaus“, das am Fluss gelegen war – ungefähr 14 Kilometer vom Elternhaus in Rheine entfernt. Hier erholte sich sein Vater nach einer anstrengenden Woche im Betrieb. Sobald er in seinem Volkswagen saß und zum Waldhaus in Emsbüren fahren konnte, ging es ihm besser. Da niemand im Herbst am Wochenende so früh aufstehen und mit ihm an den Fluss zum Angeln fahren wollte, fuhr er allein dorthin.

Die Jahre des beruflichen Ringens seines Sohnes waren auch an seinem Vater nicht spurlos vorübergegangen. Beide waren nicht nur froh, sondern glücklich, dass sie wieder zueinander gefunden hatten und ihre Beziehung tiefer, inniger und verstehender geworden war als je zuvor. Als Peter Dyckhoff wieder einigermaßen gesund war und sein Studium der Psychologie aufnehmen konnte, war es sein Vater, der sich ihm nach der schweren Zeit öffnete und ihm Liebe zeigte. Wie wäre es ihm nach dem Tod seines Vaters ergangen, wenn sie sich nicht vorher wieder versöhnt hätten?

Der plötzliche Abschied seines Vaters aus dieser Welt, er war erst 58 Jahre alt, bleibt ein Geheimnis, denn bei diesem Unfall gab es keine Zeugen. In einer leichten Rechtskurve – es war an diesem Tag grau und regnerisch – muss er auf dem Rückweg mit seinem Wagen von der Fahrbahn abgekommen und vor einen Baum gefahren sein. Vorbeifahrende fanden ihn, bereits tot, in seinem total zertrümmerten Auto.

Als sein Vater an diesem Tag gegen 13 Uhr noch nicht zum Mittagessen zu Hause war, machte er sich keine Gedanken, obwohl sein Vater niemals unpünktlich war. Seine Mutter hatte sich nach dem Essen hingelegt, um etwas zu schlafen. Graue Oktobertage entsprachen nicht ihrem heiteren und sonnigen Wesen. Gegen 14 Uhr schellte der älteste Bruder seines Vaters und erklärte Peter Dyckhoff mit leiser Stimme, was geschehen war, und dass man seinen Vater in das Mathias-Spital gebracht habe. Ohne einzutreten verabschiedete er sich schnell wieder. Peter Dyckhoff blieb allein im Türrahmen stehen und spürte, wie er sich ausdrückte, „ein Joch untragbarer Verantwortung auf seinen Schultern".

Leise wecke er seine Mutter und flüsterte ihr zu, Vater läge im Krankenhaus. Erst auf dem Weg dorthin sagte er ihr, was wirklich geschehen war. Und dann standen er, seine Mutter und seine Schwester in einem kleinen Zimmer der Ambulanz. Sein Vater lag auf einer Bahre; ein weißes Tuch deckte ihn zu. Sein vertrautes Profil zeichnete sich ab. Peter Dyckhoff zögerte nicht, das Laken ein wenig anzuheben. Die Stirn war auf der rechten Seite eingedrückt, seine Augen waren geschlossen.

Peter Dyckhoff wirft sich noch heute vor, dass er seinen Vater für die Tage bis zu seiner Beerdigung nicht nach Hause geholt hat. Weder er, seine Mutter noch seine Schwester hätten an diese Möglichkeit gedacht. Er ist sich sicher, dass es nicht nur seinem Vater, sondern auch seiner Mutter und Schwester gut getan hätte, wenn sie noch einige Tage zusammen gewesen wären.

Als er seinen Vater am nächsten Tag allein in der Leichenhalle besuchte, streichelte er seine Hände und gab ihm seinen Rosenkranz mit auf die Reise, den er seit jungen Jahren immer bei sich trug.

In diesem an sich schweren Augenblick spürte er, wie die Versöhnung mit seinem Vater ihm den Abschied leichter machte. Er beschreibt dies heute so: *Es war wie ein Getragensein von einer unsichtbaren Kraft, die alle Gewissensnot in sich aufnahm und neutralisierte.*

Er versprach seinem Vater, nicht mehr ausschließlich an sich selbst und seine Berufswünsche zu denken, sondern für seine Mutter, seine Schwester, die Mitarbeiter und den Betrieb da zu sein. Niemals hat er dieses Versprechen bereut, doch hat ihn die Verwirklichung fast all seine Kräfte gekostet und ihn für lange Zeit an den Rand seiner körperlichen und seelischen Existenz geführt.

Aber immer, wenn er inmitten der Sorgen, einer Liquiditätsenge oder in persönlichen Verstrickungen an seinen Vater dachte und zu ihm betete, kam er zur Ruhe und es schien ihm, dass er ihm den nächsten Schritt, den er zu tun hatte, nahelegte.

Nicht mehr zu kitten …

Der Begriff „Freundschaft" wird heute bei vielen Menschen fast inflationär gebraucht. Man spricht von „vielen" Freunden, „mein bester Freund" usw. usw. Man wetteifert um „Freundschaften" bei Facebook. Der für Peter Dyckhoff heute ziemlich enge Freundschafts-Begriff ist mit auf ein enttäuschendes Erlebnis zurückzuführen, das er in seiner Jugend hatte. Er hat sehr, sehr viele gute Bekannte – aber wirkliche Freunde?

Während seines Psychologie-Studiums an der Universität Münster freundete er sich etwa 1963 mit einem Kommilitonen an, der Jura studierte. Wenn auch die Wohnorte etwa 40 km voneinander entfernt lagen, so traf man sich doch regelmäßig, unternahm Ausflüge und besuchte sich sogar gegenseitig in den Familien.

Einige Zeit war man schon zusammen, und beide behaupteten, beste Freunde zu sein, als etwas Furchtbares geschah, durch das die Freundschaft

geprüft wurde. Peter Dyckhoffs Vater verunglückte tödlich; sein Wagen war im Herbst auf nasser Straße ins Schleudern gekommen. Von dem Augenblick an, als es an der Haustür der Familie Dyckhoff schellte und Peter die schlimme Nachricht entgegennehmen musste, war er der „Mann in der Familie". Seine Mutter und seine jüngere Schwester waren nahezu kopf- und hilflos. Und zu diesem Zeitpunkt hätte er seinen Freund gebraucht. Aber er wurde enttäuscht. Dieser vermeintliche Freund kam nicht gleich zu ihm; er unterstützte ihn auch nicht bei den vielen erforderlichen Maßnahmen zur Beisetzung. Peter Dyckhoff fühlte sich von ihm allein gelassen. Aber zur Beerdigung würde er doch sicher kommen?!? Fehlanzeige!

Später sagte ihm sein „Freund", er habe seinen Vater zum Flughafen nach Düsseldorf bringen müssen … Äußerlich schien wieder alles in Ordnung zu sein, doch die Begegnungen zwischen den beiden „Freunden" wurden erheblich weniger.

Dieser innere Bruch war bei Peter Dyckhoff nicht mehr zu kitten. Es ist vergleichbar mit einer kostbaren Vase, die zerbricht. Selbst wenn man diese Bruchstelle professionell repariert und den Riss kaum noch sieht: Die Kostbarkeit hat ihren Wert verloren …

Beide erwähnten diesen Anlass für den Bruch dessen, was Peter Dyckhoff bis dahin „Freundschaft" nannte, niemals. Man verlor sich aus den Augen. Nach etwa 30 Jahren jedoch kam bei einem zufälligen Treffen der Grund für die Entfremdung zur Sprache. Und nun wurde die Enttäuschung noch stärker, aber sie tat ihm nicht mehr weh: *Ich musste meinen Vater gar nicht zum Flughafen bringen. Das habe ich mir ausgedacht. Ich habe mich einfach nicht getraut, zu einem solch traurigen Anlass zu kommen.* Dieser damalige „Freund" scheint bis heute nicht begriffen zu haben, dass er mit dieser Äußerung ein noch schlimmeres „Eigentor" geschossen hatte.

Auf den Grund gehen …

Um seine Mutter nicht allein zu lassen, lebte er nach dem Tod seines Vaters noch einige Jahre in seinem Elternhaus. Dann richtete er sich eine eigene Wohnung ein, was bei einigen Verwandten ungute Redereien nach sich zog. Als der Wunsch laut wurde, ihn einmal zu besuchen, lud er sie in sein neues Zuhause ein. Das Essen wurde dankbar angenommen und die Einrichtung bestaunt. Jedes Mal jedoch, wenn jemand sein Badezimmer aufgesucht hatte, kam er mit etwas sonderbarem Gesichtsausdruck zurück.

Auf den Badewannenrand hatte er eine Schale mit zwei Spritzen gestellt, die früher einmal seine Schwester während ihrer Ausbildung zur Medizinisch-Technischen Assistentin mit nach Hause gebracht hatte. Das Besteck war wohl irrtümlich in seinen Umzug geraten.

Niemand sprach ihn auf die Spritzen an – auch nicht unter vier Augen – und das allgemeine Gespräch blieb sehr oberflächlich. So gern hätte er es gesehen und erlebt, dass man sich ein wenig mehr und tiefer mit seiner Wirklichkeit auseinandersetzen würde.

Wie konnte es anders sein als erwartet? Hinter vorgehaltener Hand erzählte man schon sehr bald, er sei ausgezogen, um ungehindert seine Sucht ausleben zu können.

Der letzte Wille sollte „heilig" sein

Eine erste traurige Erfahrung mit der Habsucht mancher Menschen machte Peter Dyckhoff, als er den letzten Willen seines Vaters gegen Steuervorteile „tauschte". Als sein Vater tödlich verunglückte, war er 27 Jahre alt und noch recht unerfahren in geschäftlichen Dingen. Außerdem vertraute er – mehr noch als heute – jedem Menschen blind. Das Testament seines Vaters war klar und eindeutig: Alles, was er besaß, sollte ab seinem Todestag seiner Frau Charlotte gehören. Erst nach ihrem Tod sollten sich die beiden Kinder das teilen, was seine Frau übrig ließ.

Charlotte Dyckhoff stand noch Tage nach dem Tod ihres Mannes unter Schock. Peter Dyckhoff musste sein Studium aufgeben, um die Stellung seines Vaters im Betrieb zu übernehmen; seine Schwester war ausgebildete Medizinisch-Technische Assistentin. Und jeder hatte in dieser Zeit eine Menge mit sich selbst zu tun.

Wohl aus diesem Grund und aus mangelnder Übersicht ließ sich seine Mutter von dem Verwandten H. – gemeinsam mit dem Steuerberater – überreden, das Testament auszuschlagen und eine steuerlich „bessere" Lösung an seine Stelle zu setzen.

Der Staat erkannte diese selbstgefertigte neue Verteilung an; seine Mutter war also nicht mehr die Alleinerbin. So sparte man, nach Aussage von H. und des Steuerberaters, eine Menge ansonsten zu zahlender Steuern. Diese Lösung, so hieß es, sei auch für die Zukunft die beste. Und was geschah in Wirklichkeit?

Schon einige Monate nach dem Tod des Vaters wurden Ansprüche laut und Forderungen geltend gemacht, die nach dem ursprünglichen Testament keine Rechtsgrundlage gehabt hätten. Nun musste man sich jedoch schmerzlich mit Geldforderungen auseinandersetzen. Eine Lawine unguter Ereignisse folgte und niemand fand die Ruhe und den Frieden, den sein Vater seiner kleinen Familie so sehr gewünscht hatte.

Als Peter Dyckhoffs Mutter genau dreißig Jahre nach dem Tod ihres Mannes starb, sagte sie einige Tage vorher zu ihm: *Vaters Testament nicht anzunehmen, war der größte Fehler, den wir machen konnten. Unsere besserwisserische Entscheidung hat uns allen nur Unglück gebracht.*

Diese Worte verstärkten noch einmal seine Einstellung:

Schlage niemals – und komme auch, was kommen mag – den letzten Willen eines Menschen aus. Selbst wenn die Erfüllung des letzten Willens nicht einsehbar, teuer, umständlich oder kaum durchführbar ist: Setze alles daran, so gut es eben möglich ist, den letzten Willen eines Verstorbenen zu erfüllen!

Alkohol: trügerische Hilfe

Nach dem Tod seines Vaters wurde seine Angst, Gefordertes nicht leisten zu können, immer größer. Er suchte Hilfe in geistlichen Gesprächen, hatte aber stets das Gefühl, nicht verstanden zu werden. Durch diese menschlichen Enttäuschungen wurde ihm das Wort Gottes immer fremder, und er distanzierte sich vom Empfang der Sakramente und dem Besuch von Gottesdiensten. Ihm schienen in dieser Zeit der zunehmenden seelischen Bedrängnis die kirchlichen Hilfsangebote durch und durch nichtssagend und veräußerlicht.

Er bemerkte es zunächst nicht, wie er damit begann, Brücken über Abgründe zu bauen, die weder dauerhaft, belastbar noch tragfähig waren. Abends trank er Rotwein, regelmäßig und immer mehr; morgens dagegen starken schwarzen Kaffee. Um eine noch stärker anregende Wirkung auf das Nervensystem zu erzielen, blieb die Einnahme von stimulierenden Kreislaufmitteln nicht aus. Das eine öffnete dem anderen die Tür. Statt zu essen gab es dann bereits mittags Rotwein und vor jeder schwierig zu werdenden Aufgabe zusätzlich und regelmäßig hochprozentigen eisgekühlten Korn.

Niemand sprach ihn darauf an, und er hatte das Gefühl, dass alles so sei wie bisher. Dem Betrieb ging es schlechter – ihm ging es schlechter, aber Letzteres bemerkte er nicht. Er verlor die Übersicht und hypernervöse Störungen machten sich auch körperlich bemerkbar. Die Ärzte verschrieben ihm – er ging bewusst zu mehreren – Valium, Librium und Adumbran, Beruhigungsmittel, die ihn abhängig machten. Er befand sich in einem Teufelskreis.

Um über den Abend oder das Wochenende zu kommen, spielte er auf dem Blüthner-Flügel, den er von seiner Großmutter geerbt hatte. Er spielte stundenlang dieselben Stücke, die er früher einmal bei seiner Klavierlehrerin auswendig gelernt hatte. Sein Traum war es nämlich, einmal Priester oder Pianist zu werden. Beides schien ihm unerfüllbar.

Er spürte, dass seine Mutter von ihm erwartete, so zu sein, wie es sein Vater war. Da er die Trauer seiner Mutter um seinen Vater und die ständigen Vorwürfe, die er sich von ihr wegen seiner Lebensführung anhören musste, nicht länger ertragen konnte, suchte er sich eine Wohnung und zog aus dem Elternhaus aus.

Die Firma wies in der Jahresbilanz erste Verluste aus. Sowohl die Gesellschafter als auch die Banken wurden ihm gegenüber noch kritischer. Ihm gelang es, durch einige Großaufträge mit einer guten Rendite und durch den Verkauf von Maschinen dieses Defizit noch einmal wettzumachen.

Aber wie fühlte er sich? Immer schlechter und schlechter. Alkohol und betäubende Medikamente halfen nicht mehr. Entgegen dem Versprechen, das er seinem Vater am Sarg gegeben hatte, für den Betrieb und die Familie lebenslang zu sorgen, kam der Wunsch in ihm auf, so bald wie möglich diese unübersehbare Verantwortung abzugeben. Verhandlungen, das Unternehmen mit dieser Bilanz zu verkaufen oder zu fusionieren, scheiterten.

Sein Plan, einen Geschäftsführer zu finden und sich aus dem Unternehmen zurückzuziehen, reifte und gab ihm neue Hoffnung. Ein Freund der Familie, Pfarrer Heinz Löker von der Aasee-Gemeinde St. Stephanus in Münster, half ihm, seinen neuen Weg zu finden. Er verschaffte ihm eine Einladung zu einem dreitägigen Gebetskursus mit dem Thema „Einübung in die Meditation".

So geschah die wohl größte Wende in seinem Leben im Frühjahr 1971, nicht ganz sieben Jahre nach dem Tod seines Vaters.

Eure Kinder sind nicht eure Kinder. Es sind die Söhne und Töchter von des Lebens Verlangen nach sich selber.
Sie kommen durch euch, doch nicht von euch; und sind sie auch bei euch, so gehören sie euch doch nicht.
Ihr dürft ihnen eure Liebe geben, doch nicht eure Gedanken, denn sie haben ihre eigenen Gedanken.

Ihr dürft ihren Leib behausen, doch nicht ihre Seele, denn ihre Seele wohnt im Hause des Morgen, das ihr nicht zu betreten vermöget, selbst nicht in euren Träumen.
Ihr dürft euch bestreben, ihnen gleich zu werden, doch suchet nicht, sie euch gleichzumachen.
Denn das Leben läuft nicht rückwärts, noch verweilt es beim Gestern.

(*Kahlil Gibran, Der Prophet. Olten und Freiburg*[10], *1979, 16–17.*)

Er begann, sich seiner Grenzen bewusst zu werden

Als Geschäftsführer, als Führungskraft, hatte Peter Dyckhoff natürlich auch die Aufgabe, Mitarbeitergespräche zu führen. Diese wurden – und werden auch heute noch – unter vier Augen geführt. Ein Ziel ist es, „den Mitarbeiter zu beurteilen" – wie man es leider heute vielfach falsch ausdrückt. Darum kann es aber nicht gehen. Es ist lediglich möglich, die eigene Sichtweise von Quantität und Qualität der Arbeit sowie des Verhaltens eines Mitarbeiters zu schildern, damit dieser sich dazu äußern kann.

Aber wie sieht es andersherum aus, fragte sich Peter Dyckhoff.

So lenkte er die offenen Gespräche auch in seine eigene Richtung und bat darum, ehrlich zu sagen, wie man seine Leistung und sein Verhalten einschätzte. Ein gutes Zeichen für seine Führungsqualität (meine Anmerkung) war es, dass die Mitarbeiter tatsächlich vorbehaltlos und frei ihre Meinung äußerten.

Peter Dyckhoff bekam ein Gefühl dafür, wie es ist, dem „Urteil" anderer ausgesetzt zu sein, wie weh es tat, nicht verstanden und eventuell „verkannt" zu werden. Er spürte, wie schmerzhaft ein Eingreifen anderer in das eigene Ich sein kann und wenn Schwächen offenbar werden.

So stieß er durch die offenen Gespräche und Auseinandersetzungen mit seinen engsten Mitarbeitern zum ersten Mal auf Elemente, die ihm vorher in dieser Deutlichkeit nicht bewusst waren. Er sagt heute, dass ihm *sein macht- und selbstherrliches Verhalten sowie der Glaube, er sei ein besserer Mensch,* bewusst wurde. Er begann endlich, Aufgaben zu delegieren – jedoch ohne die Gesamtverantwortung abzugeben.

Ganz allmählich lernte er durch die neue Form offener Zusammenarbeit in der Führungsrunde, in die auch er sich jetzt lebenswahrhaftig einbrachte, sich anders einzuschätzen. Er glaubt, einen Großteil seiner Grenzen erkannt zu haben. Peter Dyckhoff sagt: *Die Tiefe und weitreichende Bedeutung des Wortes ‚Demut' wurde mir langsam bewusst.*

Als kaufmännische Führungskraft ungeeignet

Während seiner langjährigen Tätigkeit (1964–1976) als Geschäftsführer des 1948 gegründeten elterlichen Industriebetriebes fühlte sich Peter Dyckhoff sehr oft nicht nur überfordert, sondern sogar unfähig.

Dies betraf nicht nur den Umgang mit „nüchternen" Zahlen, sondern auch die Verkaufsverhandlungen, die er mit Kunden führen musste, denn er konnte eben nicht verhandeln oder sogar „feilschen".

Ein noch größeres Problem hatte er, wenn es personelle Probleme im Betrieb gab.

Bekanntlich gibt es Gründe, die zur fristlosen Kündigung eines Arbeitnehmers führen können. In einem solchen Fall war er gezwungen, als Verantwortlicher eine schnelle Entscheidung zu treffen. Kurz vor Ende der Frühschicht wurde Frau B. dabei ertappt, wie sie mehrere hochwertige Frottier-Handtücher mit gestickter Bordüre in ihre Tasche packte und dann in ihrem abschließbaren Umkleideschrank versteckte. Sie war sofort geständig und gab zu, dass sie bereits an den Vortagen Gleiches getan hatte.

Ihm fiel eine Entscheidung bei Frau B. besonders schwer, denn diese arbeitete schon mit seinem Vater zusammen, war lange Jahre Mitglied des Betriebsrates und hatte besonders in Krisenzeiten viel für die Existenz des Textilbetriebes getan.

Peter Dyckhoff zog sich in sein Büro zurück, um Kraft für eine gute, klare Entscheidung zu gewinnen und über seine Enttäuschung hinwegzukommen. Frau B., zwei Zeugen und einige Mitglieder des Betriebsrates warteten derweil auf ihn im Aufenthaltsraum. Peter Dyckhoff wusste, dass man von einer fristlosen Kündigung und der Erstattung einer Strafanzeige ausging.

Sein Problem: Er fragte sich, wie oft er selbst oder auch Mitgesellschafter etwas mit nach Hause genommen hatten oder auf Betriebskosten getankt hatten, ohne das Finanzamt zu informieren. Dann fiel ihm die Entscheidung, allerdings zum Unverständnis der anderen, leicht …

Erste Erfahrung mit der Meditation

1971: Die Überforderung durch seine unternehmerische Tätigkeit führte bei ihm – wie schon gesagt – zu verstärktem Alkoholkonsum und zur Einnahme verschiedener beruhigender Medikamente. Ihm wurde bewusst, dass er – trotz aller Täuschungen durch Alkohol und Tabletten – in eine gefährliche Sackgasse geraten war und er sein Leben in dieser chaotischen Weise nicht fortsetzen durfte. Es musste sich grundlegend etwas ändern.

In ihm reifte der heimliche Plan, einen anderen Geschäftsführer zu finden und sich langsam aus der Verantwortung zu ziehen. Gefühle neuer Hoffnung und ein überaus schlechtes Gewissen wechselten ständig. Trotz seines schlechten Gewissens erkundigte er sich nach Möglichkeiten, Pädagogik zu studieren, um Lehrer – insbesondere für katholische Religion – zu werden. Damit niemand von seinen heimlichen Vorstellungen erfuhr, besuchte er in Münster Pfarrer Löker, der die Aasee-Gemeinde St. Stephanus übernommen hatte. Pfarrer Löker hörte ihm lange und aufmerksam zu. Natürlich musste er auch von den Folgen für seine Mutter sprechen, die sich nach dem Tod ihres Mannes weitgehend in sich zurückgezogen hatte und – wie er glaubte – das Unmögliche von ihm, ihrem Sohn, erwartete.

Pfarrer Heinz Löker (Foto) versprach, ihn mit einem befreundeten Professor an der Pädagogischen Hochschule in Münster bekannt zu machen. Professor Dr. Hermann Große-Jäger überzeugte ihn davon, dass er in dieser momentanen Situation kein guter Lehrer werden würde oder sein dürfe. Er erklärte ihm, er müsse zunächst etwas Wesentliches für sich selbst tun, um überhaupt eine klare Entscheidung fällen zu können. Durch seine liebevolle Art

fühlte Peter Dyckhoff sich weder zurückgestoßen noch verletzt. Auch Pfarrer Löker zeigte ihm nicht den Weg in einen neuen Beruf, sondern versuchte, ihm nahezubringen, dass er zunächst den Weg zu sich selbst gehen müsste.

Am Ende des Gespräches stand eine Einladung zu einem dreitägigen Gebetskursus mit dem Thema „Einübung in die Meditation". Obwohl Peter Dyckhoff allein bei dem Wort „Gebet" schon größte Bedenken hatte, war die Art, mit der er ihm den Inhalt und den Erfolg des Kursus schilderte, so überzeugend und faszinierend, dass er seine Teilnahme zusagte.

So geschah die wohl größte Wende in seinem Leben im Frühjahr 1971, nicht ganz sieben Jahre nach dem Tod seines Vaters. Voll der Skepsis, jedoch aus Neugierde und um den Professor nicht zu enttäuschen, besuchte er an einem Wochenende den empfohlenen Kursus, der in der Volkshochschule in Freckenhorst stattfand. Er hatte niemandem etwas davon erzählt.

Es fiel ihm nicht schwer, sich bereit zu erklären, zweimal am Tag für zwanzig Minuten die Meditation zu üben. Etwas Wesentliches war während der Kurstage mit ihm geschehen. Er hatte durch die Vorträge, aber mehr noch durch erste eigene Erfahrung, eingesehen und erlebt, dass er bei diesem Programm einmal nichts leisten musste und andererseits keine Erwartungen an ihn gestellt wurden. Sich auf den Weg machen hieß Geschehen-Lassen und Empfangen – entgegen allem bisher Gelernten und allem Anerzogenen. In Ruhe etwas anzunehmen, was er nicht leisten musste, war seine erste grundlegende und einschneidende Erfahrung. Da dies genau das Gegenteil von dem bedeutete, was sowohl beruflich als auch familiär von ihm erwartet wurde und was er ständig unter äußerster Anstrengung selbst versuchte, fiel es ihm leicht, die Ruheübung regelmäßig durchzuführen.

Schon nach einigen Tagen lernte er, sich erst einmal bejahend anzunehmen mit all seinen Schwächen, Fehlern, Misserfolgen und Unzulänglichkeiten. Er ahnte, dass durch diese Wandlung etwas Gutes geschehen konnte.

Es wirkte sich positiv auf seinen Beruf aus und auf die immer noch angespannte Situation mit seiner Mutter. In allem hatte er eine glücklichere Hand, und vieles machte ihm zum ersten Mal sogar Freude, seine Entscheidungen waren eindeutiger, und er spürte deutlich, wie eine gesunde Intuition zu einem klareren Denken und zu gelungeneren Handlungen führte. Ungute Fremdeinflüsse durch Alkohol und Medikamente gab es nicht mehr. Auch negative Einflüsse durch andere Menschen hatten keine Macht mehr über ihn.

Er begann, sein Leben selbst in die Hand zu nehmen, es zu ordnen und Prioritäten zu setzen. Erfolge im Betrieb stärkten sein Selbstbewusstsein.

Auch seine Mutter, obwohl er ihr kaum etwas über diesen Schritt gesagt hatte, stellte eine Veränderung an ihm fest. Sie benutzte zum ersten Mal wieder das Wort „Lachen“.

Als habe es ihn nie gegeben ...

1964–1976:

Nach dem Unfalltod seines Vaters Rudolf Dyckhoff 1964 gab Sohn Peter notgedrungen sein Studium in Münster auf, um als 27-Jähriger dafür zu sorgen, dass das Unternehmen bestehen blieb bzw. die Arbeitsplätze gesichert wurden. Etwa zwölf Jahre lang übernahm er die Verantwortung und stand als Geschäftsführer an der Spitze. Mutter und Schwester waren Mitgesellschafter.

Das Tragen dieser Verantwortung fiel ihm unsagbar schwer. Peter Dyckhoff fühlte sich einfach nicht als Kaufmann. Das notwendige Verhandlungsgeschick, die Durchsetzungskraft im geschäftlichen Bereich und die Härte, die manchmal erforderlich ist, fehlten ihm. Trotzdem hielt er diese zwölf Jahre durch und schaffte es, die Arbeitsplätze zu erhalten und das Einkommen der Familie zu sichern.

Nachdem er 1976 einen fähigen Geschäftsführer gesucht und gefunden hatte, mit dem auch seine Mutter einverstanden war, ging er einen anderen Weg.

Nach dem Tod seiner Mutter im Jahr 1994 besaß er 51 % des Unternehmens, seine Schwester 49 %. Aber er wollte „frei“ sein und „verkaufte“ seinen Anteil so erheblich unter Wert an seine Schwester, dass das Finanzamt noch Schenkungssteuer einforderte. Seine Schwester lässt heute das Unternehmen durch einen kaufmännischen und einen technischen Geschäftsführer leiten.

Peter Dyckhoff hat die finanziellen Mittel gut angelegt, sodass die von ihm gegründete „Stiftung Ruhegebet" einmal, wenn er diese Welt verlässt, in der Lage ist, das cassianische Ruhegebet so weit wie möglich zu verbreiten. Er selbst hat wenig Bedürfnisse. Er lebt relativ bescheiden – aber so, wie er es liebt: im Außenbereich von Senden, mitten im Grünen, mit seinem Hund Aaron.

Das Einzige, was er aus der letzten von ihm geleiteten Gesellschafterversammlung mitnahm, war das im Besprechungsraum hängende Porträt seiner geliebten Mutter.

Sieht man sich heute die Homepage der RZ Dyckhoff GmbH an, vermisst man leider jeglichen Hinweis auf ihn. Es ist, als habe es ihn nie gegeben …

Berührung mit asiatischer Philosophie und Meditation

1976–1977

Ein lehrreicher Umweg

Anfang der 1970er-Jahre bildeten sich bekanntlich in den westeuropäischen Ländern und in Amerika auf einmal viele Meditationsbewegungen, die die Aufmerksamkeit besonders der jungen Leute auf sich zogen.

Peter Dyckhoff war zu der Zeit noch Geschäftsführer des elterlichen Industriebetriebes. Da sein christlich katholischer Glaube durch den Tod seines Vaters und durch seinen „Misserfolg" in der Firma (so empfand er es) eher geschwächt und noch nicht wieder gestärkt war, interessierte er sich für diese Bewegungen, die überall viel Beachtung, aber auch Abneigung fanden.

Durch die vielen erforderlichen Kundenbesuche kam er in die verschiedensten Städte und war versucht (Was konnte er schon verlieren?), Kontakt mit Meditationszentren aufzunehmen und sie zu besuchen. So war er mehrmals, wenn er in Hamburg war, bei der Hare-Krishna-Bewegung zu Gast.

Das persönliche Miteinander gefiel ihm besonders – ausgenommen das Exotische, was diesen neuen Gemeinschaften zu eigen war. So kam es, dass er sich mit mehreren Vertretern asiatischer Kulturen wie Yogananda, Sri Aurobindo und Maharishi sowie den alten vedischen Schriften, der Bhagavadgita und den Upanishaden auseinandersetzte.

Dann hielt er selbst Meditationskurse in Rheine ab. Er war so angetan von den guten Elementen sowie der Überzeugung, anderen helfen zu können, dass er – als Unternehmer, der er ja war – in Schledehausen bei Osnabrück in alten Gebäuden eines früheren Lungenkrankenhauses 1976 ein Meditationszentrum gründete, das er aber nach einem Jahr, also schon 1977, an die Meditationsbewegung abgab.

Gründe für seinen so schnellen „Ausstieg“: Peter Dyckhoff spürte, dass er sich als katholischer Christ nicht anderen Religionen verschreiben durfte. Im Christentum mit seiner 2000-jährigen Geschichte – so sagte er einmal – sei alles vorhanden, was er in den asiatischen Kulturen und Religionen erfahren hatte, und noch weitaus mehr.

Er sagte, er habe einen Verrat gegenüber seinen Eltern und seiner christlichen Religion gespürt. So zog er einen großen Strich unter alles, was ihm hier begegnet war, und wandte sich einzig und allein wieder dem Christentum zu.

Schon lange übe ich den Zen-Buddhismus und die Praxis des Nen-bu-tzu (die Namensanrufung bei den Buddhisten), was mir bei der Betreuung psychisch Kranker hilft. Nun bin ich zum Ruhegebet geführt worden. Gott sei Dank! „Tutte le strade conducono a Roma.“ Von Buddha zu Jesus Christus. Ein schöner Weg.

(Padre Fiorenzo Reati, Rom)

Peter Dyckhoff spürte tief in sich wieder seinen übergroßen Wunsch, Priester der römisch-katholischen Kirche zu werden, glaubte diesen Wunsch realisieren zu können und empfand nicht nur große Freude und Dankbarkeit in sich, sondern ein großes „Aufatmen". Er begann 1977, an der Universität in Münster Theologie zu studieren.

Peter Dyckhoff fand durch seinen Spiritual Dr. Johannes Bours zum Ruhegebet von Johannes Cassian, einem Kirchenvater des 4. Jh., das von nun an sein gesamtes Leben dominierte.

Was Peter Dyckhoff (noch) nicht geschafft hat

Seit nunmehr etwa 45 Jahren betet er das Ruhegebet. Er setzt sich mit allen seinen Möglichkeiten dafür ein, dass so viele Menschen wie möglich dieses wunderbare Gebet erlernen – er hat sogar etwa 40 Lehrende für das Ruhegebet ausgebildet. Aber eines ist ihm (noch) nicht gelungen.

Peter Dyckhoffs große Liebe galt und gilt seinen Hunden. Nahezu immer wurde er von ihnen begleitet: von der Schäferhündin Asta, der Dogge Pütschermann, dem Dackel Timmy, dem Mischling Kino und heute von dem Parson Russel Aaron.

Aber keinen dieser Hunde hat er bisher für das Ruhegebet interessieren können …

Aaron versteht zwar, wenn er sagt: *Komm, wir beten jetzt.* Aaron kommt, legt sich ganz still neben ihn auf das Sofa und bewegt sich erst wieder, wenn Peter Dyckhoff das Gebet beendet hat. Aber Aaron wird sicher eher schlafen als beten!

Der abgebildete Parson Russel sieht Aaron recht ähnlich – aber Aaron interessiert sich leider mehr für Kaninchen, Feldmäuse oder Maulwürfe als für ein gemeinsames Gebet. Ob es Peter Dyckhoff einmal gelingen wird, auch seinem Hund zu vermitteln, wie wertvoll das Ruhegebet ist?

Er würde sich sehr freuen, wenn er den Gebetslehrer dieses Hundes ausfindig machen könnte, der sicher auch dieses Foto aufgenommen hat …

Vielleicht könnte er ja von ihm noch etwas lernen?

Alle Gebilde der Schöpfung sind Kinder des einen Vaters und daher Brüder.

(Franz von Assisi)

Aufsatz von Peter Dyckhoff:

Jeder sollte für sich selbst entscheiden, was er zu sich nimmt. Dass ein praktisch arbeitender Mensch eine andere Kost benötigt als jemand, der in der Stille geistig arbeitet, ist einsehbar. Wenn wir einen geistlichen Weg für uns gefunden haben und ihn auch konsequent gehen, wird sich ganz von selbst herausstellen, was uns in unserer Entwicklung an Nahrung unterstützt und was nicht. Es geht dann darum, die feine Sprache des Körpers und seine Zeichen, die er uns gibt, zu verstehen und sie umzusetzen. Dabei sollten wir den Mut haben, eingefahrene Gewohnheiten aufzugeben, wenn sich etwas bei uns meldet, das ihnen entgegensteht.

Menschen, die über Jahre kein Fleisch mehr essen, berichten, dass es ihnen hervorragend damit geht, sie weniger anfällig sind, sich wohler fühlen, besser schlafen, geistig wacher sind, tiefere Glaubenserfahrungen haben und ihnen ein breiteres Lebensspektrum zur Verfügung steht. Die Entscheidung, kein Fleisch zu essen, sollte allerdings jeder für sich allein treffen.

Als Origenes, ein geistlicher Lehrer und Schriftsteller des dritten Jahrhunderts, bei der Auslegung der Vaterunser-Bitte „Unser überwesentliches tägliches Brot gib uns heute" gefragt wurde, ob der Verzicht auf Fleisch die geistige Entwicklung eines Menschen unterstütze, antwortete er: *Der Genuss des Fleisches von Tieren ist weder gut noch böse, die Enthaltung aber ist vernünftiger* (Gegen Celsus).

Es gibt unzählige Menschen, die sich weigern, Fleisch zu essen. Hier nur einige Beispiele:

- Tiere sind meine Freunde, und ich esse meine Freunde nicht! (George Bernhard Shaw)

- Es ist die Anonymität unserer Tieropfer, die uns taub macht für ihre Schreie. (Luise Rinser)
- Was erwarten wir denn von einer Religion, wenn wir das Mitleid mit den Tieren ausschließen? (Richard Wagner)
- Ich bin Leben, das leben will, inmitten von Leben, das leben will. (Albert Schweitzer)
- Tierschutz ist Erziehung zur Menschlichkeit. (Albert Schweitzer)
- Es ist mir unbegreiflich, dass nicht jeder Tierfreund zugleich Vegetarier ist. (Prof. Elly Ney)
- Gott wünscht, dass wir den Tieren beistehen, wenn sie der Hilfe bedürfen. Ein jedes Wesen in Bedrängnis hat gleiches Recht auf Schutz. (Franz von Assisi)
- Alle Gebilde der Schöpfung sind Kinder des einen Vaters und daher Brüder. (Franz von Assisi)
- Keine Ströme von Blut fließen hier, kein Fleisch wird geschlachtet und zerhackt, leckere Kost und schwerer Kopf ist diesen Mönchen unbekannt. (Johannes Chrysostomus)
- Die Welt ist kein Machwerk und die Tiere sind kein Fabrikat zu unserem Gebrauch. Nicht Erbarmen, sondern Gerechtigkeit ist man den Tieren schuldig. (Arthur Schopenhauer)
- Auschwitz fängt da an, wo einer im Schlachthof steht und sagt, es sind ja nur Tiere. (Theodor W. Adorno)
- So lebe ich fettlos, fleischlos, fischlos dahin, fühle mich aber ganz wohl dabei. Fast scheint mir, dass der Mensch gar nicht als Raubtier geboren ist. (Albert Einstein)
- Ich bin sowohl Vegetarier als auch leidenschaftlicher Anti-Alkoholiker, weil ich so besseren Gebrauch von meinem Gehirn machen kann. (Thomas Alva Edison)
- Für mich ist das Leben eines Lamms nicht weniger wertvoll als das Leben eines Menschen. Und ich würde niemals um des menschlichen Körpers willen einem Lamm das Leben nehmen wollen. Je hilfloser ein Lebewesen ist, desto größer ist sein Anspruch auf menschlichen Schutz vor menschlicher Grausamkeit. (Mahatma Gandhi)

Falsche Wege

Peter Dyckhoff warnt ausdrücklich immer wieder davor, falsche Wege der Meditation zu gehen oder sich gar Sektierern anzuschließen.

Einige benutzten die Meditation zum (angeblichen) eigenen „Seelenheil" oder aber gar als Vorwand für ihre Mitmenschen. Meditierende und Angehörige von Meditierenden berichteten ihm von negativen Auswüchsen, von denen hier beispielhaft einige genannt werden.

1. Ein Ehemann mittleren Alters kam zu Peter Dyckhoff und klagte ihm sein Leid. Seine Frau habe ihm gesagt, sie wolle ihre Arbeit aufgeben, um mehr zu meditieren und mit ihrer Gebetsgruppe zusammen zu sein. Je mehr er seine Frau jedoch davon abzuhalten versuchte, desto mehr steigere sie sich in die vorgegebenen Ideale hinein. Er habe den Eindruck, dass die Menschen, die sie in ihren Bann gezogen hätten, sich selbst etwas vormachten und nicht den christlichen Weg, sondern eigene Interessen in den Vordergrund stellten. Anstatt durch den christlichen Weg freier und gelassener zu werden, verkrampfe sie sich mehr und mehr. Sie komme sich reifer und entwickelter vor als die anderen. Es gehe ihr um den eigenen Selbstwert und um das Gefühl, ihm spirituell überlegen zu sein.

2. Ein Vater berichtete, sein Sohn Paul sei nicht wiederzuerkennen, seit er sich einer Gruppe Meditierender angeschlossen habe. Er sei nicht mehr zugänglich für den Rat der Eltern, zeige ein sonderbares Verhalten und eine abgehobene Einstellung dem Leben und der Realität gegenüber. Manche Werte träte er sogar mit Füßen, denn er fühle sich zu Höherem berufen. Er habe gesagt, durch seine stundenlangen Meditationen tue er auch etwas für das Seelenheil der Eltern.

3. Ein Ehepaar besuchte immer wieder mehrere Wallfahrtsorte. An manchen Orten fanden sie beide neue Kraft. Nun habe sich leider die Ehefrau einer marianischen Gruppe angeschlossen, von der er den Eindruck habe, dass ihre Mitglieder erscheinungs- und wundersüchtig seien – so der Ehemann. Seine Frau ließe alles stehen und liegen. Sie bete stundenlang, führe zu besonderen Messen mit „Wunderheilungen und Teufelsaustreibungen", sie besuche „weinende" Madonnen-Statuen, höre Botschaften aus dem Jenseits und suche mit ihrer Gruppe nach Spuren einer Lichterscheinung. Alles, was sich zum Positiven wandelt, schreibe sie einer geheimnisvollen Wunderkraft zu …

4. Bericht einer jungen Frau: *Die Meditations-Bewegung übte eine so große Anziehung auf mich aus, dass ich sogar vorübergehend alte, mir wichtige christliche Werte vergaß. Wir wurden von einem Training ins andere, von einem Kursus in den nächsten geschickt. Neue Wertvorstellungen kristallisierten sich zunehmend heraus, und es bildete sich so etwas wie ein elitäres Bewusstsein. Das Erschreckende war, dass man es im Prozess selbst nicht bemerkte, sondern durch und durch davon überzeugt war, das Richtige zu fühlen, zu denken, zu sprechen und zu tun. Oft meditierten wir bis zu acht Stunden am Tag mit der Vorstellung, uns und die Welt schneller erlösen zu können. Alles „Unwichtige" wurde ausgeschaltet und für den geistlichen Weg als hinderlich betrachtet: das Radio und das Fernsehen, die Musik und das Tanzen, die Berührung durch die Sinne und die Zärtlichkeit, die Lust und das Genießen, wenn sie vom Körperlichen kamen. Sogar die Arbeit musste durch andere übernommen werden. Die Einseitigkeit und die damit einhergehende Verbohrtheit führten sogar zu der Wunschvorstellung, die Welt und den eigenen Körper zu überwinden.*

All dies hat nichts – aber auch gar nichts – mit dem christlichen Ruhegebet nach Johannes Cassian zu tun. Auf keinen Fall, so Peter Dyckhoff, entfremde das Ruhegebet den Betenden von seiner Familie oder „hebe den Menschen ab". Auch warnt er davor, das Ruhegebet als Vorwand für einen Rückzug aus dem Miteinander zu „missbrauchen" oder es durch fremde Elemente aus anderen Gebetsformen zu „verwässern". Peter Dyckhoff und die Lehrenden des Ruhegebetes legen allergrößten Wert darauf, absolut strikt entsprechend der Überlieferung des Kirchenvaters Johannes Cassian (360–435) vorzugehen.

Theologiestudium an der Westf. Wilhelms-Universität Münster sowie an der Universität Innsbruck und der Theol. Hochschule Brixen/Südtirol

von 1977 bis 1981

Zum Verleugnen nicht bereit

Peter Dyckhoff schrieb sich 1977 an der Universität Münster im Fach Theologie zum Wintersemester 1977/78 ein und wohnte im Collegium Borromaeum, dem Bischöflichen Konvikt für Priesteramtskandidaten (Foto). Vorher hatte er sich bei Direktor Heinrich Remfert beworben.

Während der drei Semester, die er in Münster studierte, brauten sich hinter seinem Rücken starke negative Kräfte zusammen, die dann im Herbst 1978 gewaltsam und gebündelt auf ihn einstürzten. Selbst seine Mutter war zutiefst bestürzt, als sie erfuhr, dass eine Bekannte von ihr, die sie alle vierzehn Tage in einem kleinen Kreis traf, diese initiiert hatte.

Peter Dyckhoff wurde zu mehreren Gesprächen mit führenden Persönlichkeiten der Diözese Münster „einbestellt". Trotz seiner Bitte bekam er keinen Einblick in das, was Frau H. K. dem Bischof geschrieben hatte, um ihn zu stürzen. Vom Direktor hatte er nur ihren Namen erfahren und, dass sie ihn durch Beschuldigungen daran hindern wollte, Priester zu werden.

In der Verhandlung, die ihn eher an eine inquisitorische als an eine menschliche erinnerte, unterstellte man ihm, er wolle hinduistisches Gedanken- und Kulturgut ins Christentum einschleusen und es somit zersetzen. Er wusste nicht, wie er beweisen konnte, wie erfüllend für ihn das Christentum ist als die einzige Religion, in der Gott Mensch geworden ist und es im Geheimnis des Glaubens immer neu wird. Bei den unglaublichen Anschuldigungen, die man gegen ihn vorbrachte, war es ihm zu heilig, von diesem inneren Geheimnis zu sprechen.

Die Kurie in Münster verlangte von ihm, „abzuschwören". Wer Peter Dyckhoff jedoch kennt, weiß, dass er nichts und niemanden verleugnen würde und sich auch nicht zwingen lässt. Er verweigerte dies also.

Er wurde noch am gleichen Tag als Priesteramtskandidat gestrichen und des Borromäums verwiesen. Und das mit einer solchen Härte, wie er es der Kirche und ihren Vertretern nicht zugetraut hätte. Als er als Erstes seinem Spiritual Dr. Johannes Bours diese Nachricht brachte, konnte auch dieser den Entscheid nicht fassen und bedauerte außerordentlich, nicht zugegen gewesen zu sein.

Vor-Urteile

Nach seinem „Rauswurf" aus dem Borromäum, dem Priesterseminar in Münster, gab er sein Ziel, Priester zu werden, nicht auf. Er wurde unvorhersehbare Wege geführt, wie er es heute ausdrückt.

Er klopfte in seiner Not bei den Franziskanern in Werl an – vergebens. Er wandte sich an die Karmeliten in Würzburg und Bamberg – vergebens. Auch sein Spiritual und geistlicher Begleiter Johannes Bours, den er nach wie vor regelmäßig besuchte, war ratlos. Aber Peter Dyckhoff wusste, dass es weitergehen würde und dass ihm kein Schritt zurück mehr erlaubt war. Doch die Zeit schritt unaufhaltsam fort und nichts Konkretes bahnte sich an.

In seiner Mutter, die nicht nur Schweres durch den Verlust seines Vater mitgemacht hatte, sondern auch durch ihn, durch seine Krankheit, seinen Absturz und seine vielen Suchbewegungen, fand er jetzt einen Menschen, der ihn verstand und der bereit war, ihm uneingeschränkt zu helfen. Sie ging ihren Gebetsweg konsequent weiter, drängte sich nicht auf, machte keine Vorschriften, sondern hielt sich zurück in der starken Überzeugung – die sie auch ausstrahlte –, dass der Herr den begonnenen Weg mit ihrem Sohn gut vollenden würde.

Mit wahrer Begeisterung und innerem Engagement las Peter Dyckhoff das Buch von Henri Nouwen „Ich hörte auf die Stille. Sieben Monate im Trappistenkloster". Es war gerade erschienen, und Johannes Bours hatte es im Rahmen einer Morgenandacht im WDR vorgestellt. Durch dieses Tagebuch neu motiviert, fragte er bei den Trappisten in Mariawald an, dem einzigen Trappistenkloster Deutschlands, ob er einige Tage zu ihnen kommen dürfte. Am Tag nach der Zusage war er bereits dort. Das Schweigen und vor allem die langen und guten Gespräche mit Prior Bernhardin Schellenberger waren Heil für seine doch sehr gekränkte Seele. Aus diesen Quellen zog er Kraft, spürte aber, dass er kein Trappist werden könnte. Da seine Mutter allein war und sich Sorgen machte, fuhr er zum Weihnachtsfest wieder zu ihr.

Da ihm in Deutschland kein Ort bekannt war, an den er sich noch hätte wenden können – von Diözese zu Diözese laufen wollte er nicht –, fragte er bei einem Priester-Ausbildungszentrum für Spätberufene in Amerika an. Er freute sich, dass er eine Zusage erhielt. Jetzt wurde ein Wechsel in die Staaten für ihn aktuell. Als er sich jedoch konkret vorstellte, Theologie und Spiritualität – zu diesem Fach fühlte er sich besonders hingezogen – in amerikanischer Sprache zu lernen und eventuell später zu lehren, schreckte er vor diesem kühnen Schritt zurück. Wenn ihm das Finden der Worte in seiner Muttersprache schon oft schwer fiel oder die Worte ihm gar fehlten, um sich in diesem sensiblen Fach auszudrücken: Wie würde es dann erst in einer fremden Sprache sein?

Der Lichtblick: Diözese Bozen-Brixen

1978: Peter Dyckhoff fragte sich, welches wohl die von Münster am weitesten entfernte Diözese sei, in der noch Deutsch gesprochen wird: Es ist die zu Italien gehörende Diözese Bozen-Brixen. Nachdem er im Generalvikariat in Bozen angerufen und kurz mit Bischof Dr. Joseph Gargitter gesprochen hatte, schlug sein Herz höher, obwohl er überhaupt keine Vorstellung von Südtirol hatte. Der Bischof lud ihn zu einem Vorstellungsgespräch ein, sagte aber, er möge nicht viel Zeit verlieren, denn das nächste Semester an seiner Philosophisch-Theologischen Hochschule in Brixen finge bald an.

Peter Dyckhoff war der festen Überzeugung, dass dies ein Zeichen des Himmels war, und fuhr gleich am nächsten Tag – im Januar 1979 – mit dem Nachtzug über München, Innsbruck und dann über den Brenner nach Bozen. Alle notwendigen Unterlagen hatte er im Gepäck. Er legte größten Wert darauf, dem Bischof alles zu sagen, was mit ihm geschehen war, um sich nicht eines Tages nachsagen lassen zu müssen: *Hier geht es für Sie nicht weiter, denn Sie haben uns keinen reinen Wein eingeschenkt.* Wohlwollen und väterliche Güte kamen ihm entgegen, als er den Raum des Bischofs betrat. Er spürte eine starke innere Sicherheit bei dem Gedanken, alles offen auf den Tisch zu legen, um im Vorhinein so viel Klarheit zu schaffen wie eben möglich. Als er die Fragen beantwortete, die ihm der Bischof stellte und ihm zusätzlich entsprechende Kommentare gab, verging die Zeit, ohne dass er es bemerkte.

Am Ende des Gespräches nahm ihn der Bischof mit lieben und gütigen Worten als Priesteramtskandidat in seiner Diözese auf. Unfassbar! Vor Freude über die Annahme versprach er dem Bischof, nicht nur bei ihm zu studieren und hoffentlich auch geweiht zu werden, sondern auch in seiner Diözese als Priester zu bleiben, um notwendige seelsorgliche Aufgaben zu übernehmen. Dieser schien sich darüber sehr zu freuen und bat ihn, im Priesterseminar in Brixen den Regens Arthur Vinatzer zu besuchen, das Seminar und die Hochschule kennenzulernen und dort zu übernachten. Alles reihte sich folgerichtig aneinander. Die überaus große Freundlichkeit, die man ihm dort entgegenbrachte, wirkte heilsam auf ihn, und er – so beschreibt er es heute – fühlte sich wie eine Wüste, die lange auf einen Ozean gewartet hatte und jetzt von ihm gefüllt wurde.

Mit großer Freude und hohen Erwartungen zog er ins Priesterseminar von Brixen. Das Haus, in dem gleichzeitig mit einer wunderschönen alten Biblio-

thek auch die Philosophisch-Theologische Hochschule untergebracht war, wurde von Vinzentinerinnen geführt. Da die meisten Studenten an Wochenenden nach Hause fuhren, sorgten die Schwestern in besonders liebevoller Weise für ihn. So weit er es konnte, half er ihnen beim Auftragen des Essens und beim Spülen und Nachtrocknen der Bestecke. In seinem Zimmer hatte er immer eine reichliche Menge Schüttelbrot, eine köstliche knusprige Südtiroler Spezialität, um satt zu werden, wenn ihm diese oder jene Speise fremd war oder er sie nicht mochte, denn inzwischen – wahrscheinlich bedingt durch das Ruhegebet – aß er kein Fleisch mehr. Als die Küche dies erfuhr, bekam er oftmals frische Salate und Käse, was ihm vor den anderen Studenten ein wenig unangenehm war.

Das Studium – ihm wurden all seine vorherigen Studien und theologischen Semester angerechnet – machte ihm große Freude. Insbesondere faszinierte ihn der kleine Kreis von Studenten – sowohl in den Vorlesungen am Morgen als auch in den Seminaren am Nachmittag und Abend. Daher konnte sich zu den Professoren eine ganz persönliche Beziehung entwickeln. So etwas hatte er bei den zum Teil überfüllten Hörsälen in Deutschland nicht erlebt. Ein guter Start in eine neue Zukunft hatte begonnen.

Abschied von Zuhause

Da es einen kompetenten Geschäftsführer für das elterliche Unternehmen gab und Peter Dyckhoff sich somit auch frei von der Verantwortung für den Betrieb fühlte, machte er sich auf nach Südtirol. Seine Exzellenz Bischof Dr. Joseph Gargitter hatte ihn – wie gesagt – angenommen, und so bekam er einen Studienplatz an der Hochschule Brixen. 1978 schrieb er sich ein.

Am schwersten fiel ihm der Abschied von seiner Mutter, die sich noch immer nicht vom Verlust ihres Mannes – seines Vaters – erholt hatte und oft deprimiert und lustlos war. Er ließ sich etwas einfallen.

Von einem Züchter in Ibbenbüren holte er ein Hunde-Baby, einen Langhaardackel, den er Timmy nannte. Diesen kleinen Kerl legte er seiner

Mutter, die auf einem Sofa schlief, in die Arme. Fortan sah man Charlotte Dyckhoff nicht mehr ohne Timmy – und Timmy nicht mehr ohne „seine Mutter". Sie gingen nur zusammen aus, egal wohin oder zu welchem Anlass. Und dort, wo man Timmy nicht „empfangen" wollte, ging sie auch nicht hin.

Etwa zwei Jahre vor ihrem Tod bereitete Peter Dyckhoff seiner Mutter noch eine Riesenfreude: Er unternahm alles, was möglich war, damit ihr das wohlverdiente Bundesverdienstkreuz verliehen wurde.

Psychoterror

Seit seiner frühen Jugend – bis heute – gibt es Frauen, die sich in Peter Dyckhoff „vergucken" und deren „Liebe" in Hass umschlägt, wenn sie nicht das erreichen, was sie wollen. Oft versuchte man, sich bei seiner Mutter einzuschmeicheln, und wenn auch das nicht half, wurde sie ebenfalls zum Angriffsobjekt. In dem folgenden gravierenden Beispiel hatte insbesondere seine Mutter zu leiden.

Insgesamt waren es 27 von einer einzigen Frau durchgeführte Aktionen, die seine Mutter allein aushalten und verkraften musste, denn Peter Dyckhoff war während dieser Zeit in Südtirol. Nach Aussagen der Kriminalpolizei, die Charlotte Dyckhoff endlich einschaltete, handelte es sich um Vergehen, die am Rande des Kriminellen standen. Sie alle zu nennen, würde zu weit führen. Aber die folgenden Psychoterror-Aktivitäten dürften genug aussagen.

- Wochenlang wurde seine Mutter morgens um vier Uhr „mechanisch" von einer beauftragten Telefonzentrale geweckt. Der Auftrag war fest erteilt; sie konnte nicht stornieren. Sie war aus gesundheitlichen Gründen auf ihr Telefon angewiesen und konnte es nicht aus der Dose ziehen.
- Mehrmals in der Woche kamen Briefe, in denen einmal seine Mutter und dann wieder Peter Dyckhoff beschimpft und verleumdet wurden.
- Ein Herrenausstatter brachte eine Menge Garderobe zur Auswahl und behauptete, seine Mutter habe ihn beauftragt.
- An einem Wochenende wurden vier Toilettenwagen vor das Wohnhaus der Familie Dyckhoff gestellt, sodass seine Mutter nicht mehr in ihre Garage fahren und nur schwerlich ins Haus kommen konnte. Am Montag lag die Rechnung in ihrem Briefkasten.

- Als sie eines Morgens ihre Haustür öffnete, fand sie kistenweise Ananas und andere Südfrüchte im Eingangsbereich aufgestapelt. Als sie den Früchte- und Gemüsegroßhändler Schoonhoven anrief – der Lieferschein steckte in einer der Kisten –, sagte er ihr, dass „Peter Dyckhoff am Abend eine ‚Hawaii-Partie' geben wolle und die Früchte selbst per Telefon bestellt habe".
- Ein anderes Mal fand seine Mutter in ihrem Vorgarten zentnerweise Dünger aufgeschüttet.
- Der BMW-Händler Pelster brachte eines Tages ein neues Sportcabriolet. Er behauptete, seine Mutter hätte dies vor einigen Monaten für ihn, Peter Dyckhoff, bestellt. Er reichte den unterschriebenen Kaufvertrag nach. Die Unterschrift war natürlich gefälscht.
- Das Schlimmste war jedoch der Schock, den seine Mutter erlebte, als es an einem Nachmittag an der Haustür schellte und ein Herr, schwarz gekleidet, sich vorstellte: *„Beerdigungsinstitut Lüttmann-Fauth. Wir möchten Ihren Sohn abholen. Der Sarg ist im Auto."* Seine Mutter dachte, ihr Sohn sei in den Dolomiten tödlich verunglückt – wie ihr Mann mit dem Auto. Sie rief noch im Beisein dieses Herrn im Priesterseminar in Brixen an und erfuhr, dass Peter Dyckhoff sich gesund und munter in einem Seminar befand. Erleichtert sagte sie, es müsse sich um einen Irrtum handeln. Der Beerdigungsunternehmer zeigte ihr sodann die gesamten Papiere – einschließlich den von einem Arzt abgestempelten und unterschriebenen Totenschein. Todesursache: Autounfall.

Nun ging es wirklich über die Kräfte seiner Mutter, und sie wandte sich an die Polizei. Kriminalkommissar Siegler nahm sich der Sache an: den insgesamt 27 Delikten. Durch Recherchen, Schriftvergleiche und durch einen Verdacht, den seine Mutter hatte, konnte die Täterin ermittelt werden.

Erst Jahre später erzählte ihm seine Mutter hiervon. Sie hatte dies alles schweigend ausgehalten, nur um ihn zu schonen und nicht im Studium zu stören.

Weihen im Dom zu Brixen und Tätigkeit als Kooperator (Kaplan) in Südtirol

von 1981 bis 1982

Während seines gesamten Studiums – bis zur Primiz in Rheine und darüber hinaus – wurde er intensiv betreut von Dr. Johannes Bours (Foto links), Spiritual am Priesterseminar in Münster, und Rektor Heinrich Spaemann, Ueberlingen (Foto rechts). Diese vertrauensvolle Beratung durfte er wahrnehmen bis zum Tod seiner beiden Vorbilder.

Zerstörerische Kräfte

Die Diakonatsweihe, die in seinem Fall sogar um ein Jahr vorgezogen wurde, rückte näher. Die guten Erfahrungen mit seinen Kollegen im Brixener Priesterseminar, mit den Professoren und mit den Menschen, die er bisher kennenlernen durfte, haben ihn bewogen, sich für immer in den Dienst dieser Diözese zu stellen. Dieser Bitte kamen sowohl sein Heimatbischof Reinhard Lettman als auch Bischof Dr. Joseph Gargitter nach.

Es ist nicht ganz leicht, das auszudrücken, was er damals spürte und innerlich erlebte. Er empfand eine tiefe Dankbarkeit und Freude, und er war glücklich, dieses Ziel erreicht zu haben, was er als überaus großes Geschenk bezeichnet. Der Dank an den, der ihm letztlich alle Wege geebnet hatte, war groß, und auch an jene, die ihm die Verwirklichung eines geistliches Berufes erleichtert und ermöglicht haben.

Der Termin der Diakonatsweihe stand fest: Sonntag, 23. März 1980, 9 Uhr, im Dom zu Brixen. Drei weitere Priesteramtskandidaten sollten noch mit ihm geweiht werden.

Der Regens des Priesterseminars ließ ihn einige Wochen vor diesem Termin zu sich kommen und sagte ihm, seine Weihe sei infrage gestellt. Einen kurzen Augenblick schien es, als ob er ins Bodenlose versinken würde. Das für ihn Schlimme war, dass der Regens ihm auf sein Fragen nach den Gründen keine konkrete Antwort gab. Damit ließ er ihn nun allein …

Inzwischen erfuhr er von Dr. Kofler, dem Professor für Kirchenrecht, es sei gesetzlich festgelegt, dass rechtzeitig vor jeder Weihe der Heimatpfarrer die Pflicht habe, die anstehende Weihe der Kirchengemeinde mit der Frage mitzuteilen, ob jemand Einwände dagegen habe. (Codex des kanonischen Rechtes, Can. 1043: *Gläubige, die von Weihehindernissen Kenntnis haben, sind verpflichtet, sie vor der Weihespendung dem Ordinarius oder dem Pfarrer zu eröffnen.*) Also wusste man jetzt sowohl in Rheine als auch in Münster offiziell, wo er sich aufhielt und was am 23. März mit ihm geschehen sollte. Auf der einen Seite wirkte diese Bekanntgabe befreiend auf ihn, auf der anderen Seite jedoch äußerst beklemmend, da er mit Widerständen rechnen musste. Sollte alles Dunkle noch einmal aufbrechen und sich ihm erneut hindernd in den Weg stellen?

Er war getroffen und zutiefst deprimiert. In diesen Tagen der Ungewissheit ging es ihm seelisch sehr schlecht. An der Stelle in Brixen, wo die Rienz in den Eisack mündet, liegen riesengroße Findlinge in den Flüssen. Bei nicht gar so hohem Wasserstand ragen sie aus dem Wasser, und man kann von Stein zu Stein springen. Auf einen dieser vom eisigen Gebirgswasser umspülten Steine setzte er sich und schaute stundenlang in die Fluten. Was kam jetzt wieder auf ihn zu?

Tage der Ungewissheit folgten. Er übte Hingabe und nochmals Hingabe im Ruhegebet. Zu wem sollte er gehen, wen sollte er fragen? Eine innere Stimme gab ihm zu verstehen: *Nichts war umsonst, bleibe ruhig, das Gottgewollte wird von selbst geschehen und du wirst es zur rechten Zeit erfahren.* Aber konkret geschah noch immer nichts. Das Warten war für ihn aufreibender als zu wissen, dass sich sein Wunsch nicht erfüllte.

Der Dekan der Hochschule, der Alttestamentler Professor Dr. Arnold Stiglmair (Foto), ließ ihn rufen. Er kam gerade vom Bischof aus Bozen, wo dieser seinen Hauptsitz hat. Das verschmitzte Lächeln des Professors machte ein wenig Mut und Hoffnung. Und so war auch die Realität: voll neuer Hoffnung. Er sagte ihm, beim Bischof liege ein Brief von einer Frau H. K. aus Rheine vor, die verhindern wolle, dass er Diakon oder gar Priester würde. Professor Stiglmair beruhigte ihn und sagte, sie seien den vermeintlichen Weihehindernissen nachgegangen und hätten nichts feststellen können, was einer Diakonats- und Priesterweihe von ihm im Wege stünde. Er konnte wieder durchatmen, fragte aber beim nächsten Atemzug gleich, ob er den Brief einsehen dürfte. Doch dieser Wunsch wurde ihm weder in der Diözese Bozen-Brixen noch damals in Münster erfüllt. Schade, dass dadurch vieles ein Leben lang im Unklaren bleibt.

Seiner Mutter gegenüber erwähnte er am Telefon zwar die Fakten, doch ließ er nichts darüber verlauten, was er in den letzten Tagen innerlich durchstehen musste. Da sie es verstand – wie sie ihm einmal schrieb –, „aus bitteren Zitronen eine wohlschmeckende Limonade zu machen", zählte sie gleich auf, wen sie gern zu seiner Diakonatsweihe einladen und mit nach Brixen bringen wollte.

Da Peter Dyckhoff grundsätzlich nicht mit offenen Fragen leben kann, rang er sich vor etwa drei Jahren (etwa 2013) dazu durch, Frau H. K. in Rheine anzurufen. Sie dürfte mittlerweile weit über 90 Jahre alt sein. Sie erinnerte sich an ihn und war außerordentlich freundlich am Telefon. *Nein, das soll ich geschrieben haben? Davon weiß ich aber gar nichts mehr … Und wenn das so war, dann tut es mir leid.*

Weihe zum Diakon im Dom zu Brixen 1980

Worte, die tragen

Ein wichtiges Schlüsselerlebnis, das sich auf das ganze weitere Leben und insbesondere auf die Arbeit von Peter Dyckhoff auswirkte, verdankt er seinem Spiritual Pater Valentin im Priesterseminar in Brixen.

Pater Valentin war an einer akuten myeloischen Leukämie erkrankt; die Chemotherapie brachte keinen Erfolg mehr. Als Peter Dyckhoff ihn im Krankenhaus besuchte, nahmen sie beide bewusst Abschied voneinander.

Letzte Worte eines Menschen, der aus diesem Leben gerufen wird, haben eine außerordentliche Bedeutung. Stirbt jemand zu Hause in ruhiger Umgebung, kann sein Wunsch oder sein letztes Wort eher gehört werden als das von jemandem, der im Krankenhaus liegt, sein Zimmer teilen muss und oft ohne Anwesenheit seiner Familie Abschied nimmt. Peter Dyckhoff hat als Krankenhausseelsorger oft erlebt, dass in einem solchen Fall der Arzt oder die Krankenschwester die letzte – oft dringliche – Botschaft eines Sterbenden aufgeschrieben und sie den Angehörigen überreicht haben.

Peter Dyckhoff bat Pater Valentin als seinen Spiritual darum, ihm ein Wort mit auf den Lebensweg zu geben. Dieser sagte dann mit leiser Stimme:

Lass bei allem, was du den Menschen in Predigten und durch persönliche Worte weitergibst, die Theorie beiseite und sprich nur über das, was du selbst erfahren hast.

Dieses letzte Wort von Pater Valentin ist ihm „heilig", und er versucht, sich – wenn es eben möglich ist – daran zu halten. Einen anderen Menschen etwas zu lehren, was man vorher selbst erfahren oder getan hat, hilft, glaubwürdig zu sein und wirkliche Wahrheiten zu vermitteln.

Weihe zum Priester im Dom zu Brixen am 28.06.1981

Als Peter Dyckhoff am Samstag aus Meran von Weihe-Exerzitien mit Rektor Heinrich Spaemann zurückkam, war seine Mutter mit einigen Verwandten und Bekannten bereits im Priesterseminar eingetroffen. Herzlichkeit und Vorfreude kam ihm von allen Seiten entgegen.

Eine Dame jedoch, die dem früheren Meditationskreis angehört hatte und mit ihm weiter in Verbindung stand, nahm ihn zur Seite und sagte, sie müsse ihn unbedingt sprechen. Die Meditationsbewegung aus Schledehausen, die inzwischen angewachsen war und mit vielen weiteren Zentren in Verbindung

stand, habe – da man ihn seinerzeit nicht gehen lassen wollte – beschlossen, einige Meditierende mit einem Bus nach Brixen zu schicken, um ihn während des Gottesdienstes im Dom davon abzubringen, Priester zu werden. Als er fragte, wie denn das geschehen solle, konnte sie ihm keine Antwort geben.

Als er nach einer unruhigen Nacht am Morgen in der Domsakristei das gütige Lächeln und die väterliche Ausstrahlung von Bischof Dr. Gargitter wahrnahm, spürte er, obwohl er starkes Herzklopfen hatte, dass ihm nichts mehr auf dem unmittelbaren Weg zum Priestertum geschehen könnte. *Vater, in Deine Hände lege ich mein Leben,* betete er ununterbrochen.

Wer ist Peter Dyckhoff auf diesem Foto?
Natürlich der mit den längsten Beinen …

Seine Familie saß auf der rechten Seite, vorn in den ersten Bänken – nichts ahnend von dem, was er befürchtete. Es war still im Dom, die Worte des Bischofs klangen aus und es geschah nichts. Dann spendete der Bischof das Sakrament der Priesterweihe. Das Hochamt verlief ohne jegliche Störung und er wusste, dass er nun nichts mehr zu befürchten hatte. Die Freude und die Herzlichkeit, die er auf dem Domplatz von seiner Familie und vielen erfuhr, war überaus groß und überwältigend.

So konnte er auch den Inhalt des Päckchens verdrängen, das er einige Tage zuvor erhalten hatte. Ein Absender oder ein Begleitschreiben waren nicht ausfindig zu machen. Der Inhalt: eine Dose schwarzer Lack und ein Affe mit haarigem Fell, wie man ihn Kindern schenkt. Zuerst wusste er nichts damit anzufangen, doch dann assoziierte er „Lackaffe“, ein Schimpfwort, das er aus seiner Jugend kannte.

Peter Dyckhoff erhält die Priesterweihe in Italien

Rheine. — Am Fest von Peter und Paul, also morgen, wird Peter Dyckhoff aus Rheine in Brixen, Italien, zum Priester geweiht. Wie ein Westfale ausgerechnet in die Diözese Bozen / Brixen kommt ist ein langer Weg.

Peter Dyckhoff wurde 1937 in Rheine geboren. Nach dem Krieg besuchte er das Gymnasium Dionysianum in Rheine und machte dort 1958 sein Abitur. Infolge Krankheit und familiärer Umstände konnte er vorerst seinen an der theologischen Hochschule der Jesuiten in St. Georgen, Frankfurt, begonnenen Weg nicht fortsetzen. Peter Dyckhoff studierte dann von 1960 bis 1964 an der Universität Münster Psychologie.

Als sein Vater im Herbst 1964 mit dem Auto tödlich verunglückte, mußte er als einziger Sohn den elterlichen Textilbetrieb übernehmen. In der folgenden nervlich sehr angespannten und aufregenden Zeit lernte er die transzendentale Meditation kennen.

In der elterlichen Firma arbeitete er systematisch darauf hin, eines Tages abkömmlich zu sein, um das begonnene Theologiestudium erneut aufnehmen zu können. Obwohl er sich bereits 1976 von der Meditationsbewegung, nicht aber von der Meditation selbst, distanziert hatte, wurden ihm doch infolge seiner Meditationstätigkeit Schwierigkeiten bereitet, so daß er das Theologiestudium unterbrechen mußte.

Nach mehrmonatiger eingehender Klärung der Anklagen hätte er in Münster sein Studium fortsetzen können; er zog es jedoch vor, den Studienort zu wechseln und ging ins Ausland — nach Brixen.

Im März 1980 wurde er in der Diözese Bozen / Brixen zum Diakon geweiht. Nachdem im Mai alle erforderlichen Studien abgeschlossen wurden, empfängt Peter Dyckhoff nun morgen durch Bischof Dr. Joseph Gargitter die Priesterweihe. Seine erste heilige Messe feiert Peter Dyckhoff am 12. Juli um 10 Uhr in der St. Dionysius Pfarrkirche in Rheine.

Wird morgen in Brixen/Bozen zum Priester geweiht: der Rheinenser Peter Dyckhoff.

Kritik an der Art seiner Predigten

Einen Teil seiner theologischen Studien absolvierte Peter Dyckhoff in Italien, wo er dann anschließend auch als Diakon und Kaplan tätig war. Sowohl im Diakonatsjahr als auch im ersten Priesterjahr waren begleitende Vorlesungen und Seminare an der Universität Pflicht. Einen besonderen Stellenwert hatte das Fach „Homiletik“ (Predigtlehre) für ihn. Predigten wurden entworfen und kritisch unter die Lupe genommen. Während sie im sonntäglichen Gottesdienst gehalten wurden, nahm der Pfarrer der Gemeinde oder der Küster sie auf einen Tonträger auf. In Kleingruppen wurden dann in der darauf folgenden Woche an der Universität unter Aufsicht des Professors die Predigten analysiert und benotet.

Es war für Peter Dyckhoff immer höchst interessant zu erleben, wie unterschiedlich dasselbe Evangelium ausgelegt wurde. Die Zeit der Predigt (zwischen acht und elf Minuten) musste genau eingehalten werden. Diese Arbeit brachte ihm großen Gewinn, und es war eine Freude für ihn, zu sehen, wie engagiert alle dabei waren.

Infolge seiner langjährigen Berufserfahrung gelang es ihm meist, die Predigt sehr aktuell zu gestalten und Beispiele aus dem harten Alltagsleben einfließen zu lassen. Dem Homiletik-Professor – er war gleichzeitig der Generalvikar der Diözese – muss sein Predigen jedoch absolut nicht gefallen haben. Als Peter Dyckhoff eines Tages bei ihm im Seminar die Äußerung tat, dass er sich von Herzen freue, wenn seine Worte bei der Gemeinde gut ankämen und ein Lob die beste Motivation für ihn sei, fiel er ihm ins Wort.

So etwas, meinte er, dürfte doch wohl aus dem Mund eines Priesters nicht kommen. Seine Worte ließen auf Selbstgefälligkeit und Eitelkeit schließen. Ein Priester habe auf dem letzten Platz zu stehen und müsse, ohne auf Anerkennung zu warten, der Gemeinde ständig dienen.

Von der Theologie zur Post

Während seiner Zeit im Priesterseminar an der Theol. Hochschule in Brixen verstand sich Peter Dyckhoff sehr gut mit seinen Kommilitonen, insbesondere mit Albert Troyer (auf dem folgenden Gruppenfoto unten der Dritte von links; Peter Dyckhoff unten der Zweite von rechts). Sie bezeichneten sich sogar als Freunde. Albert Troyer und er unternahmen recht viele Aktivitäten – auch außerhalb der Hochschule. Alberts Primiz fand 1981 statt; er schien eine gute Lauf-

bahn innerhalb der Kirche zu haben. Peter Dyckhoff war natürlich an seiner Seite.

Die Primiz von Peter Dyckhoff fand später in Rheine statt. Natürlich nahm Albert auch hieran teil. Nach der Priesterweihe in Brixen und der Primiz in Rheine ging Peter Dyckhoff zurück nach Südtirol, um eine Stelle als Kooperator (Kaplan) in St. Georgen bei Bruneck und später in St. Peter im Villnösstal anzunehmen. Danach verloren sie sich aus den Augen.

Jahre später erzählte ihm eine Dame, die ihn und seinen Freund aus Brixen kannte, Albert sei nun Postbote in St. Pölten. Er habe ihr gesagt, er sei glücklich. Albert glaube, auf diese Weise die Menschen noch besser erreichen zu können. Er lese jedoch auch heute noch als ein „Kleiner Bruder" manchmal die heilige Messe.

Hoffen wir für ihn, dass er nun viele „frohe Botschaften" von Haus zu Haus bringen kann!

Primiz:
auf faule Eier folgte begeistertes Klatschen

Es ist üblich, als Priester die erste heilige Messe in der Heimatpfarrei als „Primiz“ zu feiern. Peter Dyckhoff gehörte in Rheine zur Dionysius-Kirche; hier wurde er getauft und gefirmt, und hier wurde auch das Requiem für seinen Vater gefeiert. Also wollte er auch in dieser wunderschönen alten gotischen Stadtkirche seine Primiz feiern. Ihm schien dies konsequent und richtig zu sein. Er hatte nichts zu verbergen, sagte er sich. Doch es gab auch Stimmen, die ihn gewarnt hatten, seine Primiz in Rheine abzuhalten.

Die Zeitung für das Bistum Münster „Kirche und Leben“, die „Westfälischen Nachrichten“ und die „Kirchenzeitung der Diözese Bozen-Brixen“ kündigten seine Primiz für den 12. Juli um zehn Uhr in der St.-Dionysius-Pfarrkirche in Rheine an. Am Vorabend bekam er einen anonymen Anruf. Ein Herr sagte ihm mit gelassener und ruhiger Stimme, seine Primiz sei gefährdet, denn man habe soeben die zum Glück verschlossenen Kirchentüren von St.-Dionys mit Tomaten und Eiern beworfen. Nach dieser Information legte er auf.

Am liebsten wäre er gleich zur Kirche gefahren und hätte sich dies selbst angesehen, doch seine Mutter und seine Priesterfreunde aus Brixen rieten ihm davon ab. Sie fuhren ohne ihn dorthin und bestätigten dies. Zudem stünden noch etliche Menschen vor der Tür.

Seine Mutter schien ruhig – zumindest ließ sie sich nichts anmerken. Man setzte sich zusammen und beriet, was zu tun sei. Sodann beschlossen er, seine Mutter und die Freunde aus Brixen, den kommenden Tag so zu begehen wie es schon lange geplant war.

Am Morgen des 12. Juli sprach man nicht viel miteinander. Peter Dyckhoff holte seinen verehrten Spiritual Dr. Johannes Bours, der die Primizpredigt halten wollte, vom Bahnhof ab, und sie fuhren zur Kirche.

Der Küster sagte, die Kirche sei bereits überfüllt. Keiner sprach von dem gestrigen Ereignis vor den mittlerweile gesäuberten Kirchentüren.

Als Peter Dyckhoff sich nach der gemeinsamen Kniebeuge und dem Altarkuss mit dem Kreuzzeichen zur Gemeinde wandte, sah er zu seinem großen Erstaunen auf der rechten Seite am Bankende zum Mittelgang hin eine rothaarige junge Dame, deren Gesicht er wiedererkannte. In Sekundenschnelle durchzuckte es ihn und in diesem kurzen Augenblick war ihre Geschichte in ihm wieder präsent. Diese Dame hatte ihn vor Jahren auf einem Meditationskursus kennengelernt.

Aus „Rache" für seine Rückkehr zum Christentum erzählte sie überall, er sei in seinem Vorleben „Inquisitor" gewesen und habe sie verbrennen lassen. Daher rührten heute noch ihre roten Haare. Jetzt, in diesem Leben, habe sie die Aufgabe, ihn zur Strecke zu bringen.

In aufrechter und vornehmer Haltung stand Spiritual Dr. Johannes Bours am Ambo und predigte. Peter Dyckhoff ist noch heute der Meinung, auch seine Worte hätten die „Dämonen" vertrieben … Hier auszugsweise der Wortlaut der Predigt, die Peter Dyckhoff noch heute wie einen Schatz hütet:

Spiritual Dr. Johannes Bours:

Ein Diakon, der sich auf die Priesterweihe vorbereitete, sagte mir in einem zusammenfassenden Gespräch: „Ich möchte Ihnen sagen, was in all den sieben Jahren der Vorbereitung auf das Priestertum für mich das Wichtigste geworden ist, die wichtigste Erkenntnis. Ich habe erkannt, dass Jesus der ist, der nicht aufgibt, seine Sendung nicht aufgibt und der den Menschen nicht aufgibt, der seine Sendung nicht aufgibt, auch wenn er dafür ans Kreuz gehen muss, und der den Menschen nicht aufgibt, die Sünderin nicht und den Schächer nicht …"

Jeder Mensch hat seine Geschichte mit Gott, eine unvertauschbare Geschichte. Und dies ist für mich bewegend in meinem Dienst, Glaubensgefährte der einzelnen Menschen zu sein in ihrer unvertauschbaren Geschichte mit Gott. Dies miterleben zu dürfen ist überwältigend, wie im Suchen und Fragen, im Denken und Staunen Gott oft durch viele Jahre der Glaubenswanderschaft bei einem Menschen in bestürzender und beseligender Nähe durchkommt …

Wenn ein Mensch es zulässt, dass die Sehnsucht Gottes ihn berührt, dann wird auch im Menschen die Sehnsucht nach Gott geweckt – mehr und mehr, und das Herz wird unruhig, bis es sich ganz von Gott finden lässt. Ich denke mir, dass Peter Dyckhoff, unser lieber Neupriester, diesem Gedanken zustimmen wird. Er, der jetzt schon in der Lebensmitte steht, hat viele Suchbewegungen gemacht. In den letzten Jahren hat ihm vieles geholfen, immer feinhöriger werden zu dürfen bis er in dem Stimmengewirr unserer Zeit immer eindeutiger die eine und einzige Stimme heraushörte, die ihm sagte: „Du, folge mir!"

Und ich denke mir, dass er dem, was der Diakon da erfahren hat, zustimmen wird, dass Jesus der ist, der nicht aufgibt. Und so hat dieser Jesus auch in ihm etwas geweckt, das nicht aufgeben will, bis er vom Wort der Berufung ganz eingeholt worden ist, gefunden ist von dem, der allein unser Herr, der allein unser Meister ist: Jesus Christus, der Gekreuzigte und Auferstandene …

Und so möchte ich heute unserem lieben Neupriester wünschen, dass es ihm gegeben wird, immer aus dem heiligsten Zentrum allen priesterlichen Tuns leben zu dürfen, aus dem Mysterium von Tod und Auferstehung Christi, das gefeiert wird in der heiligen Eucharistie. Und ich möchte ihm wünschen, dass er niemals das Wort vergisst, das der Bischof ihm bei der Priesterweihe gesagt hat: ‚Stelle dein Leben unter das Geheimnis des Kreuzes.'

So feiern wir heute in herzlicher Mitfreude mit Peter Dyckhoff, mit seiner Familie, seinen Freunden und Bekannten und mit seiner Heimatgemeinde dieses heilige Opfer. Er hat als sein Primizwort das Psalmwort gewählt, das er in der Einladung zur Heiligen Messe gesagt hat. Ich denke mir, dass er dieses Psalmwort auf dem Hintergrund seines eigenen Lebens gewählt hat, seiner Lebensgeschichte, in der es manche Bedrängnis, manche Frage und viel Suchen gegeben hat, auch – das glaube ich sagen zu dürfen –, wenn im Tiefsten die Stimme der Berufung nie ganz verstummt war. Ich finde es gut, dass er nun zurückschauend alles, auch die Bedrängnisse, auch das Suchen zum Dank werden lässt. Und ich möchte ihm wünschen, dass dieses Lied, von dem dieses Psalmwort spricht, in seinem Leben nie aufhören möge: „Der Herr ist meine Kraft und mein Schild. Mein Herz vertraut ihm, mir wurde geholfen. Da jubelte mein Herz. Ich will ihm danken mit meinem Lied."

Charlotte Dyckhoff/Peter Dyckhoff: Das Blaue Buch.
Augsburg 2009, 123–125

Seine Mutter war die Erste, der er die Kommunion spenden durfte. Sie schaute ihn ernst, aber glücklich, an. Nach dem Schlussgebet sangen alle „Großer Gott, wir loben dich", der Chor verstärkte den Gesang mehrstimmig. Es folgte der Primizsegen und zum Auszug ertönte die Orgel. Nach der Kniebeuge erhob sich plötzlich ein lautes und nicht enden wollendes Klatschen. Peter Dyckhoff beschreibt es heute als einen „gewaltigen Durchbruch ins Licht", dem eine große Entspannung folgte.

Nichts Störendes oder gar Provozierendes war geschehen. Die Auswirkungen dieser heiligen Messe zeigten sich noch den ganzen Tag über, sodass die anschließende Feier der Primiz zu einem Fest wurde, das alle Erwartungen überstieg.

Erst am Abend kam er dazu, sich das wunderbare Geschenk näher anzuschauen, das seine Mutter ihm gemacht und mit dem er bereits zelebriert hatte: ein vergoldeter Kelch aus einem früheren Jahrhundert. Sie sagte ihm, sie habe diesen über Dr. Bours bekommen und von mehreren gerade diesen Kelch ausgesucht. Ein Bekannter von Dr. Bours kaufte bei entsprechenden Gelegenheiten sakrale Gegenstände zurück, um sie vor einer Profanisierung zu retten. Bei genauer Betrachtung des Kelches sah Peter Dyckhoff, warum seine Mutter sich für diesen entschlossen hatte: Auf seinem Fuß zeigt er, reliefartig ausgearbeitet, eine Peitsche und einen Hammer, drei große lange Nägel, die Dornenkrone und das in Flammen stehende durchbohrte Herz Jesu. Seine Mutter ließ den Namen „Dyckhoff" unter den Fußrand eingravieren.

Das, was sie dazu sagte, ist ihm noch heute recht gut im Gedächtnis – zumindest sinngemäß: *Die Gnade, die du empfangen hast, war das notwendige Gegengewicht zu all den zerstörerischen Kräften, von denen ich glaube, dass sie durch die vom Heiligen Geist erfüllte Primizfeier zum größten Teil überwunden sind.*

Sonnenblume und Sauerkirsche

Während seiner Zeit als Kooperator (Kaplan) in der Pfarrei St. Georgen in Bruneck, Südtirol, besuchte ihn seine Mutter. Peter Dyckhoff lehrte zu der Zeit Religion (1981) an der Elementarschule in St. Georgen. Da seine Mutter die weite Strecke mit ihrem Auto nicht allein fahren wollte, nahm sie ihre Freundin Carola mit, die sich sehr über die Gelegenheit freute, die ihr fremde Landschaft kennenzulernen und insbesondere Peter wiederzusehen.

Er hatte einen sehr guten Kontakt zum dortigen Konvent der Ursulinen und zur Oberin des Klosters, Schwester Angela.

Übrigens: Er verstand sich insbesondere mit Ordensschwestern immer schon sehr gut – auch heute noch!

Seine Mutter, ihre Freundin und er trafen sich im Kloster und wurden dort sehr herzlich aufgenommen. Anschließend lud Peter Dyckhoff die drei Damen in das dem Kloster gegenüberliegende Café ein. Charlotte Dyckhoff gewann sofort durch ihren Charme, ihr Lachen und ihre lockere Art.

Auch ihre Freundin Carola bemühte sich mit besten Kräften, einen guten Eindruck zu machen.

Noch heute denkt Peter Dyckhoff an den letzten Satz der Oberin, nachdem sich seine Mutter und deren Freundin Carola von ihr verabschiedet hatten:

Ihre Mutter ist eine Sonnenblume – ihre Freundin aber eine Sauerkirsche.

Bittere Erfahrungen

Text von Peter Dyckhoff

Nun war ich Priester und angehender Kooperator der Diözese Bozen-Brixen. Das erste praktische Jahr wurde noch von entsprechenden Vorlesungen und Seminaren begleitet, die an drei Tagen in der Woche stattfanden. An den übrigen Tagen und besonders am Wochenende war ich in der Gemeinde tätig, in St. Georgen bei Bruneck im Pustertal, ungefähr eine Stunde Fahrtzeit mit dem Auto von Brixen entfernt. Zu den bekannten Aufgaben in der Gemeinde kam noch der Religionsunterricht in der St.-Georgener-Schule.

Durch Kontakte zum Ursulinen-Kloster in Bruneck und zu Vinzentinerinnen, die im Brunecker Krankenhaus arbeiteten, wurde ich sowohl zu Beichtgesprächen ins Kloster als auch zur Krankenhaus-Seelsorge gerufen. Und ehe ich mich versah, wurde ich zu Sterbenden geführt, die ich begleiten durfte. Ich erinnere mich an Georg, der mit siebzehn Jahren an einer Lungenkrankheit sterben musste, an einen Priester, der Leberkrebs hatte, an eine Mutter von drei Kindern, die ihr viertes Kind erwartete und sich wegen einer seltenen unheilbaren Krankheit für ihr Leben oder das des Kindes entscheiden musste. Sie beriet sich lange mit ihrem Mann. Und gegen all unsere Erwartungen fiel die Entscheidung für das Kind und gegen die Mutter aus. Die Eheleute hatten es so entschieden: Das Kind wurde gesund geboren, doch die Mutter musste sterben. Es herrschte lange eine große Stille auf der Station, denn wir waren alle äußerst betroffen.

An zwei Stellen immer wieder ganz präsent zu sein, bedeutete eine große Anstrengung für mich. Zum einen die seelsorglich-praktische Seite in Bruneck und zum anderen die begleitenden Studien an der Hochschule: Sakramentenpastoral, Homiletik, Katechese, Pädagogik. Beides war notwendig, beides ergänzte sich und führte gerade in der Kombination zum endgültigen Hochschulabschluss. Aber wie konnte ich einem Schwerkranken oder gar Sterbenden seinen Wunsch verweigern, bei ihm zu bleiben? Die Seminare hatten ihre festen Zeiten und ich musste anwesend sein, obwohl nach so vielen Jahren des Wartens mich die praktische Seelsorge am meisten begeisterte. Aber auch hier gab es zu lernen, Rücksicht zu nehmen und klug zu sein.

In einer Predigt sprach ich über ein mir unverständliches Verhalten in einem benachbarten Bergdorf, das neuerdings von Touristen entdeckt worden war. Zu den Kindern des Dorfes gehörte ein geistig behinderter Junge. Da er die Angewohnheit hatte, mehrmals am Tag mit seinem Kopf so fest auf eine Wand zu schlagen, dass er blutete, trug er einen Schutzhelm. Jetzt konnte ihm nichts mehr passieren, und er hatte sich daran gewöhnt. Als sich jedoch etliche Touristen über den Anblick und das seltsam gestörte Verhalten des Jungen beschwerten, legte man den Eltern nahe, in der Saison den Jungen zu Hause zu behalten oder ihn während dieser Zeit im Herz-Jesu-Heim unterzubringen.

Es ist für mich zu einer bitteren Erkenntnis geworden: Manche Menschen verstehen manches nie!

Wir nehmen die Schlachtplatte …

Während seiner Zeit in Südtirol unternahm Peter Dyckhoff natürlich mehrere Ausflüge in der herrlichen Gegend. Mit einer Gruppe unternahm er an einem herrlichen Frühlingstag eine Tageswanderung durch das Villnösstal hoch zu den Dolomiten. Als sich mehr und mehr der Nebel auflöste, wurde die Landschaft für ihn zu einem Paradies. Man kam an einem einsamen Berggasthaus vorbei und beschloss, nachdem man sich die Speisekarte angesehen hatte, auf dem Rückweg dort einzukehren.

Oberhalb von St. Peter sahen sie über einem See die schneebedeckten Geislerspitzen, eine paradiesische, überwältigende Landschaft. Alle staunten und schwiegen, um sich ganz in dieses Wunder der Natur zu versenken.

Aus dieser Ruhe und dieser Stimmung wurden alle auf die banalste Weise zurückgeholt. Ein junger Mann sagte halblaut zu seiner Freundin: *Wir nehmen gleich die Schlachtplatte!*

Zerplatzter Traum – Villnöss

Sehr gefreut hatte sich Peter Dyckhoff über seine erste „richtige" Stelle; er sollte als Kooperator in dem kleinen Bergdörfchen St. Peter im Villnösstal arbeiten. Man hatte ihm ein sehr kleines, „uriges" altes Häuschen zur Verfügung gestellt, das er mit viel Liebe und Unterstützung von Freunden einrichtete. Das Erdgeschoss bestand aus einem Wohnraum mit Kamin und einer kleinen Küche; im Obergeschoss befand sich lediglich sein Schlafzimmer.

Mit seinem schwarzen VW-Käfer sollte er zum Religionsunterricht täglich in den 1000 m tiefer gelegenen Ort Klausen fahren – also zweimal am Tag; einmal herunter und einmal herauf. Ein großer Höhenunterschied, und das über Serpentinen.

Peter Dyckhoff wohnte bis zu dieser Zeit sowohl im Priesterseminar in Brixen als auch in einem möblierten Zimmer im Pfarrhaus in St. Georgen. Er übernahm Aufgaben in der Krankenseelsorge im Brunecker Krankenhaus. Und da er sowieso gesundheitlich nicht sehr widerstandsfähig war, blieb es nicht aus, dass er sich – noch bevor er in „sein" Häuschen einziehen konnte – einen Krankenhaus-Keim holte: einen Lungenvirus. Er bekam Fieber, das trotz Antibiotika und eines Krankenhausaufenthaltes (als Patient) nicht zurückging, sondern permanent da war und ihn erheblich schwächte.

Als die Sonne im Frühjahr höher stieg und in den Tälern der Schnee zu schmelzen begann, glaubte er, endlich von diesem ständigen Fieber erlöst zu werden. Sowohl der Primar Dr. Oberhollenzer des Brunecker Krankenhauses als auch die Schwestern, unter ihnen besonders Schwester Maria Dolores, taten alles, um seine Gesundheit wiederherzustellen – zumindest, ihn soweit zu stärken, dass er trotz des permanenten leichten Fiebers seinen Dienst weiter ausführen konnte.

Dem Virus war jedoch endgültig nicht beizukommen, und man empfahl ihm dringend, sich in Deutschland behandeln zu lassen.

Seine Mutter ließ alles stehen und liegen und fuhr nach Südtirol. Sie ließ keine Widerrede zu, sondern „packte ihn ins Auto“ und fuhr mit ihm nach Deutschland, nach Rheine. Für seine Mutter – und sicher nicht nur für sie – war dies ein Fingerzeig, wieder ganz in die Heimat zu kommen. Peter Dyckhoff wurde ins städtische Krankenhaus Osnabrück eingeliefert. Schon nach kurzer Zeit bekam Professor Dr. Junge-Hülsing den Lungenvirus in den Griff, sodass der Patient entlassen werden konnte. Der Professor riet ihm allerdings dringend dazu, sich in der nächsten Zeit in der Nähe von Osnabrück aufzuhalten, um bei einem eventuell erneuten Aufflammen des Lungenvirus noch einmal die gleiche Therapie anwenden zu können.

Und, im Nachhinein gesehen: Es war richtig so, denn es war für ihn nicht der richtige Zeitpunkt, so „hoch hinaus“ zu wollen …

Mit zwei lieben Menschen, die es unendlich gut mit ihm meinten, mit Spiritual Johannes Bours und seiner Mutter, besprach er seine Situation. Beide sprachen sich dafür aus, erst einmal in das Bistum Münster zu kommen und dort eine Stelle anzunehmen.

Es belastete Peter Dyckhoff sehr, dass ihm der damalige Generalvikar von der Diözese Bozen-Brixen, in der er inkardiniert war, nicht so recht glaubte … Ein detailliertes Schreiben des Professors des Klinikums Osnabrück überzeugte ihn jedoch.

Bischof Dr. Gargitter beurlaubte ihn und Bischof Lettmann bot ihm die Position als Wallfahrtsseelsorger in Kevelaer an – zunächst befristet auf ein Jahr. Alles entwickelte sich gut, und er bekam keinen Rückfall mehr.

Wallfahrtsseelsorger in Kevelaer von 1982 bis 1985

Neuanfang in der Diözese Münster

Die Verhandlungen in Münster lagen Jahre zurück und er wurde nicht mehr darauf angesprochen. Zwei Briefe, die Peter Dyckhoff in seiner Kevelaer Zeit erhielt, bezogen sich indirekt auf den damaligen Fortgang in Münster. Sowohl der frühere Generalvikar Dr. Hermann Josef Spital, der dann Bischof von Trier war, als auch der frühere Regens des Priesterseminars Professor Dr. Franz Kamphaus, der zwischenzeitlich zum Bischof von Limburg ernannt wurde, luden ihn herzlich ein, in ihren Diözesen als Priester zu wirken. Diese ihm sehr entgegenkommenden Gesten halfen ihm, einen Schlussstrich unter das leidige Geschehen zu ziehen, das ihn damals bis an den Rand seiner körperlichen und seelischen Existenz gebracht hatte.

Umso engagierter und lieber tat er seinen Dienst in Kevelaer. Während der Wallfahrtszeit gab es täglich um 15 Uhr eine Pilgerandacht mit einer langen Predigt und einer sich anschließenden Aussetzung des Allerheiligsten. Mehrmals in der Woche durfte er diesen Dienst tun. Morgens nach der heiligen Messe begann das Hören der Beichten, das dann nach der Pilgerandacht fortgeführt wurde. Wenn es seine Krankenbesuche erlaubten – während der Bereitschaftszeit war er an ein Funkgerät angeschlossen, das er mit sich trug – machte er Spaziergänge, allein, um mit all dem, was die Menschen beim Beichten vorbrachten, einigermaßen fertig zu werden. Manchmal waren es unerhörte Dinge, die er tagelang nicht loswurde. Daher hatte er in seiner Wohnung am Kapellenplatz

kein Fernsehen, um nicht nochmals schwer zu Verarbeitendes in sich aufzunehmen.

Das Ruhegebet hat ihn immer begleitet und ihm sowohl manche verschlossene Tür in seinem Inneren geöffnet wie auch die Tür zu anderen Menschen. Es half ihm, auf seinem oft beschwerlichen Weg nicht zu scheitern, sondern die einfache Botschaft und Verheißung Jesu Christi erfahrbar werden zu lassen.

Regelmäßig fuhr er nicht nur nach Rheine, um seine Mutter zu besuchen, sondern auch nach Münster zu Johannes Bours zum geistlichen Gespräch. Dies wurde immer zu einem kleinen Fest für ihn. Manchmal hatte er Sehnsucht nach Brixen und ein leicht schlechtes Gewissen – hatte er doch Bischof Dr. Gargitter versprochen, in dessen Diözese zu arbeiten. Doch der Bischof zeigte Verständnis für Peter Dyckhoffs Situation.

Aus einem Jahr wurden drei

Aus einem Jahr wurden drei Jahre in Kevelaer. Im Gegensatz zum Generalvikar der Diözese Bozen-Brixen und vieler Menschen, die er dort liebgewonnen hatte, war seine Mutter außerordentlich glücklich, da er sie zwei bis drei Mal im Monat besuchen und ihr dabei auch geschäftlich ein wenig zur Seite stehen konnte. Da von Oktober bis März in Kevelaer kaum Wallfahrten stattfanden, die Zeit also ruhiger war, gab er Exerzitien im Klarissenkloster, bei den Dominikanerinnen, im Kloster der Clemensschwestern und bei den Schwestern der Göttlichen Vorsehung. Pastor Richard Schulte-Staade vertraute ihm das Referat für christliche Weiterbildung an. So veranstaltete er in den Wintermonaten im Petrus-Canisius-Saal zum Beispiel Vorträge und Diskussionen mit Heinrich Spaemann, Erika Lorenz und Tatjana Goritschewa. Außerdem übernahm er zusammen mit einem anderen Herrn die Krankenhausseelsorge im Marienhospital, das von Clemensschwestern geführt wurde. Zu dieser Aufgabe gehörte auch die Sterbebegleitung.

Drohende Anzeige wegen „intimen" Verhaltens

Während seiner Zeit als Kaplan im Wallfahrtsort Kevelaer am Niederrhein war Peter Dyckhoff auch mit der „Katholischen Erwachsenenbildung" betraut. Besonders im Winter-Halbjahr, also außerhalb der Pilgerzeit, bot er Veranstaltungen mit namhaften Referenten an.

So hatte er auch einmal die Professorin für Hispanistik Dr. Erika Lorenz aus Hamburg eingeladen.

Ihr Zug hatte Verspätung, und so mussten sich Peter Dyckhoff und die Referentin beeilen, um pünktlich in der für 19:30 Uhr angesagten Veranstaltung im Petrus-Canisius-Haus zu sein. Die Professorin bat ihn jedoch, zu gestatten, dass sie sich vorher noch in ihrem Zimmer im Priesterhaus umzieht. Es war ein kalter regnerischer Wintertag.

Vom Zimmer aus rief sie ihn an und fragte, ob er sie auf dem Weg ein wenig stützen könne. Als Peter Dyckhoff es – etwas fragend – bejahte, sagte sie ihm leise, sie habe von Geburt an eine Behinderung an den Füßen und könne daher in diesen zu ihrem Kostüm passenden Schuhen nur sehr unsicher gehen. Der Weg war nicht weit, doch der Kapellenplatz, den sie überqueren mussten, war mit rauen Kopfsteinen gepflastert. Peter Dyckhoff nahm sie daher fest in den Arm und führte sie sicher zum Ort der Veranstaltung und ebenso zurück. Was war die Folge?

Hinter seinem Rücken wurde er beim Bischof angezeigt wegen seines „intimen" Verhaltens zu dieser Frau. Der Generalvikar kam persönlich zu ihm nach Kevelaer und machte ihm heftige Vorwürfe, ohne ihn angehört zu haben. Es sei unmöglich, wie er sich in der Öffentlichkeit mit einer Frau verhalten hätte … Er müsse mit einer angemessenen Strafe und einer eventuellen Versetzung rechnen.

Peter Dyckhoff schwieg – er rechtfertigt sich grundsätzlich nicht.

Wer ungerechtfertigt schlecht von ihm denkt: *Soll er doch!*

Die avisierte Konsequenz jedoch blieb aus.

Die Liebe zu Büchern verbindet

In Kevelaer lernte er viele Menschen kennen und wertzuschätzen. Zu ihnen gehörte die Buchhändlerin Rosemarie Reul, die gleich neben der Basilika eine kleine Buchhandlung mit ausgesucht ansprechender Literatur führte. Fast täglich ging er zu ihr und fand immer die theologische Literatur, die er gerade für Predigten oder Vorträge suchte. Wenn keine Kunden bei ihr waren, führten sie lange und gute Gespräche. Auf viele hervorragende Bücher und Schriften wurde er durch Frau Reul aufmerksam gemacht. Ihre große Liebe galt ihrer Familie – sie hatte zwölf Kinder –, ihrem christlichen Glauben und den Büchern. Jeden Abend – während der Wallfahrtszeit auch an Wochenenden –, wenn sie die Tür ihrer Buchhandlung hinter sich abgeschlossen hatte, besuchte sie die heilige Messe.

Als seine Mutter und Timmy ihn einmal in Kevelaer besuchten – es kam selten vor, denn sie fuhr ungern so weite und unbekannte Strecken allein mit dem Auto –, lernte sie auch Frau Reul kennen und schloss sie gleich fest in ihr Herz.

Schäfchen zählen

Nein, hier geht es nicht um's Einschlafen, sondern darum, dass auch die Kirche manchmal Statistiken erstellen muss.

In der viel besuchten Beichtkapelle in Kevelaer werden täglich von mehreren Priestern Beichten abgenommen. Um festzustellen, wie viel Menschen insgesamt und bei welchen Priestern im Einzelnen gebeichtet hatten, erhielt zu jener Zeit jeder Geistliche ein Zählgerät mit einem Knopf, der bei Eintritt eines Gläubigen in den Beichtstuhl zu drücken war.

Aus zwei Gründen weigerte sich Peter Dyckhoff stets, diese Zählung durchzuführen: Zum einen fühlte er sich durch dieses mechanische Tun von seiner eigentlichen Aufgabe abgelenkt; zum anderen aber dauerten die Beichtgespräche bei ihm so lange, dass er dem Vergleich mit seinen Amtsbrüdern nicht standhalten konnte. Bei ihm stand der Zähler anschließend stets auf Null.

Eigenartig war: Selbst dann, wenn die anderen Geistlichen ihren Beichtstuhl verließen, saßen noch immer Menschen vor dem von Peter Dyckhoff …

Eine „wilde Ehe" geht zu Ende

Peter Dyckhoff wurde gebeten, ein schon etwas älteres Paar nach 30 Jahren „wilder Ehe" kirchlich zu trauen. Ihre bereits erwachsenen Kinder seien der Meinung, alles sei „in Ordnung". Sie hätten ihnen nie erzählt, dass sie nicht kirchlich verheiratet waren. Und sie wollten auch nicht, dass ihre Kinder das jetzt erfahren. Sie seien dieserhalb heimlich nach Kevelaer gekommen, denn in ihrer Heimatpfarrei wäre dies unmöglich.

Peter Dyckhoff freute sich natürlich über diese ungewöhnliche Bitte und sagte spontan, es wäre sehr schön, sie trauen zu dürfen. Als Trauzeuge wurde der Küster hinzugezogen.

Obwohl diese Trauung in der Kerzenkapelle heimlich erfolgte, waren die Braut und der Bräutigam festlich gekleidet; es gab einen Brautstrauß usw. – alles, wie es sich gehört … Auch fremde Gottesdienst-Besucher waren zugegen.

Nach dem Auflegen der Hände und dem Abschluss der Zeremonie, die nach dem Evangelium innerhalb der heiligen Messe stattfand, sagte der frisch gebackene Ehemann zu Peter Dyckhoff leise, und nur für ihn hörbar: *„Jetzt haben Sie eine Wildsau getraut!"*

Sprachlos und etwas verlegen setzte Peter Dyckhoff dann den Gottesdienst fort.

Geschenkte Kraft weitergeben

Als Kaplan in Kevelaer war Peter Dyckhoff zusammen mit einem anderen Geistlichen für die Krankenhausseelsorge zuständig. Er hatte Notdienst, das heißt, er musste zu genau festgelegten Zeiten erreichbar sein, und trug ein Funkgerät mit einer Reichweite von etwa zwei Kilometern. Nachts lag das Gerät an seinem Bett, denn diese Einsätze waren für ihn wichtiger als sonst etwas – wenn sie ihn auch stark belasteten.

An einem sonnigen Maitag wurde er dringend ins Krankenhaus gerufen. Man hatte dort einen sechsjährigen Jungen eingeliefert, der beim Fahrradfahren von einem Auto angefahren wurde. Allerdings war der Kleine bei Eintreffen von Peter Dyckhoff bereits verstorben. Allein stand er in der Kabine; vor ihm der unter einem weißen Laken liegende tote Junge. Die Schwester sagte ihm, seine Eltern seien gekommen; sie wüssten jedoch noch nicht, dass ihr Sohn verstorben war. Vermutlich würden die meisten Menschen in dieser Situation am liebsten davonlaufen – und auch Peter Dyckhoff ist „nur ein Mensch".

Als die Eltern den Geistlichen sahen, der auf sie zukam, schienen sie zu wissen … Wortlos begleiteten sie ihn in die Kabine und klammerten sich fast gleichzeitig an ihm fest. Peter Dyckhoff spürte fast körperlich, wie ihm in diesem Augenblick so starke Kraft zufloss, dass er davon abgeben konnte.

Er umfasste die Schultern der Mutter und des Vaters, und man sah sich wortlos an. Dann nahm er vorsichtig das weiße Tuch vom Gesicht des Jungen, das kindlich und unversehrt aussah. Die Eltern – so beschreibt es Peter Dyckhoff – überschritten die Grenze, die der Tod zog, und näherten sich ihrem Sohn. Sie streichelten sogar dessen Gesicht. Als er sich etwas zurückziehen wollte, hielt ihn die Mutter am Arm zurück und bat ihn leise, zu bleiben und gemeinsam mit ihnen zu beten.

Dieses Erlebnis hat Peter Dyckhoff außerordentlich beeindruckt. Er sagte, nun wisse er, dass stets die Kraft geschenkt wird, die man dringend benötigt.

Das „Wunder" vom Roten Meer

Eigentlich ist Peter Dyckhoff niemand, der sich für längere Zeit in einer Gruppe wohlfühlt. Er ist mehr ein Einzelgänger. Trotzdem nahm er 1986 als geistlicher Begleiter an einer Gruppenreise nach Israel und Jordanien teil. Die Reisegruppe setzte sich aus Menschen unterschiedlichsten Alters und verschiedensten Berufen zusammen.

Nach vielen Besichtigungen in Israel schmerzte ihn sein Rücken, und er zog sich – wie immer mit einem Buch – in einen Liegestuhl zurück. Zwischendurch schwamm er im Roten Meer, da dies seinem Rücken sehr gut tat.

Plötzlich hörte er ein lautes Rufen. Eine Frau schrie: *Sehen Sie, da schwimmt ein Mensch mit dem Rücken nach oben. Und er bewegt sich nicht mehr.* Peter Dyckhoff sprang auf und sah etwas, das von den Wellen hin und her geschaukelt wurde. Er sprang ins Wasser und schwamm auf den Körper zu, der bereits unterzugehen drohte. Das Gesicht – es war eine ältere Frau aus der Reisegruppe – war bereits rot angelaufen. Er griff unter ihre Arme und es gelang ihm, sie mit aller Kraftanstrengung ans Ufer zu bringen. Der herbeigerufene Notarzt versuchte, die Dame zu reanimieren, doch sie gab kein Lebenszeichen von sich. Peter Dyckhoff hatte den Eindruck, der Notarzt wollte schon aufgeben, als er aufsprang und eindringlich auf Englisch sagte, er müsse die Frau retten, denn man könne nicht mit einer Verstorbenen von einer Pilgerreise zurückkommen.

Der Krankenwagen brachte sie ins Militär-Krankenhaus – Peter Dyckhoff begleitete sie, nur mit einer nassen Badehose bekleidet. Dort signalisierte man ihm, es gäbe wohl keine Chance, die Dame noch zu retten. Man habe sie zwar auf der Intensivstation noch an verschiedene Maschinen angeschlossen – aber es sei wohl keine Hoffnung mehr. Er wartete und betete … Nach Stunden zeigten sich auf den Geräten leichte Bewegungen – und am Abend geschah dann das Wunder! Sie war zwar noch bewusstlos, aber es zeigten sich erste Lebenszeichen. Und am nächsten Tag schon war sie wieder ansprechbar.

Nicht nur Peter Dyckhoff, sondern auch alle Reisenden der Gruppe waren unendlich dankbar und überzeugt davon, dass ihre Gebete erhört wurden.

Als Strandpfarrer auf Sylt

Rudolf Dyckhoff, sein Vater, legte seit jeher größten Wert darauf, dass seine Familie wenigstens einmal im Jahr einige Wochen an die Nordsee fuhr. Er wollte damit einer Lungenkrankheit vorbeugen, für die einige Mitglieder seiner Familie anfällig waren. Die ostfriesische Insel Juist war zunächst bevorzugtes Ziel. Dort wohnten sie stets im Hotel Claassen (Foto), dem heutigen „Hotel Achterdiek“. Er erinnert sich gut daran, dass er den Weg zum Strand über die Dünen wegen seiner damals noch kurzen Beine als unendlich lang empfand.

Nachdem Charlotte Dyckhoff jedoch einmal

die nordfriesische Insel Sylt besucht hatte, zog es sie immer wieder dorthin. Und ihr Sohn legte natürlich seinen Urlaub in die gleiche Zeit und begleitete sie – wollte aber auf keinen Fall ebenfalls im Hotel Miramar in Westerland wohnen.

Die kath. Kirchengemeinde freute sich, als er sich als sog. Strandpfarrer meldete, und bot ihm an, ins Pfarrhaus zu ziehen.

In manchen Jahren las er die heilige Messe in „St. Christophorus" in Westerland, dann wieder in Rantum in „Stella Maris" (Foto) und wohnte in den jeweiligen Pfarrhäusern.

An eine recht lustige Begebenheit in der noch „alten" Christophoruskirche kann ich mich gut erinnern. Peter Dyckhoff legte und legt normalerweise sehr viel Wert sowohl auf die Vorbereitung seiner Predigt als auch auf Pünktlichkeit. An diesem Tag – er war für die Abendmesse eingeteilt – hatte er „irgendwie" am Strand die Zeit vergessen. In allerletzter Minute kam er in der Kirche an, warf sich in der Sakristei schnell sein Gewand über und zog mit zwei Messdienern „würdevoll" ein. Die Kirche war bis auf den letzten Platz gefüllt.

Wie sah Pfarrer Dyckhoff aus?

Das kostbar bestickte Gewand steckte hinten mit einer Ecke in seinem Gürtel fest, sodass die Strandbekleidung, eine Dreiviertel-Jeans, und die nackten behaarten Waden gut zu sehen waren. Saß man vorn, sah man auch seine noch „sandigen" Füße in Badelatschen. Und – wie gesagt – die Kirche war voll besetzt.

Es dauerte jedoch nur wenige Minuten, bis er bemerkte, wie unvollständig seine Kleidung war – wahrscheinlich durch die „Kühle" oder durch die Lacher der anwesenden Kirchenbesucher …

Übrigens: Heute bevorzugt er wieder die Nordseeinsel Juist, auf der er die wenigen Urlaubstage, die er sich in den Sommermonaten nimmt, verbringt.

Das Foto zeigt ihn mit Aaron und dessen Freund Anton …

Maria – Trösterin der Betrübten

Text von Peter Dyckhoff:

Gut drei Jahre lang war ich Wallfahrts- und Krankenhausseelsorger in Kevelaer, einem Gnadenort am Niederrhein. Ich durfte eine marianisch erfüllte Zeit erleben, die mich dem Geheimnis der Menschwerdung Gottes näherbrachte.

Fast eine Million Pilger kommen im Jahr nach Kevelaer, um die Gnadenkapelle zu besuchen, in der seit 1642 das kleine luxemburgische Bild der „Trösterin der Betrübten" aufbewahrt wird. Auf dem Marienbild, das die Muttergottes mit ausgebreitetem Mantel zeigt, stehen folgende Worte: „Consolatrix afflictorum ora pro nobis" – „Trösterin der Betrübten, bitte für uns". Im Jahr 1987 besuchten Papst Johannes Paul II. und Mutter Teresa von Kalkutta den Wallfahrtsort Kevelaer und beteten in der Gnadenkapelle vor dem Muttergottesbild.

Durch intensive Gespräche mit Pilgern, die von überall kamen, um hier ihr Herz auszuschütten und ihre Seele von Belastungen zu befreien, durfte ich Einblick nehmen in das Geheimnis der Erlösung und der Liebe Gottes. Der Schöpfer hat etwas unendlich Liebevolles mit einem jeden von uns vor – selbst wenn wir zeitweilig daran zweifeln und uns die zu bewältigende Wegstrecke endlos und äußerst schwer zu gehen erscheint. Maria wird durch ihr unbedingtes Vertrauen, das sie der Liebe und Güte Gottes entgegenbringt, zur Wegbereiterin und Fürsprecherin bei ihrem Sohn Jesus Christus. Sie hat für viele Pilger – so durfte ich es staunend erfahren – den Himmel wieder geöffnet, sodass oft unerträgliches Leben sinnerfüllt und lebenswert wurde.

An die Zeit, in der ich als Priester in Kevelaer wirken durfte, denke ich voll Dankbarkeit zurück. Und nicht selten empfehle ich Menschen, die unter einer einengenden Lebenslast stehen, einen Wallfahrtsort zu besuchen, um zusätzliche Gnaden zu empfangen und – wenn die Zeit reif ist – seelisch entlastet und innerlich weit zu werden.

Abschied von Kevelaer

Als das dritte Jahr in Kevelaer für ihn zu Ende ging, machte ihm der für die Priester zuständige Personalchef Dr. Werner Thissen (der spätere Erzbischof von Hamburg) den Vorschlag, in der Nähe von Kevelaer die Gemeinde Wetten als Pfarrer zu übernehmen. Inzwischen hatte Peter Dyckhoff bei Frau Reul in der Buchhandlung Bischof Heinrich Maria Janssen und durch ihn seinen Nachfolger im Bistum Hildesheim, Bischof Dr. Josef Homeyer, kennengelernt. Peter Dyckhoffs Wunsch war es seit Langem, irgendwo in der Stille ein geistliches Zentrum aufzubauen, viel zu beten und Menschen das Ruhegebet zu lehren, um ihnen zu helfen.

Die Diözese Münster schien an diesem Plan nicht sehr interessiert zu sein, Bischof Homeyer jedoch sehr. Und so fühlte er sich wie von selbst zu ihm und dem Bistum Hildesheim hingezogen.

Auf des Bischofs und seine Bitte hin wurde er im Bistum Bozen-Brixen exkardiniert und in Hildesheim inkardiniert, das heißt, von nun an gehörte er mit allen Rechten und Pflichten für immer zur Diözese Hildesheim.

Der Bischof bat ihn jedoch, vorerst drei Jahre lang eine Gemeinde zu übernehmen, um von Grund auf in seine Diözese hineinzuwachsen. So wurde er Pfarrer von Adlum, einem Stiftsdorf in der Nähe von Hildesheim.

In all dieser Zeit im Bistum Hildesheim stand ihm Domkapitular Werner Holst, der damalige Personalchef, vertrauensvoll zur Seite. Er zeigte Verständnis, gab Rat und war immer für ihn da. Peter Dyckhoff zählt ihn zu den Menschen, die er in seinem Leben ganz besonders wertschätzt, und denen er besonders dankbar ist.

Pfarrer in Adlum

von 1985 bis 1988

Herzliche Aufnahme in seiner ersten eigenen Gemeinde

Von der Gemeinde St. Georg in Adlum – so fühlte er es vom ersten Tag an – wurden sein Kommen und sein Dienst herzlich und dankbar angenommen. Alle nur denkbaren Aufgaben wurden hier von ihm gefordert. Im Hinblick auf das Versprechen des Bischofs, ihm später ein Bildungshaus anzuvertrauen, verging nicht nur die Zeit sehr schnell, sondern alles, was er zu tun hatte, fiel ihm auch leicht und machte Freude.

Da er Pläne hatte, aber nicht alles selbst verwirklichen konnte, suchte er sich Mitarbeiter aus der Gemeinde, die ihm halfen. Ein Landwirt erklärte sich sogar bereit, neben seinem Beruf die kirchliche Buchführung zu übernehmen. Nach kurzen Schulungen konnte er Eltern dazu bringen, Kommunion- und Firmgruppen zu übernehmen, um die Kinder auf die Sakramente vorzubereiten. Und so brauchte er nicht mehr bei jedem Treffen anwesend zu sein. Er erfuhr tatkräftige Hilfe beim Aufbau eines Kirchensenders auf UKW, der alle kirchlichen Veranstaltungen bis zu einem Umkreis von fünf Kilometern übertrug.

Mit Unterstützung von Schwester Lioba, die einem kleinen Altenheim in Adlum vorstand, bauten sie einen liturgischen Kreis von Leuten auf, die in seiner Abwesenheit einen Wortgottesdienst feierten. Nach Absprache mit dem Bischof und dem Personalchef Werner Holst nahm er Einladungen an, in der ganzen Diözese Vorträge, Einkehrtage und Exerzitien zu halten, um sich so auf seine künftigen Aufgaben vorbereiten zu können. Einen Schwerpunkt sah er immer darin, das

Ruhegebet bekannt zu machen und zu lehren, das Gebet, welches ihm in seiner größten Lebenskrise so wunderbar geholfen hatte und es täglich weiterhin tat.

Überwältigt war er von den vielen so positiv der Kirche zugewandten Menschen, zu denen auch ein Großteil der Adlumer Jugend gehörte. Sein besonderer Dank galt immer wieder den freiwilligen Helfern, die ihm zu Freunden wurden, und ohne die er die zusätzlichen externen Aufgaben niemals hätte leisten können.

Ein Novum in Adlum

Direkt von seinem Essplatz in der Küche sah er auf den alten Friedhof von Adlum. Jedesmal, wenn er sich zum Essen setzte, wurde er begrüßt von der „Jungfrau Elisabeth Hartmann", deren großer Grabstein direkt vorn vor seinem Fenster stand …

Als Leichenhalle diente die Garage im Nebengebäude.

In Adlum führte Peter Dyckhoff es wieder ein, den Sarg mit dem Verstorbenen zum Requiem oder Auferstehungsamt Stunden vorher in die Kirche zu holen, damit die Angehörigen in aller Ruhe und im stillen Gebet Abschied nehmen konnten. Wird die heilige Messe für jemanden gelesen, der anwesend ist, so verbreitet sich eine ganz andere und dichtere Atmosphäre als wenn dieser nicht dabei ist. Schließlich sei das Auferstehungsamt ja in erster Linie für den Verstorbenen, so sagt er.

Anschließend fand dann auf dem Friedhof direkt neben der Kirche die Beisetzung statt. Bei jeder Beerdigung war nahezu die Hälfte der Einwohner des Dorfes anwesend.

Peter Dyckhoff empfand Dankbarkeit, insbesondere in solchen Stunden das Wort Gottes verkünden zu dürfen, denn die Anwesenden waren aufnahmebereiter und ansprechbarer als sonst.

Als seine Mutter ihn einmal in Adlum besuchte, nahm sie an einem Requiem teil und verfolgte die Beisetzung vom Küchenfenster des Pfarrhauses aus. Dies muss nach dem Tod seines Vaters die erste Beisetzung gewesen sein, der sie beiwohnte. Anschließend erzählte sie ihm ihre Eindrücke, vor allem, wie bewegt sie war von der Aufrichtigkeit und Gläubigkeit dieser dörflichen Trauergemeinde.

Der heilige Franziskus fehlt ...

In der Pfarrgemeinde Adlum gab es einen Dackel-Mischlingshund, Alex, der jeden beim Anschauen schon zum Lächeln brachte. Er hatte nicht nur einen viel zu langen Körper und zu kurze Beine, sondern insgesamt stimmten seine Proportionen nicht. Alex hatte schwarz-braunes kurzes Fell und eine weiße Schwanzspitze.

Peter Dyckhoff und diesen Hund, den er einem Ehepaar in Adlum besorgt und mitgebracht hatte, verband eine „Männer-Freundschaft". Zwischendurch besuchte Alex täglich das Pfarrhaus, auch, um sich eine Leckerei abzuholen. Sobald die Kirchturmglocken läuteten, kam er zur Kirche in der Hoffnung auf eine Begegnung mit Peter Dyckhoff (oder auf ein Leckerli?).

Direkt zwischen dem Pfarrhaus und der Kirche lag der Friedhof von Adlum. Manchmal, zu bestimmten Jahreszeiten, gab es mehr Beerdigungen als üblich. Natürlich lockte auch die Totenglocke Alex an. Er nahm, und zwar bei jedem Wetter, an den Beerdigungen teil. Obwohl manche Trauergäste ihn in der Anfangszeit verscheuchen wollten, blieb Alex mit erhobenem Schwanz an Peter Dyckhoffs Seite – ganz ruhig und still. Dies war eine Liturgie außerhalb der Kirche, an der er teilnehmen konnte. Und das wollte er sich nicht nehmen lassen. Er blieb neben „seinem" Pfarrer am Grab stehen oder sit-

zen und beobachtete alles genau. Die spätere Belohnung in Form eines Leckerlis in der Sakristei nahm er gern. Später wussten alle Trauergäste: Alex gehört dazu!

Peter Dyckhoff betont immer wieder, wie traurig es ist, dass den Tieren im kirchlichen Bereich so wenig Aufmerksamkeit entgegengebracht wird, dass sie vielfach ausgeschlossen und als „niedere Wesen" betrachtet werden. Im heilsgeschichtlichen Geschehen spielen die Tiere keine geringe Rolle: Denken wir beispielsweise an die Aufnahme auf die Arche Noach.

Stellen Sie sich vor, heute würde in vielen Kirchen der heilige Franziskus mit seinen Gefährten ausgeschlossen …

Der Schreck eines jeden Kochs

Peter Dyckhoff war schon immer seiner Zeit voraus. Vielfach wurde er deshalb belächelt, man machte Witze über ihn oder betrachtete ihn als „Exoten" …

Als ich mit seiner Mutter das erste Mal an einem Sonntag zu ihm nach Adlum fuhr, packte seine Mutter dort diverse Lebensmittel aus und begann, das Mittagessen vorzubereiten, damit wir nach der heiligen Messe gleich essen konnten. Peter Dyckhoff war zu der Zeit ein – wie man so sagt – „Strich in der Landschaft". Er aß ungern, und dann nur das Nötigste.

An diesem Sonntag lagen auf seinem Teller nur einige Kartoffeln und ein Viertel eines Blumenkohls, übergossen mit etwas Butter. Seine Mutter und ich bekamen ein Stück Fleisch. Zu der Zeit kannte ich mich mit den Sitten und Gebräuchen in der Kirche noch nicht gut aus und fragte leise seine Mutter: *Dürfen Pfarrer sonntags kein Fleisch essen?* Ihre Antwort: *Doch, aber er ist Vegetarier. Und er versucht, das möglichst geheim zu halten, damit man ihn nicht auslacht.*

Und noch etwas hatte ich falsch gemacht. Ich brachte ihm eine Flasche Wein mit. Bevor ich sie ihm geben konnte, sagte mir seine Mutter leise, um mich nicht zu verletzen: *Gib sie ihm erst gar nicht; er trinkt keinen Alkohol.*

Auf der Rückfahrt erzählte sie mir dann folgende Begebenheit:

Nach jeder Gesellschafterversammlung des Betriebes ging man in ein „gutes" Lokal zum Essen. Die Speisekarte war reichhaltig; jeder fand schnell ein passendes Gericht. *Bei Peter ist das so eine Sache. Er erkundigt sich, ob Fleischbrühe in der Suppe oder der Sauce ist. So findet er oft nur Kartoffeln mit Gemüse.*

Wenn Peter Dyckhoff nicht Peter Dyckhoff wäre, sondern ein „knochenharter Unternehmer", hätte der anwesende Wirtschaftsprüfer sicher nicht laut und für alle hörbar im Lokal gesagt: *Sie sind der Schreck eines jeden Kochs!*

Peter Dyckhoff sei dies außerordentlich peinlich gewesen, aber er sagte nichts.

Und heute?

Vegetarier zu sein ist völlig „normal"!

Hier ein weiteres Beispiel, um zu zeigen, dass er meist seiner Zeit voraus ist:

In jedem Zimmer in seinem später neu gegründeten *Haus Cassian* stand ein Schild: „Bitte nicht rauchen". Auch in den Innentüren der Schränke klebten solche Schilder. Hiermit hatte auch ich selbst ein Problem, denn ich war/bin (leider) „leidenschaftliche" Raucherin. Zudem war dieses Rauchverbot zu der Zeit (ca. 1990) noch absolut unüblich, und es stieß bei den Teilnehmern meiner Seminare auf großes Unverständnis. Mit einigem Murren ging man dann zum Rauchen auf die Terrasse.

Und heute?

Nichtrauchen in geschlossenen Räumen ist völlig „normal"!

Tiere sind auch „segenswürdig"

An Fronleichnamsprozessionen nahmen in der Pfarrgemeinde Adlum stets viele Gläubige teil. Häuser und Wege, über die die Prozession zog, wurden reich mit Blumen geschmückt. Aussetzung und Segen erfolgten an vier Altären im Dorf.

Der letzte Altar stand bei einem Landwirt, der ein Gehege mit Wildschweinen auf seinem Hof hatte. Das Fleisch dieser schon in Gefangenschaft geborenen Tiere verkaufte er vorwiegend an Gaststätten und Restaurants als Wildbret – also als Fleisch von frei lebenden Tieren.

Die Gläubigen und Pfarrer Peter Dyckhoff mussten auf dem Weg zum Altar an diesem Gehege vorbei; einige der zahmen Tiere liefen auf ihn zu. Was machte der durch und durch tierliebe Pfarrer? Bevor er den Altar segnete, segnete er die Wildschweine!

Blieb es da aus, dass einer der hinter ihm stehenden Gläubigen leise lachend zu ihm sagte: *Nun sind Sie ein wahrhafter Schweine-Priester …*

Die Menschen rümpften die Nase, denn der Gestank der Tiere drang hoch bis zum Altar.

Ein Kreuz als Waffe

Es war kurz vor Weihnachten und schon dunkel, als es abends an der Tür des Pfarrhauses in Adlum schellte. Peter Dyckhoff öffnete. Vor ihm stand ein etwa 30-jähriger kräftiger Mann, dessen Vater vor nicht allzu langer Zeit gestorben und auf dem Adlumer Friedhof beigesetzt worden war. Er drang an Peter Dyckhoff vorbei in den Flur und sagte, er wolle beichten. Auf einmal riss er ein großes romanisches Kreuz von der Wand und hielt es ihm drohend entgegen. *Gott hat mir meinen Vater genommen – bringen Sie ihn mir wieder!*

Peter Dyckhoff versuchte sanft auf ihn einzureden, aber jeder Satz rann wirkungslos an ihm ab. Er schimpfte und schimpfte. *Gehen Sie jetzt sofort mit mir auf den Friedhof.* Der junge Mann trieb Peter Dyckhoff mit dem Kreuz im Rücken über den dunklen Friedhof vor sich her. Schweigend standen sie dann lange vor dem Grab. Doch dieser Terror war noch längst nicht zu Ende.

Schweigend, aber mit Gewalt, erzwang es der junge Mann, dass Peter Dyckhoff – noch immer das Kreuz spürbar im Rücken – die Kirche öffnete. Sie gingen durch die Sakristei, und als Peter Dyckhoff das Licht anmachen wollte, wurde es ihm verboten. In der dunklen Kirche – es fiel etwas Licht von außen herein – beklagte sich der Mann laut darüber, dass die Kirche und damit auch er, Pfarrer Dyckhoff, ihm seinen Vater genommen hätte. Peter Dyckhoff schwieg, und erst im Beichtstuhl fühlte er sich wieder sicher.

Über das folgende Gespräch hat er niemals etwas gesagt – auf jeden Fall konnte er aber unbeschadet das Kreuz an sich nehmen (oder auf sich nehmen?) und der junge Mann ging …

Honi soit qui mal y pense … (Ein Schuft, wer Schlechtes dabei denkt …)

Bischof Dr. Josef Homeyer betraute Peter Dyckhoff – zu dieser Zeit Pfarrer in Adlum – mit einer sehr delikaten, vertraulichen Aufgabe. Er schickte ihn ins damalige Jugoslawien. Zunächst solle er persönlich Unterlagen bei Kardinal Kuharicz in Zagreb abgeben und dann zur eigentlichen (vertraulichen) Mission weiterfahren in ein kleines Dörfchen etwa 100 km außerhalb der kroatischen Hauptstadt. Da Peter Dyckhoff eine solche Reise nicht allein unternehmen wollte, begleitete ich ihn.

Der Flug ging von Hannover direkt nach Zagreb. Im dortigen Kloster waren Zimmer für ihn und mich reserviert. Am Flughafen mietete er einen PKW, mit dem wir zu diesem Kloster fuhren. Es lag mitten in der Stadt, in unmittelbarer Nähe zur Residenz von Kardinal Kuharicz. Obwohl es in diesem Sommer nahezu unerträglich heiß war, wechselte Peter Dyckhoff kurz vor dem Eingangstor seine Kleidung gegen seinen Priesteranzug mit Kollar und ich mein T-Shirt gegen eine „züchtige" Bluse mit langen Ärmeln. Wir wurden freundlich empfangen und in verschiedenen Flügeln der weitläufigen Klosteranlage untergebracht. Ich bekam sogar das riesengroße sogenannte Bischofszimmer; Peter Dyckhoff musste sich mit einer einfachen Klosterzelle begnügen.

Noch am Tag unserer Ankunft besuchte er den Kardinal und unterhielt sich längere Zeit mit ihm. Seine Eminenz lud Peter Dyckhoff ein, am nächsten Morgen gemeinsam mit ihm eine heilige Messe im Dom zu Zagreb zu zelebrieren. Eine große Ehre!

Anschließend verließen wir mit dem gemieteten kleinen PKW und einer in Zagreb erworbenen Landkarte die Stadt. Es war – wie gesagt – unerträglich heiß. Daher bogen wir von einer Landstraße in einen kleinen Seitenweg und wechselten die „offizielle" Kleidung erneut gegen ein Hemd bzw. ein kurzärmeliges T-Shirt. In genau dem Augenblick, in dem Peter Dyckhoff sein Priesterhemd auszog, fuhr langsam ein VW an uns vorbei und bremste sogar noch ab. Die Scheibe wurde heruntergekurbelt, und wir sahen ein breites Lachen des Beifahrers … Was mag er wohl gedacht haben?

Und die Krönung des Ganzen: Der PKW trug sogar ein deutsches Nummernschild …

Fünf Stunden zu Gast auf dieser Erde

Als Pfarrer in Adlum musste Peter Dyckhoff des Öfteren Entscheidungen treffen, die weder Bedenkzeit noch Aufschub duldeten. Somit war es nicht möglich, bei jeder Entscheidung kirchenrechtliche Paragrafen und Bestimmungen zu beachten. Ein junges Ehepaar, dessen Eltern auch in Adlum wohnten – beide Familien waren aktiv in der Gemeinde St. Georg tätig – erwartete voll Freude ihr drittes Kind. Als feststand, dass es ein Mädchen war, nannten sie es noch vor der Geburt Luisa.

Dann wurde Luisa pünktlich und ohne Komplikationen geboren. Ihr aufgequollener Leib bereitete jedoch den Ärzten Sorge. Die Ultraschall-Untersuchung zeigte eine große Geschwulst im Leib, und Luisa musste sofort operiert werden. Was die Ärzte sahen, war ungeheuerlich. Unverrichteter Dinge gaben sie das Kind ihren Eltern zurück mit dem Hinweis, dass Luisa nur noch wenige Augenblicke leben würde. Fünf Stunden war Luisa zu Gast auf dieser Erde. Sie schlief dann für immer in den Armen der Eltern ein.

Es muss sehr schmerzlich für die Eltern gewesen sein, als man ihnen Luisa nahm und sie in eine Kühlkammer brachte. Als sie gefragt wurden, ob sie das Kind für anatomische Untersuchungen freigeben würden, riefen sie sofort ihren Pfarrer, Peter Dyckhoff, an. Er riet ihnen davon ab. Die Eltern fragten,

ob man Luisa denn beerdigen könne, was Peter Dyckhoff spontan bejahte. So verabredete man, dass Luisa direkt am nächsten Tag im Familiengrab in Adlum beigesetzt werden sollte.

Peter Dyckhoff fuhr ins Krankenhaus, da ihm die Eltern telefonisch sagten, die Ärzte wollten das Neugeborene nicht herausgeben. Er hatte sich als Priester angezogen und führte alle Argumente auf, die einem Pfarrer zur Verfügung standen – mit Erfolg. Am Abend legte man Luisa ihrem Vater in den Arm.

Es war Sommer und die Abende waren lang. Wie ein Lauffeuer sprach sich im Dorf herum, dass am späten Abend die Beerdigung von Luisa sei. Als Peter Dyckhoff mit seinem Wagen, in dem auch der Vater mit seiner verstorbenen Tochter saß – die Mutter musste noch im Krankenhaus bleiben –, in Adlum ankam, erwarteten sie viele Menschen. Alle gingen in die Kirche, in der dann ein Gottesdienst stattfand. Doch zuerst öffnete der Vater das kleine Bündel, das er immer noch liebevoll in seinen Armen trug. Es kam ein kleines Gesichtchen zum Vorschein, das alle Umstehenden in Erstaunen versetzte: so zart, so klein, so schön wie ein Engel aus der jenseitigen Welt – umrahmt von schwarzen Haaren.

Der Schreiner des Dorfes hatte spontan einen hölzernen Kindersarg gezimmert, in den nach einigen Segnungen der Vater die kleine Luisa legte. Alles geschah friedvoll und schweigend. Einige weinten, als der Sarg geschlossen wurde. Luisa zu Ehren lief alles ab wie bei der Beerdigung eines Erwachsenen, jedoch stiller und im Schweigen. Als der Sarg zu den verstorbenen Verwandten von Luisa gelegt wurde – viele Dorfbewohner umstanden das Grab –, wurde es bereits dunkel.

Wegen der Schwierigkeiten im Krankenhaus und inbesondere, weil sich die Eltern eine sofortige Beerdigung wünschten, blieb Peter Dyckhoff nichts anderes übrig, als sofort zu handeln – ohne sich vorher nach den Formalitäten und Gesetzen zu erkundigen. Es ging gut und niemand hatte etwas zu beanstanden, als die notwendigen Papiere nachher ausgefüllt wurden.

Peter Dyckhoff hatte vor, diese so kurze Lebensgeschichte in sein Buch „Sonnenuntergänge. Vom Abschied aus dieser Welt“ aufzunehmen. Er entschied sich jedoch, die Geburt und den Abschied von Luisa aus dem Manuskript zu streichen, um den Eltern nicht weh zu tun.

Im Mittelpunkt stehen

Peter Dyckhoff trägt während jeder heiligen Messe lediglich sein einfaches, schlichtes beigefarbenes Gewand. Er wechselt – je nach Anlass – lediglich die Stola. Schon vor vielen Jahren hat er seine wunderbar bestickten Gewänder an Amtsbrüder verschenkt, die in osteuropäischen Kirchen wirkten und „mit jedem Pfennig rechnen" mussten.

Das folgende Erlebnis gab mit den Ausschlag dafür, dass er sich für diese Einfachheit entschied.

Der Dechant eines Dekanates, zu dem er als Pfarrer gehörte, lud zur Feier seines sechzigsten Geburtstags ein. Da es an einem Montag war, konnte Peter Dyckhoff zusagen, ohne seine Gemeinde zu vernachlässigen. Die Feier begann mit einem Gottesdienst in der Stadtkirche. Da Peter Dyckhoff nicht gern konzelebriert, sondern lieber in der heiligen Messe still für sich bleibt, verzichtete er auf die gemeinsame Feier am Altar.

Als nach dem Glockenschlag die Messdiener und die prächtig gekleideten Priester einzogen, spielte die Orgel die Melodie: „Happy birthday to you." Die Zelebranten machten einen feierlichen „Umweg" zum Altar, so dass die Geburtstags-Melodie mehrere Male wiederholt werden konnte. Die Kirche war voller Menschen, und einige waren sichtlich gerührt. Peter Dyckhoff jedoch war diese Ouvertüre derart unangenehm, dass er am liebsten die Kirche fluchtartig verlassen hätte.

Es begann ein feierliches Hochamt, und selbst Weihrauch fehlte nicht. Er konnte nicht anders, als sich wiederholt zu fragen: Für wen wird gefeiert? Die Peinlichkeit, die er empfand, steigerte sich noch um ein Weiteres. Der Dechant hielt die Predigt zu seinem Geburtstag selbst und erzählte – einem Fotoalbum folgend – seine eigene Lebensgeschichte. Außerhalb dieser heiligen Messe hätte seine Biografie, die den meisten bereits bekannt war, einen wohl weitaus besseren Platz gefunden.

Nach dem Gottesdienst fand bei gutem Wetter der Empfang im Pfarrgarten statt. Die Reihe der Gratulanten schien endlos zu sein; Peter Dyckhoff reihte sich ein. Mit jedem wechselte der Dechant ein paar freundliche Worte und stieß mit ihm an. Schritt um Schritt ging es langsam weiter. Als er vor ihm stand und gratulierte, bemerkte er, wie der Dechant ein wenig schwankte und sich festhalten musste. Seine Augen waren trübe und seine Stimme verlangsamt. Von all dem peinlich berührt, fuhr er umgehend nach Hause.

Peter Dyckhoff sagt, er habe dem Dechanten diese Feier von Herzen gegönnt – aber er fragt sich, ob nicht zumindest in der heiligen Messe selbst stets „ein anderer“ im Mittelpunkt stehen sollte.

Immer diese Alleingänge …

Als Pfarrer in der Gemeinde Adlum stand Peter Dyckhoff des Öfteren im Fokus der nicht immer erfreulichen Gespräche.

Da es, wie auch in anderen Gemeinden, viele ältere Menschen und Kranke gab, die die heilige Messe nicht besuchen konnten, ließ er sich etwas einfallen: Er installierte selbst oben im Kirchturm einen Radiosender mit einer Reichweite von fünf Kilometern, sodass nicht nur Kranke, sondern auch Landwirte beim Pflügen oder Ernten die Sendung empfangen konnten. Neben sehr viel Dankbarkeit schlug ihm – wie das immer so ist – auch harsche Kritik entgegen. Er hätte ja nicht vorher gefragt …

Beim Stöbern auf dem Dachboden der Kirche fand Peter Dyckhoff nach und nach verpackte Teile eines alten Altars. Er war fasziniert! Auf seine Initiative hin und durch seine Überzeugungskraft entschieden dann der Pfarrgemeinderat und das Denkmalpflegeamt der Diözese Hildesheim, den neuzeitlichen Altar wieder gegen den alten auszutauschen. Natürlich gab dies auch „böses Blut“ – insbesondere durch den vorherigen Amtsinhaber, der die Kirche modernisiert hatte. Noch heute ist die Gemeinde stolz auf ihren alten barocken Altar.

Übrigens fand er auf dem Dachboden des Pfarrhauses viele „uralte“ Bücher, die er schweren Herzens bei der Dombibliothek in Hildesheim abgab. Wer Peter Dyckhoff nur etwas kennt, weiß, wie hart es für ihn ist, ein Buch abzugeben …

ALTER SCHÜTZT VOR TORHEIT NICHT

Eine ältere Bekannte seiner Mutter empfand eine besondere „Liebe“ für Peter Dyckhoff. Und es scheint so zu sein, dass auch ein etwa 30-jähriger Altersunterschied nicht davor schützt, liebeskrank zu werden … „Liebeskranke“, die ihr Ziel nicht erreichen, können erfahrungsgemäß nicht nur unangenehm, sondern sogar böse werden. So war es in diesem Fall.

Seine Mutter hatte eine eigentlich sehr schöne Eigenschaft, die aber auch manchmal eine Last sein konnte: Sie hörte den Menschen intensiv zu, ging persönlich auf sie ein, zeigte Verständnis – und das alles mit einem lieben, charmanten, gewinnenden Lächeln. Und diese Eigenschaft hat Peter Dyckhoff von ihr geerbt. So blieben Probleme nicht aus.

Als die seinerzeit etwa 70-jährige Frau erkannte, dass sie Peter Dyckhoff nicht ganz für sich haben konnte, dass sie nicht die Nr. 1 in seinem Leben werden konnte, begann für ihn die „Hölle auf Erden“: Terror auf ganzer Linie.

Täglich – auch nachts – schellte bis zu zehn Mal das Telefon. Die übelsten Sprüche und Lügen landeten auf dem Anrufbeantworter. Das Telefonkabel aus der Wand zu ziehen, war für ihn nicht möglich. Immerhin musste er als Priester in Notfällen erreichbar sein. Drohungen wurden ausgesprochen, dass sie ihn „fertig mache“, dem Bischof schreibe und sogar, dass er ein Mörder sei. Er habe ihre Seele ermordet.

Sie wandte sich dann an einen seiner Amtsbrüder mit der Aufforderung, Peter Dyckhoff zu veranlassen, sich um sie zu kümmern. Schließlich sei er Priester und habe somit für andere da zu sein. Da sie auf den anderen Pfarrer einen „gesunden“ Eindruck machte, versuchte dieser (vergeblich), Peter Dyckhoff zu einem Besuch bei der Frau zu bewegen.

Später drehte sich die „Liebeskrankheit“ in Richtung des Amtsbruders, und dieser verstand nun. Gut für Peter Dyckhoff – schlecht für seinen Amtsbruder …

Hochwürden als „Kindskopf“

Sowohl als Pfarrer in Adlum als auch später in Rohdental hatte er niemanden, der ihn „bekochte“. Und da „Schmalhans der Küchenmeister“ war, war er recht dünn und wurde sehr häufig krank.

Seine Mutter besuchte ihn manchmal an den Wochenenden, brachte Lebensmittel und bereitete ihm Essen zu. Allerdings mischte sie – aus Liebe zu ihm – oft heimlich ein Ei oder eine kräftige Brühe unter sein Essen. Peter Dyckhoff ist seit Jahrzehnten Vegetarier … Also durchsuchte er vor den Mahlzeiten akribisch den Mülleimer nach Eierschalen, Suppentütchen oder ähnlichen „Zusätzen“. Ab und zu wurde er „fündig“ – und seine Mutter entschuldigte sich für das „Versehen“.

Seine Mutter erzählte mir eine Begebenheit im Pfarrhaus in Adlum und sagte: *Manchmal ist er ein richtiger Kindskopf und ich könnte ihn …*

An einem Sonntag hatten ihn seine Mutter, seine Schwester und seine etwa dreijährige Nichte besucht. Während er die Sonntagsmesse las, bereiteten sie das Mittagessen vor. Zum Nachtisch gab es Rote Grütze – eine sehr große Schüssel voll. Als man gegessen hatte und die Schüssel auf den Tisch gestellt wurde, fragte er seine kleine Nichte: *Möchtest du mal Spaß haben?*

Diese kicherte natürlich und sagte *Ja.*

Antwort: *Dann zieh mal deine Schuhe und Strümpfe aus* – was die Kleine natürlich sofort tat.

„Hochwürden“, noch in Priesterkleidung, stand auf, hob seine Nichte hoch und setzte sie mit ihren bloßen Füßen mitten in den Topf mit Roter Grütze, der auf dem Tisch stand.

Lautes Kreischen und Lachen von der Kleinen war zu hören –
aber auch ein anderes Kreischen, jedoch nicht so lustig … (von wem wohl?)

Nach Gottes Willen …

Neun Jahre war Peter Dyckhoff mit Klaus befreundet. Sie besuchten gemeinsam das Gymnasium in Rheine. Die beiden unternahmen vieles miteinander – auch einiges, was nicht immer den Beifall ihrer Eltern gefunden hätte … Aus vielen Gemeinsamkeiten, die sie entdeckten, und aus vielen neuen Erlebnissen entwickelte sich eine Jugendfreundschaft, die voller Leben und Abenteuer war.

Eines Tages machte Klaus ihn mit seiner neuen Freundin Rosemarie bekannt – er nannte sie Roma. Peter Dyckhoff besaß zu der Zeit eine „Lambretta", einen Motorroller, den er sogar an Klaus verlieh, wenn dieser einen Ausflug mit Roma machen wollte. Aber auch gemeinsam verlebten sie heitere Stunden.

Ihren ersten Sohn nannten sie Stefan, der zweite hieß Thomas. Thomas war ein wenig behindert, da – so nahm man an – sich bei der lang dauernden Geburt die Nabelschnur zu eng um den Hals gewickelt hatte und wohl eine Zeit lang das Gehirn von der Sauerstoffzufuhr abgeschnitten war. Nach Thomas folgte noch ein Mädchen, es hieß Natalie. Thomas war und blieb das Sorgenkind. Er verlangte besondere Unterstützung und viel liebevolle Zuwendung. Erstaunlich gute Noten erhielt er in der Sonderschule und fügte sich sowohl zu Hause als auch außerhalb des Elternhauses in die Alltäglichkeiten des Lebens ein.

Peter Dyckhoff setzte sich dafür ein, dass Thomas nach dem Schulabschluss eine Stelle als Bote im elterlichen Unternehmen Dyckhoff bekam, das nicht allzu weit von seinem Zuhause entfernt war. Thomas konnte Fahrrad fahren und war recht sicher im Straßenverkehr. Jeder mochte ihn: Er war pünktlich, zuverlässig, immer freundlich und hilfsbereit. Zudem machte es ihm sichtlich Freude, zweimal am Tag zur Post zu fahren, abends Berge von Post auf den Weg zu bringen, die alphabetische Ablage zu erledigen, seinen Kolleginnen und Kollegen Gefälligkeiten zu tun, ihnen Kaffee zu kochen oder Getränke aus den Automaten zu holen, Notwendiges aus der Stadt zu besorgen und vieles mehr.

Peter Dyckhoff war bereits Pfarrer von Adlum (Diözese Hildesheim), als Klaus ihn anrief und berichtete, Thomas sei am Vortag nicht nach Hause gekommen. Es fehle jede Spur von ihm. Auch am nächsten und übernächsten Tag gab es keinen Hinweis. Alle mochten Thomas und keiner konnte sich erklären, warum er nicht wie gewöhnlich an diesem besagten Tag mit der Post in die Firma zurückgekehrt war.

Man suchte sowohl zusammen mit der Polizei als auch allein, fragte in Krankenhäusern, Schulen, in Discotheken und Bars, in Kneipen und Gaststätten. Eltern und Freunde fuhren die Wege ab, die er kannte: von seinem Zuhause zu seiner früheren Schule, zur Kirche, zum Friedhof, in nahe gelegene Wälder, in denen sie oft zusammen spazieren gegangen waren. Und immer wieder die Straße vom Betrieb zur Post, die Thomas nun schon über ein Jahr wochentags zweimal mit dem Fahrrad gefahren war. Über eine Woche verging und alles Suchen blieb erfolglos. Weder die Tagespost, die er aus dem Schließfach geholt hatte, noch die Aktentasche, noch sein Fahrrad wurden gefunden. Die Polizei suchte mit Spürhunden die Umgebung ab, doch Thomas blieb unauffindbar. Peter Dyckhoff spürte bei den vielen Telefongesprächen, wie sich nach und nach Todesahnungen einschlichen.

Er fühlte mit Klaus und Roma. Er empfand, wie entsetzlich es ist, sein Kind zu vermissen, ohne die leiseste Ahnung zu haben, was mit ihm gerade geschieht. Seine selbstquälerischen Gedanken wurden immer stärker. Er fühlte sich mitschuldig am Verschwinden von Thomas, denn er hatte sich ja seinerzeit dafür eingesetzt, dass Thomas diese Stelle im elterlichen Betrieb bekam.

In einem abgelegenen Waldstück, auf dem sogenannten Waldhügel oberhalb der Stadt, sah einige Tage später ein Spaziergänger unter einer Anhäufung von Laub zwei herausragende Schuhe. Er rief die Polizei, die unter dem Laub in einer leichten Senke den Leichnam von Thomas identifizierte. Fassungslosigkeit – aber gleichzeitig schlich sich ein leises Gefühl der Erleichterung ein, nun von aller Ungewissheit befreit zu sein. Wer konnte so etwas tun, sich an einem Behinderten zu vergreifen? Lange blieb der Mord unaufgeklärt.

Das Seelenamt für Thomas war überwältigend. Die Elisabethkirche war bis auf den letzten Platz gefüllt. Peter Dyckhoff sagt, bis dahin habe er noch nie eine so dichte Atmosphäre erlebt, die sich aus Trauer, Glauben an die Auferstehung und aus abgrundtiefem Hass auf den Mörder zusammensetzte.

Peter Dyckhoff erinnert sich: *Ich konnte nichts begreifen, nichts verstehen, nichts fassen.* Als jedoch der Organist am Ende die Nummer 481 aus dem Gotteslob anzeigte und die Melodie von „Sonne der Gerechtigkeit" spielte, sei ihm ein Zusammenhang aufgegangen, der zutiefst seine Seele berührte und ihn beim Singen der Strophen ruhig werden ließ.

Nicht fähig, zu lieben?

Seit Jahrzehnten belastet Peter Dyckhoff ein Ausspruch, der ihn zutiefst verletzte. Diesen Ausspruch wird er auch wahrscheinlich zeitlebens nicht vergessen können.

Es gab immer wieder Menschen beiderlei Geschlechts, die eine intensive Freundschaft mit ihm wollten. Befreundet sein: ja – aber tiefe Freundschaft?

Peter Dyckhoff war und ist in dieser Hinsicht recht „anspruchsvoll". Er ist der Meinung, es dauert sehr, sehr lange, ehe man Menschen so intensiv und tief kennengelernt hat, dass man sich auf eine Weise öffnet, wie dies unter echten Freunden sein sollte. Auch sich wiederholende andauernde Treffen waren und sind ihm zuviel. Zudem wurde er oft in dieser „Kennenlernphase" enttäuscht, denn – wie gesagt – er stellt hohe Ansprüche an Herz und Geist eines Menschen. Auch fehlte meist etwas, was er gebraucht hätte: dass man nicht stets von sich selbst spricht, sondern auch einmal nach ihm, nach seinen Empfindungen oder seiner Arbeit fragt.

Peter Dyckhoff war in ständigem Kontakt mit seinem Spiritual Dr. Johannes Bours in Münster, den er oft besuchen durfte, sich bei ihm aussprechen und Rat holen konnte. Diese Persönlichkeit war sein absolutes Vorbild. Auch in der Zeit seiner letzten schweren Erkrankung, die ihn „ganzheitlich" erfasste, besuchte Peter Dyckhoff ihn bei den Schwestern im Kloster Annenthal in Coesfeld. Sein Vorbild sagte etwas zu ihm, was er in gesunden Zeiten niemals – und dann noch unkommentiert – weitergegeben hätte: *X hat in einem Gespräch mit mir gesagt, Sie wären nicht fähig, zu lieben.*

Da es Herrn Dr. Bours von Tag zu Tag schlechter ging – er wusste, dass er nur noch kurze Zeit zu leben hatte –, war es Peter Dyckhoff leider nicht mehr möglich, mit ihm zu sprechen. Er hätte ihn so gern noch einmal auf seine angebliche „Unfähigkeit zu lieben" angesprochen.

Peter Dyckhoff liebte seine Mutter über alles; er liebte seine Familie, seine Hunde … Und viele andere Menschen können bestätigen, wie viel Liebe er ihnen entgegenbrachte und noch bringt. Doch – auch wenn manche es kaum glauben können: Er ist ein Mensch, der oft an sich zweifelt, der auch nach Bestätigung sucht und den manche Äußerungen tage-, wochen-, monate- und auch jahrelang „aus der Bahn werfen“ können.

Anm.: Ich selbst bin der festen Überzeugung, dass dieser Satz aufgrund der Erkrankung von Dr. Bours missverständlich herübergekommen ist, denn ich kenne den Menschen X und weiß, dass er jemand ist, der Peter Dyckhoff wirklich schätzt und nicht so oberflächlich denkt. Auch Peter Dyckhoff ist heute auf diesem gedanklichen Weg …

Seine Zeit in Rohdental – *Haus Cassian* von 1989 bis 1999

Ein Bildungshaus besonderer Art?

Nachdem er gut drei Jahre Pfarrer in St. Georg in Adlum war, übertrug Bischof Dr. Josef Homeyer ihm die Aufgabe, im Weserbergland ein geistliches Zentrum zu gründen. Der Bischof hatte Pfarrer Dyckhoff zum Spiritual ernannt und ihn mit der Gründung eines Bildungshauses in der Diözese Hildesheim beauftragt.

Als Spiritual ging es nicht nur um Gesprächstherapie, sondern er führte viele Gespräche mit anderen Geistlichen, mit Menschen aus der Wirtschaft und all denen, die seine Unterstützung benötigten. Als Subsidiar hatte er auch in der Kirchengemeinde Hessisch Oldendorf mitzuhelfen.

Der Bischof vertraute ihm so sehr, dass er ihn selbst eine geeignete Immobilie suchen ließ. Natürlich hätte er später seine Genehmigung für den Erwerb geben müssen. Auch den Namen des künftigen Hauses durfte Peter Dyckhoff selbst wählen. Er entschied sich selbstverständlich für *Haus Cassian.* Johannes Cassian, dessen Gebetsweise er fortan in den Mittelpunkt seines Lebens stellte, war ein Wüstenvater, der Anfang des fünften Jahrhunderts als Erster das Ruhegebet aufzeichnete.

Es gab nicht wenig Immobilienangebote; so fuhr er tagelang viele Kilometer quer durch die Diözese; meist durfte ich ihn begleiten. Ein in Bad Nenndorf angebotenes Objekt lag besonders schön, und auch der Preis war akzeptabel: Man musste über einen längeren Waldweg fahren und kam an einem idyllischen kleinen See vorbei. Auch von außen sah das von viel Grün umgebene eingewachsene Haus einladend aus. Und dann kam die Besichtigung.

Der Makler führte uns ins Haus, durch lange Flure und öffnete diverse Zimmertüren. Die Farben der Wände war vorwiegend Rot; an vielen Wänden und Decken waren flächendeckend Spiegel angebracht. Dicke Teppiche lagen auf den Böden. In einem Raum stand mittig ein runder roter Schalen-Sessel. Einige Zimmer waren mit nierenförmigen Badewannen ausgestattet. Mir war sofort klar, um welch ein „Etablissement" es sich hier gehandelt hatte.

Auf die – ehrlich gesagt naive – Frage von Peter Dyckhoff, wer denn hier mit diesem eigenartigen Geschmack gewohnt habe, antwortete der Makler: *„Na, es war eben ein gut besuchtes Etablissement …"* Und da Peter Dyckhoff auch das nicht verstand und er meine Zeichen nicht wahrzunehmen schien, musste der Makler genau erklären, was dies bedeutete. Peter Dyckhoff war sprachlos.

Obwohl der Makler betonte, dass durch den Einzug eines Pfarrers sicher bald „alles Karma" fort wäre, verließ Peter Dyckhoff geschockt (ich mehr belustigt) auf schnellstem Weg dieses „Etablissement".

Endlich gefunden: *Haus Cassian*

Peter Dyckhoff erkundete die Region und fand nach langem Suchen ein günstiges Objekt. An einem Südhang mit Blick auf das Wesertal unterhielten Diakonissinnen aus Marburg ein Gästehaus für ihre Schwestern. Wegen des Mangels an Nachwuchs mussten sie es aufgeben und suchten einen Käufer. Schwester Charlotte zeigte ihm das Haus voll Freude und Zuversicht. Sie war die letzte Schwester dort und wohnte und wartete solange, bis sich ein neuer Besitzer fand.

Er war begeistert. So etwas hatte er sich vorgestellt: ohne umbauen und viel verändern zu müssen konnte man gleich einziehen. Und dann der herrliche Blick über bunte Laubwälder auf die Weser, die sich über Fischbeck bis nach Hameln schlängelt. Es war der Herbst des Jahres 1989.

Der Bischof, dem er dieses wunderschöne Haus mit fünfzehn Zimmern und einer geräumigen Kapelle anhand von Fotos vorstellte, war mit einer Übernahme durch das Bistum einverstanden. Der Finanzdirektor der Diözese Hildesheim hatte eine glückliche Hand und konnte das Anwesen in Rohdental recht günstig für die Kirche erwerben, sodass noch weitere Mittel zur Verfügung standen, um einige Nasszellen einzurichten, vor allem aber, die Kapelle und einen Übungsraum auszubauen.

Allerdings gab es auch einige „Misshelligkeiten". Einige Mitbrüder waren der Überzeugung, eine Neugründung wie *Haus Cassian* sei bei den vielen Bildungsangeboten der Diözese nicht notwendig gewesen. Außerdem wäre es besser, wenn er eine Gemeinde übernähme oder ihnen bei ihren vielen Aufgaben zur Seite stehen und helfen würde.

Dies tat er natürlich auch so gut wie möglich, doch die meisten seiner Kurse lagen verständlicherweise auf Wochenenden. Einige Priester, die keinen Einblick in das Kursgeschehen und vor allem in die „Einübung in das Ruhegebet" hatten, meinten, er führe ein bequemes Leben, und verbreiteten damit eine ungute Atmosphäre.

Auch einige Nachbarn von *Haus Cassian* waren ihm nicht gut gesonnen. Sie wollten ihre gewohnte Ruhe nicht gestört wissen. Obwohl er einen „Tag der offenen Tür" anbot und viele das Haus von innen sahen, legte sich eine gewisse Aggression gegen ihn nicht ganz.

Kreuze in schwarzem Tee

Im Sommer des Jahres 1990 wurde das neu gegründete Bildungshaus *Haus Cassian* in Rohdental, Am Möncheberg, von Bischof Dr. Josef Homeyer eingeweiht. Monatelang hatte Peter Dyckhoff auf diesen Anlass hin gearbeitet. Von den vielen Handwerkern, die nötig waren, um die Zimmer, Vortragsraum, Speisesaal usw. zu renovieren bzw. herzurichten, braucht man sicher nicht zu sprechen.

Aber zur Innenausstattung: Er wollte selbst nach Südtirol fahren, um dort bei ihm bekannten Holzschnitzern zwanzig handgearbeitete Kruzifixe zu erwerben. Ich durfte ihn auf dieser Fahrt begleiten. Bei einem Holzschnitzer im Grödnertal, dessen Hütte so hoch lag, dass ich mich kaum traute, die Steigung mit dem Auto zu nehmen, wurde er „fündig". Die Auswahl fiel ihm nicht leicht – insbesondere, da er gleiche Kreuze für alle Zimmer wollte. Er entschied sich nach langem Überlegen.

Übrigens entdeckte er im gleichen Ort zufällig auch eine wunderschöne Pieta, die er sich per Spedition etwas später schicken lassen wollte. (Abb. in Kapitel „Leben neu gewinnen")

Wir packten die Kreuze vorsichtig in den Kofferraum, und ich fuhr ihn zufrieden zurück ins *Haus Cassian* nach Rohdental. Gleich nach der Ankunft wurden diese ausgepackt, erneut bewundert und „begutachtet".

Sie waren wirklich aussagestark, und es war eine gute Wahl – aber: für Peter Dyckhoff auf einmal zu hell.

Was machten wir? Natürlich hatte er – wie meist – eine besondere Idee:

Ich musste eimerweise schwarzen Tee kochen, in den wir dann die Kreuze tauchten. Nach einer Nacht im Tee: Die Kruzifixe hatten eine wunderbare bräunliche Färbung angenommen und wirkten sogar „antik"!

Und niemand hat's gemerkt …

Einweihung von *Haus Cassian*

Rundum gut gelungen war die Einweihung des Bildungshauses durch Bischof Dr. Josef Homeyer am 10. Juli 1990. Es waren neben der Familie viele Freunde, gute Bekannte und insbesondere namhafte Persönlichkeiten anwesend. Peter Dyckhoff macht und machte nie Unterschiede: Seine Gäste waren allen Alters; sie hatten die verschiedensten Stellungen, Berufe, Rang und Namen.

Auf dem Foto ist (im violetten Kostüm) die bekannte Autorin und Hispanistin Prof. Dr. Erika Lorenz, Hamburg, zu sehen, die auch eine bewegende Rede hielt.

Auf dem unteren Bild stehen links von Bischof Homeyer Prälat Stoffers und Pfarrer Bongartz (heute Weihbischof in der Diözese Hildesheim).

Rechts außen sieht man den sehr lieben Bekannten Josef Algermissen, der in Adlum in der Landwirtschaft arbeitete, sowie den Geschäftsführer der RZ Dyckhoff GmbH, Josef Brickwedde.

Man konnte deutlich sehen, dass sich Bischof Homeyer in dieser „illustren, gemischten Gesellschaft" wohlfühlte. Ja, Bischof Dr. Homeyer war wirklich eine Persönlichkeit!

Inge, die Schwester von Peter Dyckhoff, sorgte für ein Buffet, das natürlich nur aus vegetarischen Speisen bestehen durfte. Dies war zu der Zeit noch recht außergewöhnlich, und einige Gäste „rümpften die Nase“ – diskret oder offen. Doch schmeckte es allen, und es gab viele Komplimente.

Bischof Dr. Josef Homeyer, ein wahrhaft friedliebender Mensch, bevorzugte bei dieser Gelegenheit die kleinen „blauen Bohnen“!

Führungskräfte kommen zur Besinnung

Im *Haus Cassian* wurden nicht ausschließlich Kurse zum Ruhegebet oder Exerzitien angeboten. Dies war zwar der Schwerpunkt, es mussten jedoch auch andere Zielgruppen angesprochen werden, denn man benötigte finanzielle Mittel, um das Haus aufrechtzuerhalten. Zudem war Peter Dyckhoff einer derjenigen, die erkannten, wie sehr Menschen aus der Wirtschaft Ruhe und Besinnung brauchen, und daher meditative Übungen integrierte.

10 BISTUM

Aufgaben und Ziele von Haus Cassian, der jüngsten Bildungsstätte des Bistums, machte deren Leiter, Pastor Peter Dyckhoff, in einem kurzen Referat deutlich. Foto: Stefan Branahl

BISCHOF HOMEYER WEIHT HAUS CASSIAN EIN

Auf dem Möncheberg kommen Führungskräfte zur Besinnung

ROHDENTAL (sbr) - Die Aussicht verführt: Vom Ta- evangelische Diakonissinnen, können nur kleine Gruppen keit“. Daß Haus Cassian mit seinem Angebot in eine Markt-

Aber zum Thema „gewollte Besinnung“ (humorvoll gemeint) noch ein Vorkommnis: Das Haus und ein Nebengebäude waren voll belegt mit kaufmännischen Mitarbeitern, für die ich ein Führungsseminar abhielt. In jedem der Einzelzimmer dieses katholischen Bildungshauses hing selbstverständlich ein Kreuz.

Nach Beendigung dieses Wochenend-Seminars wurden – wie immer – die Zimmer gründlich geputzt. In jedem der Zimmer fand sich – entweder ans Kreuz gesteckt oder auf dem Tisch abgelegt: ein **Informationsblatt der Zeugen Jehovas!**

Es ist für uns so wichtig, dass wir demonstrieren müssen, wie unwichtig es für uns ist

Gisela März war die loyale, kompetente und fleißige Sekretärin von Pfarrer Dyckhoff, die unter anderem die Organisation der Kurse und Seminare im *Haus Cassian* übernommen hatte. Damit die Zimmer möglichst oft belegt waren und das Bildungshaus kostendeckend arbeiten konnte, wurden auch Gruppen eingeladen, die ihren eigenen Kursleiter mitbrachten.

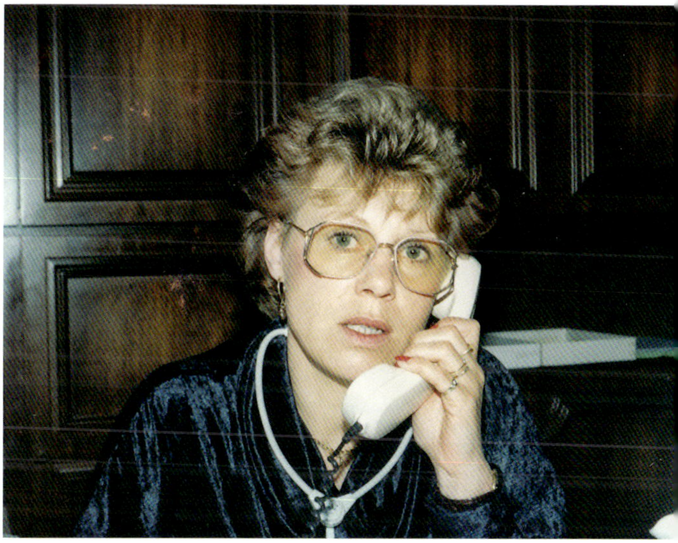

Nachdem die Veranstaltungen beendet waren, ging es daran, Vortragsräume und Zimmer wieder „auf Vordermann" zu bringen. Natürlich fasste hierbei auch Peter Dyckhoff kräftig mit an.

Wieder einmal besuchten neue Kursteilnehmer das *Haus Cassian*. Es handelte sich um eine katholische Frauengruppe, die das Haus über das Generalvikariat Hildesheim gebucht hatte. Man brachte eine eigene Kursleiterin mit. Eine Begrüßung oder Verabschiedung durch Pfarrer Dyckhoff, so sagte man vorher, sei nicht notwendig.

An solchen Wochenenden machte Peter Dyckhoff dann als Subsidiar von Hessisch Oldendorf Vertretungen in den umliegenden Gemeinden bis nach Hameln.

Als am Sonntagabend die Gruppe das Haus verlassen hatte, machte Peter Dyckhoff – wie immer – einen Rundgang, um zu sehen, ob alles in Ordnung war: Fenster, Heizkörper, Licht, Kerzen, … und vor allem, ob in der Kapelle Ordnung herrschte. Im Haus fiel ihm bei diesem Rundgang sofort auf, dass in keinem Zimmer mehr ein Kreuz hing; sie waren in allen Zimmern von der Wand abgenommen und irgendwohin gebracht worden. Merkwürdig … und das bei einer katholischen Frauengruppe!

Nach einigem Suchen entdeckte er dann in einem Abstellraum auf einem Putzschrank alle Kreuze: übereinandergeschichtet, „lieblos" auf einen Haufen geworfen. Er nahm vorsichtig ein Kreuz nach dem anderen und untersuchte es auf Beschädigungen. Dies war gottlob nicht der Fall; weder ein Fuß noch eine Hand oder Finger fehlten. Sorgsam hing er die Kreuze alle wieder auf und fragte sich, warum man sie wohl „abgehängt" hatte.

Waren diese Kreuze den Frauen so wichtig, dass sie demonstrieren mussten, wie unwichtig sie für sie waren? Hätten die Kreuze ihnen wirklich nichts bedeutet, so hätten sie diese einfach hängen lassen …

Normalerweise zog Peter Dyckhoff nach jedem Kursus, der am Sonntag endete, die Bettwäsche ab, warf sie zusammen mit den Handtüchern auf einen Haufen und ließ dann die Waschmaschinen laufen. Doch an diesem Sonntag hielt er inne und setzte sich für einige Zeit neben die schmutzige Wäsche auf eine Treppenstufe.

Als er mich anrief und mir davon erzählte, spürte ich, dass er mit seinen Tränen kämpfte. Er wusste, dass ich ihn verstand, denn ich weiß, was ihm diese Kreuze bedeuten – zudem: Wir hatten ja zusammen die wunderbaren Kruzifixe nach langer Fahrt aus Südtirol geholt und in Tee gebadet …

Was mag Menschen dazu bewegen, so egoistisch zu sein? Oder ist es Gedankenlosigkeit? Denken denn viele überhaupt nicht darüber nach, wie sehr sie andere verletzen? Oder ist es ihnen egal? Oder bereitet es ihnen sogar eine Freude?

Warum Peter Dyckhoff keine Armbanduhr trägt

Ein Amtsbruder von Peter Dyckhoff, für den er so manches Mal die heilige Messe las, war schon „seit ewigen Zeiten" Pfarrer in dieser Gemeinde. Alle Mitglieder der Gemeinde kannten ihn, mochten ihn und nahmen ihn so wie er war.

Es war üblich, dass der Pfarrer jeden Sonntag nach dem Hochamt in die Dorfkneipe zum Frühschoppen kam, um dort mit einigen anderen Männern Skat zu spielen. Es war „Gesetz" …

Alle wussten auch um seine folgende Eigenart, auf die man Peter Dyckhoff humorvoll aufmerksam machte:

Jedes Mal zur Wandlung, wenn er in der heiligen Messe die Arme hob, um die Hostie und den Kelch anzuheben, sah er – wie er meinte – „diskret" auf die Armbanduhr am linken Handgelenk.

Nun, er musste die Zeit einhalten, um nicht zu spät zum Frühschoppen und zum Skatspiel zu kommen …

Um nicht in eine ähnliche Versuchung zu kommen, trägt Peter Dyckhoff seit dieser Zeit keine Armbanduhr mehr, wenn er die heilige Messe zelebriert.

Charlotte Dyckhoff und Bischof Homeyer

Charlotte Dyckhoff, die Mutter von Peter Dyckhoff, war eine äußerst bemerkenswerte Dame. Ja, nicht nur eine Frau, sondern eine wirkliche Dame! Sie hätte sich kleiden können wie sie wollte – sie hätte immer elegant ausgesehen. Nicht nur ihren umwerfenden Charme bewunderte man, sondern auch ihren entwaffnenden Humor.

Beispiele hierfür waren zwei Situationen, bei denen sie mit Bischof Dr. Josef Homeyer, dem „Chef" von Peter Dyckhoff in der Diözese Hildesheim, zusammentraf. Bischof Homeyer besuchte Peter Dyckhoff im Pfarrhaus in Adlum; seine Mutter war zu Besuch dort. Nach einem kurzen Imbiss in der Wohnküche wollte man gemeinsam in die erste Etage, ins Büro, gehen. Bischof Homeyer wies auf die Treppe, um Frau Dyckhoff vorgehen zu lassen. Ihr Kommentar: *Nein, Herr Bischof, Sie sind auch nur ein Mann. Gehen Sie mal vor!*

Dass auch eine solche Persönlichkeit so herzhaft lachen kann …!

Die zweite humorvolle Situation erlebte ich bei der Einweihung des Bildungshauses *Haus Cassian* in Rohdental. Seine Exzellenz Bischof Dr. Josef Homeyer war der Situation entsprechend festlich gekleidet.

Als er sich etwas abseits mit Frau Dyckhoff unterhielt, fragte diese: *Was ich immer schon einmal wissen wollte: Was haben Sie ei-*

gentlich unter Ihrem Gewand? Mit einer eleganten Bewegung hob sie seinen Talar etwas hoch. *Ach, also nur eine ganz normale Jeans, sieh an …!*

Auch jetzt lachte Bischof Homeyer schallend. Diese Beispiele zeigen deutlich, dass eine wirkliche Persönlichkeit, wie Bischof Homeyer sie war, keinen Wert auf „Status“ legt und auch über sich selbst lachen kann.

Immer wieder fragte er Peter Dyckhoff bei Zusammentreffen nach seiner Mutter und ließ sie stets herzlich grüßen, denn diese Dame hatte ihn wirklich beeindruckt.

Tatjana und Kino

Tatjana Goritschewa, eine russische Dissidentin und Autorin christlicher Bücher aus St. Petersburg, kam als Freundin zunächst in seine Gemeinde nach Adlum und dann nach Rohdental zu Peter Dyckhoff, um Vorträge über u. a. die Situation der Christen in der damaligen Sowjetunion zu halten. Tatjana reiste um die ganze Welt, um Spenden zu sammeln – stets nur mit einer einzigen Plastiktüte, in der sich neben ihrer spärlichen Wäsche auch die Spenden befanden.

Nach einem Besuch in Rohdental brachte Peter Dyckhoff Tatjana mit dem Auto zum Bahnhof in Hannover. Der Zug sollte sie nach Paris bringen. Vor der Abfahrt des Zuges trank sie im Bahnhof noch ihr obligarorisches kleines Glas Sekt. Auf irgendeine Weise führte das Gespräch zu Mohammed und seinem weißen Pferd namens Burak.

Nach dem herzlichen Abschied sah Peter Dyckhoff in der Bahnhofshalle einen kleinen weißen Hund herumirren, der gleichzeitig mit ihm durch die Tür nach draußen lief. Der Kleine irrte vor dem Bahnhof hin und her und wollte hinter einem Mann in ein Taxi springen. Dieser stieß ihn mit dem Schuh so fest wieder auf den Bürgersteig zurück, dass er sich überschlug. Peter Dyckhoff nahm den Hund auf den Arm und ging zur Bahnhofspolizei. Dort sagte man ihm, er solle ihn ins Tierheim bringen, wo er voraussichtlich getötet würde. Und das konnte er natürlich nicht zulassen. So nahm er den Kleinen mit.

Der weiße Hund war schätzungsweise vier bis fünf Monate alt und hatte rosa Pfötchen – so, als ob er noch nie außerhalb eines Hauses gelaufen wäre. Es wurde im nächsten Geschäft Hundefutter gekauft, und dann ging es zurück nach Rohdental.

Nach dem Aussteigen aus dem Auto musste der Kleine sein „Geschäftchen" machen. Sofort danach begann er zu jaulen und lief fort. Die Schlussfolgerung: Er war wohl stets bestraft worden, wenn er dies tat …

Trockene Brotstückchen nahm er begierig an; Hundefutter schien er nicht zu kennen.

Später sah man ihn öfter an der Mülltonne … Es dauerte lange, bis er sich an normales Hundefutter gewöhnt hatte.

Der kleine Hund war – wie gesagt – schneeweiß. Was lag da näher, als ihn „Burak" zu nennen, so, wie der Name des weißen Pferdes von Mohammed?

Später wurde aus „Burak" der Kosename „Burakino" – dann blieb es bei „Kino".

Kino war fast 18 Jahre der beste Freund von Peter Dyckhoff und von mir. Er entwickelte durch die viele Liebe auch ein gesundes Selbstbewusstsein. Das Einzige, was nicht möglich war: ihn allein zu lassen. Dann wurde Kino wieder zu einem „Häufchen Elend".

Als Kino später taub und blind war, gab Peter Dyckhoff ihm die Liebe zurück, die er – umgekehrt – ihm stets geschenkt hatte.

Kino starb im Juli 2009 an einer Krebserkrankung in Senden, wo er auch beerdigt wurde. Ein kleiner Grabstein aus rotem Granit schmückt seine Ruhestätte.

Der Kirchenräuber

Seine Mutter mit Dackel Timmy, Peter Dyckhoff mit seinem Hund Kino und ich fuhren 1990 für einige Tage ins Oberallgäu. Ich wollte ihnen den Gasthof und die Plätze zeigen, an denen ich als Kind meine Ferien verbrachte. Außerdem wollte ich sie mit den Menschen bekannt machen, die meine Familie während des Krieges und danach aufnahm.

Der wichtigste und schönste Ort aber war und ist für mich die Schöllanger Burgkapelle oberhalb von Fischen. Die Burgkirche St. Michael war bis 1804 die katholische Pfarrkirche des Ortes. Sie steht auf einem bewaldeten Höhenrücken südwestlich von Schöllang. Seit 1804 ist sie nicht mehr die Pfarrkirche der Gemeinde Schöllang, sondern nur noch Friedhofskapelle.

Seine Mutter blieb mit Timmy im Tal, da ihr der Aufstieg zu schwer fiel. Aber Kino freute sich über den langen Spaziergang. Der Himmel war blau, die Sonne schien – einfach herrliches Wetter. Entsprechend leicht waren wir auch gekleidet. In der Burgkapelle hielten wir uns etwa eine Dreiviertelstunde auf; Peter Dyckhoff nutzte die Gelegenheit, das Ruhegebet zu beten.

Als wir jedoch die Kirchentür öffneten, um uns auf den Heimweg zu machen, goss es in Strömen vom Himmel. Sogar Kino, der überhaupt keinen Regen mochte, zog sich sofort zurück in die Kirche. Es schien sich nicht nur um einen kleinen Schauer zu handeln, denn der Himmel war dunkel. Was nun?

Peter Dyckhoff hatte eine Idee – mir war nicht recht wohl dabei … Er stieg über das gespannte Band, das Besucher vom Altarbereich fernhalten sollte und ging ruhigen Schrittes, wie selbstverständlich, hinter den Altar. Ich hörte es rascheln – es dauerte „endlos". Schließlich kam er mit mehreren angestaubten Plastikfolien und einer alten Rolle Klebeband hinter dem Altar hervor. Eigentlich Eigentum der Kirche …

Er breitete in der Kapelle die Folien aus und suchte für sich und mich – und auch für Kino – passende Stücke heraus. Flatternde Enden wurden mit Klebeband befestigt. Nun waren wir alle drei optimal gegen den Regen geschützt und machten uns „trocken" an den Abstieg.

Peter Dyckhoff steckte vor dem Verlassen der Kirche noch ein 5-DM-Stück in den Opferstock. Natürlich wollten wir diese „Kleidung" nicht kostenlos!

Übrigens: Eine so schöne Regenbekleidung habe ich seither nicht mehr besessen …

Für Peter Dyckhoff rundete sich diese Reise ins Oberallgäu sehr glücklich damit ab, dass er das Schönste tun konnte, was es für ihn gab: Er brachte das Manuskript für sein erstes Buch „Das Ruhegebet" in Altstätten zur Post.

Empfänger: Kösel-Verlag München.

Der Judas-Kuss

Peter Dyckhoff ist ein aufrichtiger Mensch, was bekanntlich nicht immer gerade hilfreich im Zusammenleben mit anderen ist. Auch schlug ihm als Pfarrer so manches Mal Eifersucht von Amtsbrüdern entgegen. Aber einmal glaubte er, einen potenziellen Freund gefunden zu haben: einen Amtsbruder, der auf ihn einging und ihn auch – allerdings nur unter vier Augen – unterstützte, als man ihm „von oben" Steine in den Weg zu legen versuchte.

Er verstärkte die Zweifel an dem betreffenden Vorgesetzten, erwähnte andere Negativ-Beispiele und riet Peter Dyckhoff zu einem bestimmten Verhalten. An einem Tag sagte er zu Peter Dyckhoff, bevor er das Haus verließ: *Sie haben einen Freund gefunden!*

Wenige Tage darauf fand eine große Geburtstagsfeier zu Ehren dieses Vorgesetzten statt. Es waren viele Gäste zugegen; auch Peter Dyckhoff musste wohl oder übel kommen. Er hielt sich jedoch sehr im Hintergrund. Als Predigt erzählte das „Geburtstagskind" ausführlich sein eigenes Leben.

Beim Empfang gingen die Gratulanten einzeln an dem Vorgesetzten vorbei. Und als die Reihe an dem vermeintlichen „Freund" war, sah Peter Dyckhoff, dass dieser den Vorgesetzten herzlich umarmte, ihn auf beide Wangen küsste und lachend mehrere Worte mit ihm wechselte – wie zwei alte Freunde.

So viel zum Thema: *Sie haben einen Freund gefunden!*

Kino als Schutzhund …

Peter Dyckhoff erbte eine besondere Eigenschaft seiner Mutter: Immer dann, wenn er mit anderen sprach, war er ganz bei ihnen, befragte sie, lächelte charmant und vermittelte so den Eindruck, sie seien für ihn die wichtigsten Menschen.

Sicher ist es darauf zurückzuführen, dass ihm immer wieder Frauen begegneten (ab und zu auch Männer), die diesen Kontakt intensivieren bzw. ihn nicht loslassen wollten. So war es auch in diesem Beispiel im *Haus Cassian* in Rohdental.

Eine alleinstehende Dame, etwa 50 Jahre alt, wandte sich immer und immer wieder mit irgendwelchen Vorwänden an ihn. Sie meldete sich zu allen möglichen Veranstaltungen an, stand oft zu Unzeiten vor seiner Haustür, wartete auf ihn, wenn er Kurse beendete usw. usw. Natürlich wurde auch angerufen, kleine und größere Geschenke gemacht, Briefchen geschrieben, …

So blieb Peter Dyckhoff nichts anderes übrig, als ihr einmal deutlich zu sagen, sie möge bitte den Kontakt zu ihm aufgeben. Er wolle und könne es nicht mehr aushalten. Einmal? Nein – mindestens fünf- oder sechsmal.

Die Dame kam sogar uneingeladen zur Einweihungsfeier des *Haus Cassian* und mischte sich wie selbstverständlich unter die geladenen Gäste.

Peter Dyckhoff bekam Hilfe durch Kino. Kino war ein sehr empfindsamer Hund. So schien er auch die Schwierigkeiten gespürt zu haben, die sein „Herrchen" mit diesen Situationen hatte. Daher war es klar, dass er die Dame (auch) absolut nicht mehr mochte.

Nachdem Peter Dyckhoff einmal nach einem „Sturmklingeln" die Haustür öffnete, um wieder ein deutliches Wort zu sagen, stellte sich Kino vor ihn in die offene Tür und bellte dermaßen aggressiv und laut, dass sich die Dame die Ohren zuhielt. *Können Sie Ihrem Hund nicht sagen, er soll ruhig sein?* Seine einsilbige Antwort: *Nein!*

Nun hatte Peter Dyckhoff den „richtigen Hebel" gefunden.

Fortan schickte er Kino zur Tür …

Nur Alkoholiker dürfen das

Peter Dyckhoff trinkt keinerlei Alkohol. Nachdem er sich in den Zeiten der großen Überforderung Trost im Alkohol gesucht und festgestellt hatte, dass dieser nur vorübergehend betäubt, im späteren „Wachzustand“ aber alles noch schlimmer ist, rührte er nichts mehr davon an. Wer ihn kennt, weiß, dass er äußerst konsequent ist – Ausnahmen gibt es für ihn nicht.

Nach diesen Jahrzehnten absoluter Abstinenz kann ihn schon ein kleiner Schluck „aus der Bahn werfen“. Hier ein – aus heutiger Sicht humorvolles – Beispiel:

Er las die Abendmesse im Kloster Hamicolt in Dülmen. Hier ist es üblich, dass er anschließend von den Schwestern zum Abendessen eingeladen wird. Zum Nachtisch gab es für jeden eine Scheibe Ananas. Die Ananasscheiben waren von einer benachbarten Familie nach einer Familienfeier gespendet worden.

Als Peter Dyckhoff die etwa 10 km wieder nach Hause gefahren war, rief er mich in seine Wohnung. Er fühle sich schlecht, sei mit dem Auto geschlingert und ihm sei schwindelig. Nachdem er mir geschildert hatte, was es zum Essen gab, stand für uns der Grund fest: Ja, bestätigte er, die Ananasscheibe hätte „gegoren“ geschmeckt …

Er war seit Jahrzehnten das erste Mal wieder „betrunken“.

Aber was ist mit dem Messwein?

Er verwendet in der heiligen Messe klaren, reinen weißen Traubensaft. Um sich abzusichern (oder um die Toleranz in der Kirche zu prüfen?) schrieb er dem Vorsitzenden des Liturgieausschusses und bat um die offizielle Erlaubnis, Traubensaft verwenden zu dürfen.

Die Antwort: *Nein. Nur Alkoholiker dürfen das, wenn sie ein Attest bringen …*

Trotzdem: Noch immer verwendet er weißen Traubensaft. So können auch manchmal die Messdiener in der heiligen Messe aus dem Kelch trinken, und sie freuen sich sehr darüber. Ja, die Eltern der Messdiener wissen natürlich, dass er ihnen keinen Alkohol gibt. Sie kennen diesen Pfarrer mittlerweile. Eine ältere Dame, die wohl in der Kirche fremd war, protestierte noch während der heiligen Messe. Aber die um sie herum stehenden Eltern beruhigten sie lachend …

Eine weitere Frau verirrt sich …

Es war einmal … – so beginnen viele Märchen. In diesem Fall war es jedoch kein Märchen, sondern fast unglaubliche Realität.

Es war einmal eine Dame – zwischen 60 und 65 Jahre alt –, die an einem Nachmittag mit einem großen Koffer vor seiner Haustür in Rohdental stand und schellte. Sie wollte zu Pfarrer Dyckhoff, um ihn zu heiraten und bei ihm zu wohnen.

Peter Dyckhoff fragte sie nach ihrem Namen und woher sie denn käme. Es dauerte Stunden, bis sich herausstellte, dass sie aus einem Ort in Süddeutschland kam und schon sehr lange Zeit unterwegs zu ihm war. Sie sagte, sie stünde allein und er stünde allein, und dass sie ihn für einen sehr liebenswerten Mann halte. Sie habe ihn des Öfteren im Fernsehen gesehen.

Nach mehreren Telefonaten in den Heimatort der Dame gelang es ihm, ihre Tochter ans Telefon zu bekommen. Sie suchte ihre Mutter schon tagelang und war froh, ein Lebenszeichen von ihr zu erhalten. Nein, sie kannte den Namen „Peter Dyckhoff" nicht. Sie sagte jedoch, dass ihre Mutter schon öfter davon gesprochen habe, zu heiraten. Um wen es sich dabei handelte, wusste sie nicht.

Und so wurde mithilfe der Tochter eine „Rückführung" gegen den Willen der älteren, verwirrten Dame arrangiert …

Auch Verbrecher können Skrupel haben …

Das zur Gemeinde Hessisch Oldendorf gehörende Rohdental liegt nur wenige Kilometer von der nach Hannover führenden A 2. Also war auch Rohdental ein idealer Ort für osteuropäische Banden, erfolgreich aktiv zu sein: schnell die Autobahn verlassen – einbrechen – schnell wieder auf die Autobahn – und weg auf Nimmerwiedersehen …

So geschah es auch auf dem Möncheberg. Bei den meisten der etwa 20 Häuser handelte es sich um Feriendomizile; nur wenige waren auf Dauer bewohnt.

Eine serpentinenartige Straße führte auf den Möncheberg; sowohl das *Haus Cassian* als auch das private Wohnhaus von Peter Dyckhoff lagen oben auf dem Hügel. Als das Auto von Peter Dyckhoff eines Tages nach einer mehrtägigen Vortragsreise langsam die letzte Kurve nahm, sah er mehrere Polizeiwagen vor den umliegenden Häusern. Es stellte sich heraus, dass hier eine osteuropäische Bande wohl sehr erfolgreich tätig gewesen war; man hatte reiche Beute gemacht.

Die Einbrecher waren auch in seinem Haus gewesen. Gemeinsam mit der Polizei betrat er seine Wohnung. Was fand er vor?

Man hatte alle Zimmer durchsucht, Schränke geöffnet und durchwühlt … Aber mitgenommen hatte man eigenartigerweise nichts. Man hatte, so wurde vermutet, wohl erst auf der letzten „Station" in seiner Wohnung den Schrank gefunden, in dem Peter Dyckhoff die Wertgegenstände aufbewahrte, die ihn als katholischen Priester erkennen ließen. Auf einem Tisch standen der vergoldete Kelch, die Patene und die Hostienschale. Mitgenommen hatte man nichts!

Die einzige Erklärung, die die Polizei und Peter Dyckhoff für dieses Verhalten hatten: Vielleicht waren die bekanntlich vorwiegend katholischen Osteuropäer nicht in der Lage, einen katholischen Priester zu berauben? Das wäre doch eine Sünde …!

Abschied von seiner Mutter

Seine Mutter war an einem Gallengang-Karzinom erkrankt, was mit starken Schmerzen verbunden ist. Als die Ärzte im Universitäts-Klinikum in Münster Peter Dyckhoff hierüber informierten, sagten sie ihm gleich, seine Mutter habe nur noch etwa sieben Monate zu leben. Heute sind die Ärzte bekanntlich „offener" als das früher der Fall war. Sie wurde jedenfalls nach wenigen Tagen nach Hause entlassen, insbesondere, da man sie in einem Notfall gleich in das dem Wohnhaus der Familie Dyckhoff direkt gegenüber liegende Mathias-Hospital in Rheine hätte bringen können.

Als sie im April 1994 das letzte Mal in das Mathias-Hospital gebracht wurde, dauerte ihr Aufenthalt dort nur etwa eine Woche, bis sie diese Welt verlassen musste. Einen Tag vor ihrem Tod lebte sie noch einmal auf, schminkte sich, „flirtete" mit den Ärzten und lachte.

In der Sterbestunde am 22. April waren Peter Dyckhoff und auch seine Schwester Inge bei ihr. Ihr Sohn gab ihr die Sterbesakramente und betete an ihrem Bett.

Ich hielt während dieser Zeit ein Zwei-Tages-Seminar in Paderborn. Um 9 Uhr, zu Beginn des 2. Seminartages, informierte man mich, ein Herr Dyckhoff habe angerufen und gesagt, dass „meine Mutter" im Sterben läge. Natürlich brach ich das Seminar sofort ab und fuhr so schnell ich konnte nach Rheine. Es war Freitagmittag, etwa 11:10 Uhr, als ich im Krankenhaus ankam. Seine Mutter war wenige Minuten vorher friedlich eingeschlafen; ich konnte mich aber noch verabschieden.

Peter Dyckhoff wollte seine Mutter mit nach Hause nehmen – eigentlich nur ein kurzer Weg über die Straße. Aber so einfach ging das nicht. Er musste eine Genehmigung der Stadtverwaltung Rheine vorweisen. Und es war Freitagmittag – ab 12 Uhr gingen die meisten Mitarbeiter dort ins Wochenende. So schnell es ging machte ich mich auf den Weg zur Stadtverwaltung und traf gottlob noch eine Sachbearbeiterin an. Ich erklärte ihr hastig, worum es ging – und sie half! Nach Vorlage der Bescheinigung gab das Krankenhaus Frau Dyckhoff „frei" und ein Beerdigungsunternehmer konnte sie in ihr Heim bringen. Sie lag dann bis zur Beisetzung – vier Tage – in ihrem geliebten „großen Wohnzimmer" im offenen Sarg; eingerahmt von Kerzen und Buchsbäumen. Um Peter Dyckhoff und auch seine Mutter nicht allein zu lassen, lebte und schlief auch ich diese vier Tage dort. Ich gebe zu, dass diese Zeit nicht so ganz einfach für mich war; insbesondere nachts. Heute aber weiß ich: Es war wunderbar, diese letzte Zeit auf Erden noch mit ihr zusammen verbringen zu können!

Bis zur Beerdigung fanden Peter Dyckhoff und ich noch viele Dinge, die wir ihr mit in den Sarg gaben: ihr Bundesverdienstkreuz, einen Rosenkranz, besonders geliebte Schmuckstücke sowie Halbedelsteine, die ich ihr einmal aus Brasilien mitgebracht hatte …

Die Beisetzung fand dann – wie sie es früher gewünscht hatte – in aller Stille nur mit ihren beiden Kindern statt.

Vierzig Tage danach

Als es sich dreißig Jahre nach dem Tod seines Vaters ankündigte, dass auch seine Mutter diese irdische Welt verlassen musste, gab der Schöpfer den Angehörigen sieben Monate Zeit, um sich auf den Abschied vorzubereiten. Seine Mutter regelte noch vieles, was einer Regelung bedurfte; aber auch in ihrem Inneren geschah viel, über das sie nicht sprach.

Ihr großes Hobby war das Autofahren. Einige Tage vor ihrem Tod, sie wurde vierundachtzig Jahre alt, öffnete sie ihre Nachttischlade, holte einen Schlüsselbund hervor, suchte daraus ihren Autoschlüssel und sagte: *Wie schön wäre es doch, wenn ich bald wieder Auto fahren dürfte!* In ihrem Herzen allerdings wusste sie genau, dass das wohl nicht mehr geschehen würde. Denn fast zur gleichen Zeit hatte sie ihre letzte Eintragung in ihr „Blaues Buch" gemacht, dem sie seit vielen Jahren ihre geheimsten Gedanken anvertraut hatte. Erst ein oder zwei Jahre nach ihrem Abschied war Peter Dyckhoff in der Lage, in ihrem „Blauen Buch" zu lesen und seine Mutter dadurch noch wesentlich tiefer und umfassender kennenzulernen.

Vierzig Tage nach ihrem Tod erschien ihm seine Mutter eines Nachts aus der anderen Welt – zum ersten und bisher zum letzten Mal. Er erwachte mit der Gewissheit, dass das Erlebnis wesentlich mehr und reicher war als nur ein Traum. Für ihn ist es eine Wirklichkeit, die nicht nur seinen Glauben stärkt, sondern ihm beweist, dass Leben nach dem Tod weitergeht und die Liebe zeitüberdauernd ist. Lange sprach er nicht hierüber, denn er wollte nicht missverstanden werden:

Allein, aber in Ruhe und Gelassenheit, ging ich durch eine relativ enge Gasse, die geradlinig verlief. Außer mir befand sich niemand mehr auf diesem Weg. Ich fühlte mich weder ängstlich noch einsam, und das Gehen auf ein innerlich gespürtes Ziel, das sich mir allerdings nicht offenbarte, hatte etwas Selbstverständliches. Auf beiden Seiten der Gasse standen mehrstöckige Häuser, die aneinander gebaut waren. Aus dem Fenster eines dieser Häuser rechts vor mir und einige Stockwerke über mir kam ein überhelles strahlendes Licht, das meine Aufmerksamkeit und Bewunderung sofort auf sich zog. Staunend bleib ich stehen und schaute hinauf. Von diesem wunderbaren Licht beschienen und es gleichzeitig selbst ausstrahlend trat Mutter ans Fenster. Ich erkannte sie sofort an ihrem lieben und gütigen Gesicht, an ihrer rosafarbenen Angorajacke und an ihren hellblonden Haaren. Mit dieser Jacke ist sie eingeschlafen, und wir haben sie auch damit beerdigt. Ich erkannte Mutter deutlich und empfand sogar ihre freundliche Art, die sie allen gegenüber zeigte. Sie lachte, schaute aber nicht aus dem Fenster, sondern schien im Gespräch mit anderen zu sein, die ich aber nicht sah. Etwas, das man Glückseligkeit nennen könnte, ging von Mutter aus, etwas ganz Erhebendes, das mein Herz traf und mich zutiefst berührte. Auch jetzt schaute sie nicht aus dem Fenster und zu mir herab, sondern blieb freudig und lachend im Gespräch auf der Ebene mit den anderen. Es hatte für mich etwas sehr Vertrautes und gleichzeitig Heiteres an sich, ihr zuzuschauen, denn sie schien sehr glücklich zu sein. Verstehen konnte ich von dem, was sie sagte, nichts, aber ich hatte das Gefühl, dass alles Wesentliche zwischen uns ja bereits ausgesprochen war.

Eine grenzenlose Gewissheit, dass es ihr gut geht, erfüllte mich mit Dankbarkeit, und die heitere und lichtvolle Freude, die von Mutter ausging, legte sich für Momente auch auf mein Herz. Bei diesem unvergesslichen Anblick – selbst wenn Mutter keinen direkten Kontakt zu mir aufnahm – spürte ich mich ihr sehr nahe und verbunden. Alles in mir und um mich herum war auf einmal leicht und ließ mich geradewegs meinen Weg ohne jegliche Traurigkeit, sondern gestärkt und zielbewusst weitergehen.

Peter Dyckhoff: Sonnenuntergänge.
Freiburg 2010, 247 ff.

Danach habe er, so sagt er, seine Mutter weder gesehen noch habe sie sich bei ihm gemeldet. Er ist aber der festen Überzeugung, dass ihr Leben von guten Mächten weiterhin begleitet wird.

Erst viel später wurde ihm der Zeitpunkt dieser Begegnung mit seiner Mutter nach ihrem Tod klar: Es waren sechs Wochen, ja, genau vierzig Tage, vergangen – die Zeit des Sechswochen-Seelenamtes. Wollte sie ihm damit sagen, dass der Sterbeweg bis zum Ende abgeschritten ist und die Trauer nicht mehr sein soll?

Zeitgemäße Ratschläge zur Sterbebegleitung und für die Zeit danach gründen sich auf verschiedene Schriften der „Ars moriendi" aus dem Mittelalter. Sie sagen aber nicht, warum vor allem die Frist von vierzig Tagen eingehalten werden soll. Ist sie überschritten, sollte man nicht mehr täglich den Friedhof besuchen und nicht mehr ständig das Bild des Verstorbenen mit frischen Blumen schmücken, keine Trauerkleidung mehr tragen und die Trauerpost erledigt haben. In diesen vierzig Tagen – so wird weiter empfohlen – soll man alles auflösen, was aufzulösen ist, den Grabstein bestellen und nichts über diesen Tag hinaus verschleppen.

Kaum zu glauben – aber wahr

Das Haus, das seine Eltern nach dem Krieg mühsam errichtet hatten, und in dem seine Mutter bis zu ihrem Tod lebte, vererbte sie ihm und seiner Schwester. Es liegt am Rand von Rheine auf einem großen Grundstück und wird heute von einer Klinik für chinesische Heilmethoden genutzt, die dem Mathias-Spital angeschlossen ist.

Nachdem ein Jahr vergangen war und alle Formalitäten und Notwendigkeiten erledigt waren, überlegte Peter Dyckhoff, wie er im Sinn seiner Mutter das Haus für einen guten Zweck nutzbar machen könnte. Selbst konnte er es aus beruflichen Gründen nicht bewohnen.

So bot er es der Caritas an für die Einrichtung beispielsweise eines Hospizes oder eines Tagesheimes für Senioren – ohne Kaufpreis, also kostenlos!

Begeisterung und Engagement empfand er selbst bei dieser Idee – bei der Caritas erfuhr er diese jedoch nicht. Nur schleppend bequemte man sich, das Haus überhaupt anzuschauen. Die vielen Vorbehalte, Bedenken und Einschränkungen taten ihm weh. Und dann vergingen Monate, bis er einen Bescheid bekam, der sogar einige „Bedingungen" für die Übernahme enthielt.

Wie konnte das sein, wo er doch gewillt war, das geliebte – und auch materiell wertvolle – Haus der Caritas kostenlos zu übergeben? Als er dann in einem Gespräch erfuhr, dass er sogar noch zusätzliche Kosten übernehmen sollte, konnte er es nicht fassen. Er zog kurzerhand das angebotene Geschenk zurück.

Peter Dyckhoff und sein „schleimiger" Beruf …

Der Umzug nach Rohdental, ins Weserbergland, und die Gründung des bischöflichen Bildungshauses *Haus Cassian* im Jahr 1990 schien unter einem guten Stern zu stehen. Immerhin lautete die Adresse seines Wohnhauses und des *Haus Cassian:* „Am Möncheberg" …

Rohdental liegt in einem sog. weißen Kreis, also in einer Gegend mit vorwiegend evangelischer Bevölkerung.

Wunderschöne Wanderwege führten direkt vom Haus aus in den Schaumburger Wald; es waren nur wenige Minuten bis zur Schaumburg. Dieser Weg führt an den sogenannten Hexenteichen vorbei. Außer einigen wenigen Spaziergängern sah man nur Tiere und die herrliche Natur. All dies war ein traumhaftes Umfeld für die Menschen, die im *Haus Cassian* Kurse zum Ruhegebet besuchen wollten.

Neben diesen Kursen fanden, wie schon erwähnt, auch Führungstrainings statt sowie Kurse zur Persönlichkeitsentwicklung, Verkäuferschulungen usw. – meist bereichert durch Ruhe-Übungen und Meditationen.

Die Teilnehmerinnen und Teilnehmer waren begeistert.

Aber schon bald sollte sich herausstellen, dass es auf Dauer auf dem Möncheberg nicht so harmonisch weiterging, dass der erste Schein trog. Mit Ausnahme eines Nachbarn, einem Lehrer, der sich diskret zurückhielt, schlug Peter Dyckhoff versteckte oder oft auch offene Feindschaft entgegen.

Einige Nachbarn machten folgenden Namen alle Ehre:

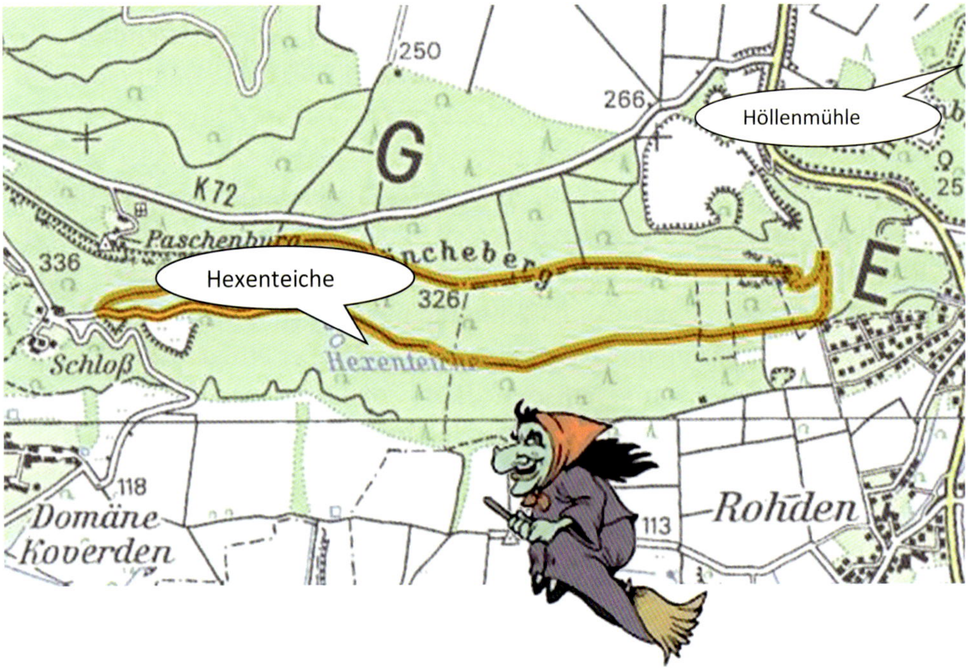

Eine Anwohnerin rief ihm ohne Anlass zu: *Sie sind doch der mit dem schleimigen Beruf!* Ein anderer Nachbar rief wiederholt die Polizei, wenn einmal ein Auto nicht vorschriftsmäßig geparkt war, obwohl niemand dadurch behindert wurde. Wiederum ein anderer schrie ihn an, man wolle dort oben keine Fremden, und ging sogar mit vorgehaltenem Regenschirm grundlos auf ihn und seinen Hund Kino los.

Einzig ein älterer ebenfalls dort auf den Möncheberg wohnender ehemaliger Schäfer mit seiner Lebensgefährtin – beide waren so um die 80 Jahre alt – gingen herzlich und lieb mit ihm um. Sie luden ihn oftmals in ihre ca. 100 m entfernte einfache Hütte zum Gläschen Saft ein. Wenn der Schäfer Peter Dyckhoff auf der Straße sah, blieb er stehen und sang unaufgefordert und ernst blickend für ihn ein Lied aus seinen früheren Tagen. Er und seine Lebensgefährtin waren sehr warme und herzliche Menschen. Vielleicht lag es daran, dass sowohl er als auch Pfarrer Peter Dyckhoff sich mit „Schäfchen" befassten?

Umso trauriger war es, als Peter Dyckhoff eines Tages Besuch von der Polizei Hessisch Oldendorf erhielt, die ihm mitteilte, dieses ältere Paar habe gemeinsam einen tödlichen Autounfall erlitten, und er möge doch die beiden identifizieren. Sie hätten seine Anschrift bei sich gehabt …

All dies und seine Emeritierung sowie die aus finanziellen Gründen notwendige Schließung des *Haus Cassian* machten es leichter für ihn, Rohdental zu verlassen. Immerhin hatte er dort über 10 Jahre gelebt und gearbeitet.

Er verkaufte sein Wohnhaus an einen augenscheinlich soliden Herrn mittleren Alters, der in einer Getränke-Produktion in Rinteln arbeitete. Und: Glauben Sie, den Nachbarn ging es nun besser?

Einige Monate nach seinem Wegzug erhielt Peter Dyckhoff einen Anruf des „stillen" früheren Nachbarn, der ihm mitteilte, dass nun auf dem Möncheberg viel Betrieb herrsche. Der jetzige Besitzer habe in seinem früheren Wohnhaus Damen wohnen, die aufgrund einer eingerichteten Hotline ständig Besuch aus den umliegenden Gemeinden bekämen ... Die Straße stünde voller Autos. Nun habe sich die Nachbarschaft zusammengetan und ginge gegen dieses Gewerbe vor. Einige Zeit hörte Peter Dyckhoff nichts mehr ...

Dann kam erneut ein Anruf: Ständig seien Polizeifahrzeuge vor Ort. Letztlich habe man ein Rauschgiftnest in seinem früheren Haus ausgehoben und zudem viele Waffen aus dem Gebäude getragen.

Ich glaube, die Nachbarn hätten lieber den Pfarrer mit dem „schleimigen Beruf" behalten, oder was denken Sie?

Beginn seiner literarischen Tätigkeit

1990

Mit der Vielfalt werde ich schon fertig …

Nachdem er fast ein Jahr lang auf seiner alten manuellen Schreibmaschine an seinem ersten Buch „Johannes Cassian. Das Ruhegebet" geschrieben und Farbbänder, viel Papier und auch Tipp-Ex verbraucht hatte, war es endlich fertig!

Was nun? Für alle Verlage war er zu der Zeit ein „Nobody". Und „Nobodys" haben es nun einmal schwer, sich in die Tausenden von Autoren mit ihren teils mehr, teils weniger erfolgreichen Bücher einzureihen.

Wir suchten die Adressen namhafter Buchverlage aus den „Gelben Seiten" (das Internet gab es für uns damals noch nicht), versuchten herauszufinden, wer jeweils verantwortlich war usw. usw.

Ich riet Peter Dyckhoff, zunächst einmal einen Verlag anzuschreiben – dann erst den nächsten. Was wäre, wenn gleich mehrere Verlage sein Buch annehmen wollten? Aber sein damaliges recht geringes Selbstvertrauen ermutigte ihn wohl zu dem Satz: *Mit der Vielfalt werde ich schon fertig …*

(Anmerkung: Auch heute noch kann schon ein leiser Hauch sein Selbstvertrauen erschüttern; kaum jemand bemerkt dies jedoch.)

Da seine Mutter, Peter Dyckhoff und ich für einige Zeit ins Allgäu fahren wollten, war ich in Rohdental, als nach einigen Wochen morgens ein Brief vom Kösel-Verlag in München kam. Er sah den Absender, öffnete den Brief aber nicht, sondern gab ihn mir: *Lies du das! Ich muss Mutter Luise helfen, im Keller die Wäsche aufzuhängen.*

(Mutter Luise war eine Südtirolerin, die ihn öfter besuchte.)

Sicher war ich fast so aufgeregt wie er, als ich den Briefumschlag ziemlich lieblos aufriss. Und da stand in ganz einfachen Worten etwas, was für Peter Dyckhoff die Welt bedeutete: *Wir haben uns entschlossen, Ihr Buch in unser Herbstprogramm aufzunehmen. Bitte senden Sie uns das vollständige Manuskript.*

Ich war so außer mir vor Freude, dass ich zuerst seine Mutter fest drückte und dann mit dem Brief in den Waschkeller rannte, um auch ihm (bildlich gesprochen) um den Hals zu fallen. Aber es war wie eine kalte Dusche: Er stand ganz hinten im Raum; vor mir stand Mutter Luise und hing Wäsche auf. Obwohl ich Mutter Luise sehr mochte und schätzte, hätte ich sie in diesem Moment …

Ich ging dann recht „kühl“ mit dem Brief in der Hand unter den Wäscheleinen hindurch zu ihm.

Seine Freude war unbeschreiblich! Er hatte sein erstes Buch geschrieben, das von einem namhaften Verlag angenommen wurde! Seine eigene Leistung!

Er packte das Manuskript ein und nahm es am nächsten Morgen mit auf die Reise ins Allgäu, wo er es dann von Altstätten aus verschickte. Es war schon ein ganz besonderer, fast „feierlicher Akt“, als er den dicken Briefumschlag mit dem kostbaren Inhalt in Altstätten in einen Briefkasten bei der Poststelle einwarf!

Aber: *Mit der Vielfalt werde ich schon fertig …?*

Nein, das war schon ein Problem. Da er bei dem namhaften Kösel-Verlag zugesagt hatte, musste er nun mehreren Verlagen, die ebenfalls „Das Ruhegebet“ veröffentlichen wollten, absagen. Seine Fragen an mich waren immer wieder:

Was schreiben wir jetzt? Was machen wir jetzt?

Sein erstes Buch

Mithilfe einer klapprigen manuellen Schreibmaschine „Adler“ tippte er das Manuskript für sein erstes Buch: „Das Ruhegebet“. Er übertrug die IX. und X. Collatio des Kirchenvaters Johannes Cassian in die heutige Sprache.

1990 ging dann sein großer Traum in Erfüllung.

Nachdem der Verlag in München sein Manuskript erhalten hatte, wurde er zu einem Gespräch mit dem Geschäftsführer des Kösel-Verlages eingeladen. Ich „chauffierte“ ihn, denn er war so aufgeregt, dass man nicht verantworten konnte, ihn allein fahren zu lassen. Zwei spannungsgeladene Stunden verbrachte ich wartend im Hotel auf ihn. Würde es klappen? Wie würde er mit welcher Entscheidung umgehen?

Plötzlich stürmte er durch die Tür und rief: *Kösel hat das Buch angenommen! Man schickt mir einen Vertrag!*

Er erzählte, er habe ein sehr gutes Gespräch sowohl mit dem Geschäftsführer als auch mit seinem künftigen Lektor, Dr. Bogdan Snela, geführt. Nachdem ich ihn fragte, ob man denn auch mit seinen Vorstellungen für das Co-

ver einverstanden sei, erwiderte er strahlend: *Ja!*

Allerdings fügte er dann recht kleinlaut hinzu, er habe als Autor Johannes Cassian angegeben – nicht seinen Namen. Und so stünde auch oben auf dem Cover dessen Name und nicht seiner.

Peter Dyckhoff, heute Autor von mehr als vierzig gut gehenden Büchern, zögerte seinerzeit aus übergroßer Bescheidenheit, mit seinem eigenen Namen an die Öffentlichkeit zu gehen. Vielleicht hatte er zudem die leichte Befürchtung, das Buch könne ein „Flopp" werden? Das weiß nur er.

„Das Ruhegebet. Eine Einübung" verkaufte sich gut! Bei Kösel erreichte es mehrere Auflagen. Für die 2. Auflage gab er dann sein Einverständnis mit dem Aufdruck:

„Autor: Peter Dyckhoff" …

Der erste Leser „verriss" sein Buch

Peter Dyckhoff liebte Kino über alles – mehr noch als alle Bücher. Und das will schon etwas heißen!

Sein erstes Buch, 1992 erschienen im Kösel-Verlag München, war „Johannes Cassian – Das Ruhegebet". Peter Dyckhoff, Kino und ich fuhren mit dem Auto nach Kempten, um dort einige der ersten Exemplare „frisch" aus der Druckerei abzuholen. Das erste Buch befreiten wir in einem Cafe noch in Kempten von der Klarsichtfolie – es war ein wunderbares Gefühl! Aber zu diesem Zeitpunkt interessierte sich Kino noch nicht dafür.

Nachdem wir dann wieder in Rohdental waren

und die restlichen Exemplare begeistert auspackten, schien es auch für Kino attraktiv zu werden. Er schnappte sich ein Buch und lief davon. Ich sprang sofort auf, um es ihm wieder wegzunehmen, aber Peter Dyckhoff sagte:

Lass ihm das Buch; er soll es ruhig lesen …

Aber Kino las nicht, wie es der Hund auf dem Bild (Quelle unbekannt) so artig tut. Kino war der Erste und Einzige, der bisher ein Buch von Peter Dyckhoff „verrissen" hat. Und zwar mit wahrer Begeisterung!

Und Peter Dyckhoff war über diese Missachtung weder traurig noch ärgerlich. Im Gegenteil: Er freute sich darüber, dass sich Kino mit seiner Literatur beschäftigte …

Kino „las" noch viele weitere seiner Bücher auf diese oder ähnliche Weise, bis er im geschätzten Alter von 18 Jahren an einer Krebskrankheit starb. Vor seinem Tod war er einige Zeit fast taub und blind. Aber durch die Liebe, die er nun wiederbekam, hatte er trotzdem noch Freude am Leben. Nach einigen Augen-Operationen war es eine Wohltat für ihn, mit einer Sonnenbrille herumzulaufen. Wir werden ihn nie vergessen!

Emeritierung und Rückkehr in die Diözese Münster

ab 1999

Von guten Geistern verlassen?

Im Jahr 1999, nach seiner Emeritierung und vor seinem Umzug in die Diözese Münster, kaufte Peter Dyckhoff ein Haus in einem kleinen Dorf in den Baumbergen.

Es war außergewöhnlich preisgünstig, lag wunderschön an einem Hang, war solide gebaut – es schien einfach alles zu stimmen.

Das erste negative Zeichen, das leider unbeachtet blieb, war folgendes: Bei Eintreffen in der Kanzlei des Notars kam das Verkäufer-Ehepaar mit hochrotem Kopf aus dem Privatbüro der Notarin. Da der Notar vom Käufer bezahlt wird, hätte eine einseitige Beratung der Verkäufer nicht stattfinden dürfen. Sodann wurde der Kaufvertag durchgegangen. Es stellte sich heraus, dass bereits am folgenden Tag die Zwangsversteigerung hätte sein sollen. Und Peter Dyckhoff hätte niemals ein Haus gekauft, das die Vorbesitzer nicht freiwillig verlassen. *In einem mit Tränen belasteten Haus könnte ich nicht wohnen!*

Das Ehepaar versicherte ihm jedoch, man habe ein kleines Schlösschen in der ehemaligen DDR gekauft, wo die Tochter Pferde erwerben und Reittherapie durchführen wolle. Man ginge gern dorthin. Allerdings erfolgte der Auszug dann „bei Nacht und Nebel".

Wenige Wochen nach seinem Einzug in dieses „schöne" Haus befielen Peter Dyckhoff starke Kopfschmerzen, er fühlte sich insgesamt schlecht und bekam dunkle Gedanken. Rundum: Er hatte das Gefühl, dort nicht länger wohnen zu können, und zog aus. Seither lebt er sehr zufrieden in seinem Haus in Senden, das in ähnlicher Hinsicht unbelastet war und ist.

Er vermietete das Haus in den Baumbergen an eine Dame, die jedoch auch nach etwa einem Jahr auszog, da sie sich auf nicht erklärbare Weise unwohl fühlte. Sodann versuchte Peter Dyckhoff, das Haus zu verkaufen. Nach langem Suchen fand er einen Flugkapitän der Lufthansa mit seiner thailändischen Frau, mit dem er einen notariellen Vorvertrag schloss. Die beiden zogen ein. Als jedoch der Kaufpreis fällig wurde, stellte sich heraus, dass Pfändungen liefen und kein Geld vorhanden war. Der Briefkasten quoll von Rechnungen und Mahnungen über. Beide waren eines Tages über Nacht aus dem Haus spurlos verschwunden.

Es wurde ein neuer Käufer gesucht und gefunden: eine ältere Dame, die dieses Haus für ihr Protegé erwarb: einen jungen Mann, der sich mit seiner Freundin als Physiotherapeut dort selbstständig machen wollte. Was geschah? Nach dem Kauf „platzte" die Verbindung zwischen der älteren Dame und dem jungen Mann. Was dann mit dem Haus geschah, ist nicht bekannt.

Etwa zwei bis drei Jahre später schellte es am Tor von Peter Dyckhoff in Senden. Dort stand die Ehefrau des Verkäufers mit einem Koffer und fragte, ob sie bei ihm unterkommen könne. Sie erzählte, sie und ihre Tochter seien nicht mehr zusammen, seit ihr Mann von einem Blitz im Wald erschlagen worden sei.

Zudem erfuhr er von ihr, dass die erste Frau ihres Mannes Selbstmord begangen habe, nachdem sie von der Beziehung ihres Mannes zu ihr erfahren habe.

Peter Dyckhoff half der Dame, andere Bekannte ausfindig zu machen und brachte sie dann in ein nahe gelegenes Hotel.

War dieses Haus von guten Geistern verlassen?

Mehr Schein als Sein

Nachdem er es in dem Haus in den Baumbergen, das „von guten Geistern verlassen" schien, nicht mehr aushielt, suchte und fand Peter Dyckhoff 1999 im Außenbereich von Senden ein Kötterhaus, in das er sich sofort „verliebte". Dieses Haus mit einer großen Scheune wurde Mitte der 1950er-Jahre im Rahmen des Programms für Aussiedler erbaut. Der Besitzer versuchte bereits seit mehreren Jahren vergeblich, dieses zu verkaufen, denn es war für „Betuchte" viel zu einfach und für „alternativ Lebende" zu teuer.

Er kaufte dieses Haus mitten im Grünen, in dem er sich seither außerordentlich wohl fühlt, da es eine sehr gute Atmosphäre besitzt. Auf dem gesamten Grundstück waren Fichten und Tannen gepflanzt – noch zwei bis drei Jahre später schellte man im Winter bei ihm, da man weiterhin Weihnachtsbäume kaufen wollte …

Nach und nach wurden die zu hoch und kahl werdenden Fichten durch Laubbäume ersetzt, sodass mittlerweile das Grundstück durch die dichte Bepflanzung zu einem Vogelparadies geworden ist. Dort waren bzw. sind nicht nur er und Kino und sein späterer Hund Aaron glücklich, sondern es lebt auch seit Generationen eine Familie von Schleiereulen dort.

Im Haus und in der Scheune sowie auf dem Grundstück musste viel gemacht werden: Speicheröfen wurden gegen eine Ölheizung getauscht, Fenster erneuert, Wände trocken gelegt, Wanddurchbrüche erfolgten und vieles mehr. Insbesondere musste in der Scheune – dem ehemaligen Schweinestall – dringend etwas geschehen. Der Fußboden mit der Gülle-Ablaufrinne wurde betoniert sowie die alten Holzbalken, Decke und Wände wurden ganz einfach gestrichen bzw. geweißt. Die Scheue war vorher so undicht, dass sich allerlei „Getier" dort aufhielt.

Aus dieser Scheune wurde später der sogenannte Schweine-Salon …

Bevor diese Arbeiten in der Scheune in Angriff genommen wurden, bewahrte Peter Dyckhoff dort Getränkekästen, Werkzeuge usw. auf. Auf ein altes Bretterregal hatte er Äpfel gelegt, die sich bis zum Winter halten sollten.

Eines Tages war Peggy, die Freundin seines Adoptivsohnes Claus, zu Besuch. Er bat sie, doch eine Flasche Wasser aus der Scheune zu holen. Ganz aufgeregt kam sie zurück: *Das müsst ihr sehen – auf dem Regal sitzt ein niedliches Eichhörnchen und beißt in einen dicken Apfel. Es hält den Apfel mit beiden Pfötchen fest.*

Das wollte natürlich auch Peter Dyckhoff sehen. Er ging mit – aber was sah er?

In aller Seelenruhe saß dort aufrecht eine dicke, fette Ratte und tat sich an dem Apfel gütlich …

Frage: Woran liegt es, dass wir Menschen Eichhörnchen niedlich finden, vor Ratten aber eine Abscheu haben? Liegt es am dünneren/dichteren Fell, am unbehaarten/behaarten Schwanz? Spielt auch hier – wie oft im menschlichen Bereich – das Aussehen eine ausschlaggebende Rolle?

Hunger – aber wonach?

Bei einer Alltagsmesse in einer kleinen Kapelle unter dem Turm der Kirche St. Johannes in Senden-Bösensell hatten Pfarrer Dyckhoff und die anderen Gläubigen ein besonderes Erlebnis.

Damit der Priester nach der heiligen Messe keine geweihten Hostien zum Hauptaltar bringen muss, stand in der Turmkapelle ein kleines Tischchen vor dem Altar, darauf eine Hostienschale und die Patene. Auf diese kostbare Schale legt jeder, der kommunizieren möchte, seine Hostie. Dies geschieht, damit am Ende der heiligen Messe keine konsekrierte Hostie übrig bleibt.

So war es auch an diesem Abend in der kleinen Kapelle, in der Peter Dyckhoff die heilige Messe zelebrieren wollte. Die sich rund um den Altar befindlichen Bänke waren nahezu alle besetzt.

Kurz vor dem Einzug von Peter Dyckhoff kam ein etwas älterer Mann, machte die wenigen kurzen Schritte zu dem kleinen Tisch, nahm sich mit der Hand eine der ungeweihten Hostien und aß sie. An das Schmunzeln nahezu aller Anwesenden erinnert er sich sehr gut.

Doch der Mann schien nicht zu wissen, warum. Und das, was wiederum alle Anwesenden sicher nicht wussten: Warum tat er dies? Hatte er Hunger – und wonach?

Zwei „Therapie-Hunde"

Immer wieder begegnet man leider Menschen, die Tiere hassen, ja, die diese sogar abgrundtief hassen ... Ich kann mir beim besten Willen keinen Grund dafür vorstellen. Machen wir uns eigentlich genügend Gedanken darüber, wie oft Tiere von uns Menschen „benutzt" werden? Denken wir an den gnadenlosen und grausamen Einsatz in Versuchslaboren, an die bis zum Äußersten gestressten Suchhunde bei Einsätzen in Erdbeben-, Kriegs- und Lawinengebieten, an die „Verwendung" als Therapiehunde für Kinder und geistig Behinderte sowie als einziger Freund oder einzige Freundin von alten Menschen?!?

Bei der Beerdigung meiner Mutter 1987 begegneten sie sich zum ersten Mal: mein Vetter Ingo Maria Voss aus Friesoythe und Peter Dyckhoff. Ingo hatte ein Jahr zuvor seine Frau Andra im Alter von 51 Jahren verloren, die Mutter seiner fünf Töchter. Damals hatten die beiden wegen der gedrückten Stimmung und des Anlasses kaum Kontakt zueinander. Später lernten sie sich besser kennen und gegenseitig schätzen. In ihrer Tiefe und ihrer Religiosität haben sie Ähnlichkeit miteinander – aber auch in ihrer Tierliebe.

Genauso wie Kino, der seit 1991 Peter Dyckhoff half, über schwere Zeiten wie über den Tod seiner Mutter und den Aufbau von *Haus Cassian* hinweg zu kommen, so half „Antje" seit 1999 meinem Vetter Ingo, die Leere wieder zu füllen, die der Tod seiner geliebten Frau hinterlassen hatte.

Antje war ein Griffon, also ein Jagdhund, den Ingo von einem Förster aus dem Allgäu holte. Ingo kniete sich vor die „Wurfkiste", in der sich zwölf Welpen tummelten. Ein einzelner Winzling kam aus dem Hundegewirr heraus und leckte ihm die Hand. Es war klar: Antje hatte sich Ingo als sein neues „Herrchen" ausgesucht!

Die beiden Fahrten – zum Aussuchen und Abholen – ins entfernte Allgäu hatten sich gelohnt! Antje war der beste „Therapeut", den man sich denken kann. Ingo lebte wieder auf.

Bei einem Besuch bei mir lernten sich Ingo und Peter Dyckhoff persönlich besser kennen und Antje hatte ihren ersten und (leider) einzigen Kontakt mit Kino. Beide Männer hatten einen besonders intensiven „Draht" zu ihren Hunden; beide hatten ihren Vierbeinern viel zu verdanken. Dieser intensive „Draht" bezieht sich jedoch auch auf die beiden Männer, wenn auch aus Alters- und gesundheitlichen Gründen ein häufiges gegenseitiges Besuchen nicht möglich ist.

Diese Erzählung soll deutlich machen,

- wie wertvoll oder gar lebenswichtig die Liebe eines Tieres zum Menschen sein kann – und umgekehrt,
- dass wir auch den Tieren Liebe und Dank schulden,
- und – im menschlichen Bereich – dass nicht ein ständiges persönliches Zusammensein Voraussetzung für tiefe Verbundenheit oder gar eine „Seelenverwandtschaft" von Menschen sein muss.

Dank an seine Mutter

Während des Zweiten Weltkrieges half seine Mutter zwangsverpflichteten Ukrainerinnen unter Einsatz ihres eigenen Lebens. Sie sprach selten darüber. In ihrem Haus – sein Vater war an der Front – versteckte sie über einen längeren Zeitraum einige Ukrainerinnen, die ihren Zwangsarbeitsplatz verlassen und sich angeblich hatten etwas zuschulden kommen lassen. Sie nahm sie auf und beköstigte sie, um sie vor der Deportation oder Schlimmerem zu bewahren.

Zudem arbeitete Peter Dyckhoffs Mutter während des Krieges beim Roten Kreuz. Sie war täglich im Mathias-Spital, das übervoll mit verletzten Soldaten belegt war. Ihre Hauptaufgabe bestand darin, soweit es möglich war, Wünsche der Soldaten zu erfüllen und vor allem, sie seelisch zu betreuen. Oft kam sie traurig nach Hause.

Vor Freude, dass seine Mutter zurück war, konnte er ihre Traurigkeit überhaupt nicht verstehen. Als Rheine, wohl bedingt durch den Eisenbahnknotenpunkt, mehr und mehr Luftangriffen ausgesetzt war, brachte seine Mutter ihn nach Melle zu seinen Großeltern, und sie selbst fuhr mit seiner kleinen Schwester Inge, die am 9. Juli 1942 geboren wurde, nach Bernburg an der Saale, wo sein Vater eine kurze Zeit stationiert war, bevor er wieder zum Einsatz an die Front geschickt wurde.

In Bernburg setzte seine Mutter ihre Arbeit beim Roten Kreuz fort bis kurz vor Ende des Krieges. Als auch hier die Lage immer brenzliger wurde und sie hörte, dass der Russe einmarschieren würde, versuchte sie in den Westen zurückzukehren, was ihr letztendlich gelang.

Eine kleine Episode am Rande: Seine Mutter besaß einen wertvollen, warmen Pelzmantel, den sie von seinem Vater einmal geschenkt bekommen hatte. Sie sah, wie das Rote Kreuz im Rahmen der „Winterhilfe" sich bemühte, warme Kleidung für Bedürftige zu beschaffen. Sehr schweren Herzens trennte sie sich von ihrem Pelzmantel.

Allerdings: Einige Tage später sah sie die Frau des Stadt-Kommandanten mit ihrem Pelzmantel durch Rheine laufen …

Peter Dyckhoff ging alle „bürokratischen Wege", fand noch Zeitzeugen, und so erhielt seine Mutter vom Oberkreisdirektor des Kreises Steinfurt am 25. September 1991 einen Brief, mit dem die Verleihung des Bundesverdienstkreuzes angekündigt wurde. Am 9. Oktober

1991 überreichte ihr der Bürgermeister dieses im Rathaus von Rheine, etwa drei Jahre vor ihrem Tod. Peter Dyckhoff hat ihr damit wohl eines der schönsten Erlebnisse beschert. Das Bundesverdienstkreuz gab er ihr mit auf die letzte Reise.

Phibi Schulze-Finkenbrink

Wenn Peter Dyckhoff jemandem eine wirkliche Freude machen kann – und wenn es sich dabei noch um einen Vierbeiner handelt – so ist er „Feuer und Flamme".

Sein damaliger Verleger, ein Pater in München, äußerte einmal so nebenbei, er wünsche sich schon seit langer, langer Zeit einen schwarzen Labrador, der völlig gesund und nicht überzüchtet sei. Einen Stammbaum müsse der Hund nicht haben.

War es der Wunsch, seinem Verleger eine Freude zu machen, oder war es die Freude an der Suche nach einem Hundebaby? Wahrscheinlich beides.

Peter Dyckhoff studierte über Tage und Wochen Kleinanzeigen und recherchierte im Internet. Endlich wurde er „fündig": Ganz in der Nähe seines eigenen Wohnsitzes, in Amelsbüren, verkaufte ein Landwirt einen Wurf brauner und schwarzer Welpen. Er fuhr zu dem Bauernhof, sah die behäbig laufende braune Hunde-Mama, die ihrem Aussehen nach wohl schon „zig Mal" geworfen haben musste. Und er sah die Welpen!

Wenn Sie bald kommen, können Sie sich noch einen aussuchen, sagte ihm der Landwirt Schulze-Finkenbrink.

Natürlich kam sein Verleger schon am nächsten Tag aus München angereist. Beide fuhren gemeinsam zu dem etwa 15 km von Senden gelegenen Bauernhof – und es war „Liebe auf den ersten Blick"!

Nein, Papiere haben wir natürlich nicht – aber das war gleichgültig. Das Herz des Paters flog sofort einem kleinen, noch unbeholfen tapsenden schwarzen Welpen zu. „Phoebe" wollte er die Kleine nennen. Später wurde daraus der Kosename „Phibi".

Phibi ging es wunderbar hinter den Klostermauern in München. Sie hatte ein glänzendes Fell, war gut genährt und durch und durch gesund – eben „echt vom Land".

Aber oft wird es, so denke ich, Gelächter gegeben haben, wenn der Pater mit ihr durch die Weltstadt München ging. Denn wenn er auf die Frage nach dem Namen antworten musste, so lautete seine Antwort:

Phibi Schulze-Finkenbrink aus Amelsbüren …

Vermächtnis von Carl Kleemann

Der Urgroßvater von Peter Dyckhoff, Carl Kleeman, war Hofkapellmeister in Gera; angestellt beim Fürsten Reuss d. J. Er komponierte wunderbare Musik, spielte leidenschaftlich Klavier und war verantwortlich für Inszenierungen am Opern- und Konzerthaus in Gera. Das geführte Gästebuch der Familie Kleemann enthielt viele Namen und Grußworte von unvergessenen Persönlichkeiten wie Franz Liszt, um nur ein Beispiel zu nennen. Für eine besondere Aufführung schenkte ihm der Fürst ein riesengroßes altes Ölgemälde von 1742: „Iphigenie auf Tauris".

Die Tochter von Carl Kleemann, Else, heiratete den Großvater von Peter Dyckhoff, Heinrich Dyckhoff. Sie erhielt nach dem Tod ihres Vaters die umfangreiche Notensammlung, das Gästebuch und auch das Ölgemälde. Da nach ihrem Tod niemand aus der Familie Dyckhoff hieran Interesse zeigte, übernahm Peter als Enkel dieses alte Familienerbe. Nun war es ihm ein Herzensanliegen, die Musik von Carl Kleemann wieder zu beleben. Einige Stücke wurden in Konzerten gebracht, sogar in Durban, und einige namhafte Dirigenten zeigten Interesse. Letztlich verliefen jedoch alle Bemühungen im Sande. Einen erneuten Durchbruch gab es nicht.
So nahm Peter Dyckhoff Kontakt auf mit der Musikhochschule in Weimar, die absolut begeistert war, als er ihnen sowohl die Notensammlung als auch das Gästebuch und einige persönliche Andenken als Spenden anbot.

Mit seinem voll beladenen Golf (den er heute nach ca. 15 Jahren noch immer fährt) und einem geliehenen Navi machte er sich auf den Weg nach Weimar.

Man war glücklich dort – und er wurde dementsprechend empfangen.

Das große Ölgemälde „Iphigenie auf Tauris" bot er dem Opernhaus in Gera an. Man schickte einen LKW und holte es aus Senden ab, sorgfältig verpackt. Das Gemälde wird – hoffentlich – heute dort im Opernhaus an würdiger Stelle hängen. Prüfen kann er dies nicht, denn solch weite Strecken traut er sich heute nicht mehr zu.

Ein Herz haben …

In einer kleinen Dorfkirche traute Pfarrer Dyckhoff ein junges Paar, das bereits eine zweijährige Tochter hatte – auch ein noch Ungeborenes war dabei. Bei der Trauung waren alle Plätze belegt; die Brautleute hatten eine große Familie – und alle sahen glücklich aus.

Einige Wochen später rief das frisch getraute Paar ihn an und bat um ein Gespräch. Es ginge um einen traurigen Anlass. Nach einer Ultraschalluntersuchung habe man von der Ärztin gehört, dass das Kind, das sie erwarteten, nicht gesund sei. Neben einem Herzfehler habe es so starke Missbildungen des Kopfes, dass es mit dieser außerordentlichen Behinderung nicht lebensfähig sei. Die Ärztin riet zu einem Abbruch der Schwangerschaft.

Abgesehen von seiner christlichen, katholischen Überzeugung dachte Peter Dyckhoff an die Schilderung einer Verantwortlichen im Stift Tilbeck, einer kirchlichen Einrichtung für geistig Behinderte. Sie hatte ihm Folgendes erzählt: *Wir hatten eine ganz liebe, mittlerweile verstorbene Bewohnerin bei uns, die Margot hieß. Sie litt unter dem Down-Syndrom. Als Margot eines Tages hörte, dass nach einer neuen Bestimmung ungeborene Kinder, bei denen das Down-Syndrom festgestellt wird, im Mutterleib getötet und entfernt werden dürften, habe sie gesagt: ‚Aber dann würde ich jetzt ja gar nicht leben. Und ich lebe doch so gern.'*

Im Gespräch mit dem Ehepaar hielt er sich zurück und ließ diese sprechen. Sie sagten, es sei ein Mädchen und sollte Rebekka heißen. Sodann sprach Peter Dyckhoff immer wieder den Namen Rebekka aus, wenn sie von dem Kind redeten. Bei Rebekka handelte es sich – wie die Eltern sagten – um das Edwards-Syndrom oder Trisomie 18. Es tat ihnen gut, alles auszusprechen, was sie über diese Krankheit wussten, und dass Peter Dyckhoff sich zurückhielt. Die werdende Mutter sprach bei dieser Gelegenheit – zum Erstaunen ihres Mannes – das erste Mal aus, sie habe das Gefühl, Rebekka sei bereits tot. Es gab lange Gesprächspausen.

Zum ersten Mal konnten die Eltern sich bei einem anderen Menschen aussprechen. Es tat ihnen gut. Man verabredete, sich nach der nächsten Untersuchung wieder zusammenzusetzen. Aber bereits am nächsten Tag rief der Ehemann an und sagte: *Rebekka ist soeben tot zur Welt gekommen.* Die Entscheidung hatte ER übernommen. Peter Dyckhoff beerdigte – nur im Beisein der Eltern – Rebekka im weißen Sarg in einem Kindergrab.

Lesen ist Leben

Eine Begegnung auf der Buchmesse in Frankfurt
(Artikel von Peter Dyckhoff)

Voll Begeisterung folgte ich der Einladung meines Lektors, die Frankfurter Buchmesse zu besuchen. Es ist einige Jahre her; ich glaube es war im Jahr 2001. Ganz unerwartet wurde ich gebeten – gegenüber dem Stand des Verlages gab es eine Veranstaltungsfläche mit Stühlen und einem Mikrofon –, etwas zu meinem Buch „Das Ruhegebet" zu sagen. Einige Zuhörer hatten sich gesetzt, andere hielten kurz inne und gingen dann laut redend weiter. Wieder andere interessierte das Thema überhaupt nicht. Meine Botschaft lag mir am Herzen, doch hatte ich den Eindruck, dass sie wohl als Buch, aber nicht als Vortrag in diesen Rahmen passte. Von innerer Ruhe überzeugend zu sprechen, war in dieser eher hektischen und sich ständig in Bewegung befindenden Umwelt kaum möglich.

Ich darf aber von etwas Humorvollem und dann von etwas Beeindruckendem berichten, das ich bei diesem Messe-Besuch erlebte. Nach meinem kleinen Vortrag kam ich zurück an den Messe-Stand und traf Luise Rinser, die mich freudig begrüßte. Wir hatten uns Jahre zuvor bei einem Fest in München kennengelernt und gleich gut verstanden. Sie fragte mich, ob ich sie bei einem kleinen Messe-Rundgang begleiten würde, denn sie wolle noch zu einem anderen Verlag, bei dem auch Bücher von ihr erschienen waren.

Ich stimmte zu und wir gingen los – ganz gemächlich, uns natürlich über Literatur unterhaltend, wenn wir nicht gerade von Menschen unterbrochen wurden, die Frau Rinser erkannten und ein paar Worte mit ihr wechseln wollten. Ich wartete vor einem Waschraum, den sie aufsuchte. Als sie zurückkam, bemerkte ich, dass ein Teil ihres Rockes versehentlich in der Strumpfhose steckte. Ich machte sie diskret darauf aufmerksam, aber sie lachte nur mit ihrer tiefen Stimme über dieses allzu Menschliche.

Dann blieb sie auf einmal stehen, schaute mich sehr ernst an und nahm meinen Arm in ihre Hände. „Es ist eine unglaubliche und einmalige Entdeckung des Menschen, dass er über seine Sprache hinaus Buchstaben entwickelt hat, die zu Wörtern werden und Worte formen können. Es entstehen Texte, die andere Menschen zu lesen vermögen – und das überall und zu allen Zeiten. Vergangenes ist uns somit zugänglich, Gegenwärtiges wird beschrieben und Zukünftiges kann vorgestellt werden. In dieser wunderbaren Welt der Bücher leben wir; wir drücken uns in ihnen aus und nehmen den Leser mit in eine für ihn neue und hoffentlich auch faszinierende Welt."

Luise Rinsers Begeisterung hielt an, und sie fand weitere wunderbare lobende Worte für die Entwicklung der Schrift, die Unzugängliches zugänglich macht und uns Welten eröffnet, die uns ohne die Buchstaben verschlossen blieben.

Mit dieser Erinnerung an die humorvolle, aber auch tief denkende Luise Rinser möchte ich Herrn Manuel Herder erfreuen und ihm dafür danken, dass er den alteingesessenen und renommierten Verlag in so großartiger Weise weiterführt und Millionen von Menschen den Zugang zu neuen und tieferen Welten, vornehmlich auch zur Religion, möglich macht. Ich gratuliere ihm herzlich zu seinem fünfzigsten Geburtstag und wünsche ihm und dem Verlag Herder, dass auch in weiteren Generationen LESEN zum LEBEN führt.

Beitrag von Peter Dyckhoff
zur Festschrift von Manuel Herder zum 50. Geburtstag, 2016

Im Schweine-Salon

Der Resthof in Senden, auf den sich Peter Dyckhoff nach seiner Emeritierung zurückzog, wurde in den 1950er-Jahren für ostdeutsche Aussiedler gebaut. Es war ein kleines Kötterhaus (mit späterem Anbau), einer großen Scheune und einem angebauten Schweinestall. Zum Zeitpunkt seines Einzugs waren noch die Klappen aktiv, durch die die Schweine nach draußen laufen konnten. Auch eine Rinne für die ablaufende Gülle war vorhanden. Hieraus kam übrigens ab und an eine Ratte, die sich an den später in diesem Raum gelagerten Winteräpfeln gütlich tat.

Peter Dyckhoff war von diesem Schweinestall fasziniert. Er ließ die Schweine-Durchläufe nach außen schließen, die Gülle-Rinne mit Beton versiegeln und „für kleines Geld" einen Teppichboden legen. Die Wände und die alten Balken wurden in Eigenleistung braun gestrichen. Aus dem Schweinestall wurde eine Bibliothek.

Später wurden in diesem Raum wegen seiner großen Dimensionen für K-TV, Bibel TV und „katholisch.de" mehrere Video-Filme gedreht.

Da es sich bei diesem Raum um einen früheren Schweinestall handelt – andererseits dieser Raum heute aber wie ein „Salon" aussieht, wurde schnell ein Name gefunden:

Peter Dyckhoff arbeitet heute im „Schweine-Salon"!

Ich mag die Kirche nicht ...

Peter Dyckhoff erzählt von vielen Gesprächen, die ihn nachhaltig beeindruckten und beeindrucken, weil durch ungeschicktes oder gar falsches Verhalten die katholische Kirche – besser gesagt das Christsein – Schaden nimmt.

Ein junger Mann schrieb:
Ich mag die Kirche nicht. Meine ersten Kirchenbesuche hatten immer etwas mit Zwang zu tun. Ich erinnere mich, wie ich mich bereits als kleiner Junge mit Händen und Füßen gewehrt habe, wenn es sonntags hieß: ‚Wir müssen in die Kirche gehen.' Der Zwang, den erst meine Eltern und später die Lehrer und Pfarrer auf mich übertrugen, ist unerträglich: Stillsein, Aufpassen, Niederknien, Aufstehen, Mitbeten und Mitsingen, Fremden beim Friedensgruß die Hand geben, nicht sprechen und erst recht nicht lachen ...

Eine Dame sagte ihm:
Die Kirche ist nichts für mich. Als meine Mutter jahrelang todkrank war, kam kein Geistlicher sie besuchen, obwohl sie sich das gewünscht hatte ...

Ein Herr berichtete:
Als meine Familie noch Geld hatte, hatten wir stets ‚geistlichen Besuch'. Als wir aber alles verloren, war niemand mehr da ...

Eine andere Dame beklagte sich bei ihm:
Meine Mutter lag im Krankenhaus im Sterben und bat noch einmal um die heilige Kommunion. Zufällig lief gerade eine Ordensschwester mit dem Kelch über den Flur in Richtung Krankenhauskapelle. Ich sprach sie an – aber sie sagte: ‚Nachher …' Aber ‚nachher' war meine Mutter gestorben.

In all diesen Fällen habe er – Peter Dyckhoff – geantwortet, dass Kirche mehr ist als ein Ort, an dem Ge- und Verbote einzuhalten sind, dass Beten mehr ist als ein Nachsprechen bestimmter Formeln. Von Jesus gehe Einladung aus und niemals Zwang. Und wenn einzelne Menschen innerhalb der Kirche sich fehlverhalten, so könne das niemals auf die gesamte Kirche übertragen werden. Man solle auch den Menschen gegenüber tolerant sein, die hin und wieder nicht an die wirkliche christliche Botschaft denken.

Mein Bischof

Jeden Mittag, bei Wind und Wetter, ging und geht Peter Dyckhoff mit seinem Hund etwa eine Stunde spazieren. Er wohnt zwar im Außenbereich, hat aber bei den Spazierwegen nicht viel Abwechslung – es geht entweder rechts auf den Wirtschaftsweg oder nach links.

Wenn er nach rechts geht, zweigt nach etwa 100 m ein kleiner Grasweg ab, der schon nach wenigen Metern in eine Weide mündet.

Während eines Sommers sah er des Öfteren einen Porsche vor diesem kleinen Weg parken und einen Herrn mit einer älteren Dame am Arm den Weg auf und ab gehen. Nach einigen Tagen trafen sie persönlich aufeinander. Peter Dyckhoff sprach die beiden an und lud sie spontan zu einer Tasse Tee ein. Die Dame und ihr Sohn nahmen dankend an.

Nun kam die ältere Dame öfter zu Peter Dyckhoff zu geistlichen und persönlichen Gesprächen. Sie nannte ihn von da an liebevoll „meinen Bischof".

Nach einigen Wochen stellten sich bei Peter Dyckhoff ernsthafte körperliche Beschwerden ein. Sein Hausarzt war ratlos. Er überwies ihn an eine sehr stark frequentierte Facharzt-Praxis in Münster. Aber selbst bei akuten und schweren gesundheitlichen Problemen würde es Wochen dauern, bis man einen Termin bekam.

Aber: Dieser hoch begehrte und ausgebuchte Facharzt war der Sohn, der für den „Bischof" seiner Mutter natürlich sofort erreichbar war.

Ein schweres Erbe

Peter Dyckhoff hatte – genau wie sein Vater, seine Tante und sein Großvater, von Kindheit an alle paar Wochen so starke Kopfschmerzen, dass er sich in ein dunkles Zimmer zurückzog und erbrechen musste. Nichts half; er musste allein sein.

Die Beeinträchtigungen hierdurch waren erheblich, und er hoffte stets, dass er zu dieser Zeit keine Vorträge, Kurse oder Gespräche hatte. In der gesamten Familie Dyckhoff galt es als „unschön", wenn man krank war. So verschwieg auch er diese Kopfschmerzen bei den meisten Menschen. Die Wahrheit sagen wollte er also nicht, und lügen konnte er noch nie. Außerdem war und ist er der Meinung, wenn man lügt, zieht man Ungutes an.

Sein Vater hatte ihm einmal gesagt, die Schmerzen würden abrupt aufhören, wenn er fünfzig oder sechzig Jahre alt sei. Und 1999 geschah es: Die Kopfschmerzen waren „wie weggeblasen".

Dafür bekam er etwas seiner Meinung nach viel, viel Schlimmeres: Depressionen. Ein Arzt nach dem anderen wurde konsultiert, eine Klinik nach der anderen, … Niemand konnte helfen. Nur wer Depressionen kennt, kann nachempfinden, wie „höllisch“ diese Zeiten sind. Peter Dyckhoff hatte nicht nur die Lust an seiner Arbeit (die sein Leben bedeutete und bedeutet) verloren, sondern er betete sogar darum, alles in dieser Welt möge für ihn ein Ende nehmen.

Bis er dann Frau Dr. Susanne Picht (Foto) traf, eine Psychiaterin und Psychotherapeutin aus dem St. Rochus-Hospital in Telgte bei Münster, die nach mehreren recht unangenehmen Versuchen ein Medikament fand, das ihm half. Er war und ist Frau Dr. Picht unendlich dankbar!

Mäuschen Annemarie, Elfriede, Paula und Brunhilde

Das Grundstück mit dem früheren Bauernhaus, in dem Peter Dyckhoff im Außenbereich von Senden wohnt, ist natürlich ein Eldorado für die unterschiedlichsten Tierarten – angefangen von Schleier-Eulen, Buntspechten, Meisen, Spatzen, Igeln, Fasanen, Kaninchen, … bis hin zu Maulwürfen und Feldmäusen. Wenn es Winter wird, suchen die meisten Tiere Unterschlupf in einer alten Scheune. Aber manche Feldmäuse schafften es auch ins Haus. Es musste irgendwo im Keller ein Loch nach außen gewesen sein, denn der Keller bevölkerte sich zusehends.

Du sollst nicht töten – dieses Gebot gilt bei Peter Dyckhoff auch für Tiere. So schaffte er sich vier „Lebend-Fallen“ für Mäuse an, die er mit Käse bestückte. Ungefähr alle drei Stunden sah er nach – und wurde nahezu immer „fündig“. Er nahm die Fallen, ging auf den Hof und ließ die Mäuse laufen. Natürlich öffnete er sie so, dass Kino keine Chance hatte, die kleinen rennenden Mäuse zu erwischen. Ein undankbarer Sport für den bald frustrierten Kino …

Nach einigen Tagen sagte Peter Dyckhoff mir, er glaube, es seien immer die gleichen Mäuse, die in den Fallen saßen. Das wollten wir natürlich herausfinden. Ihm kam eine Idee: Er holte Tipp-Ex, das er noch von seinen früheren Arbeiten mit der Schreibmaschine besaß, und tippte den kleinen Mäusen in der Falle entweder ein, zwei, drei oder vier kleine Punkte auf den Rücken, bevor er sie laufen ließ. Natürlich bekamen die Mäuse auch Namen … Ich erinnere mich an Annemarie, Elfriede, Paula und Brunhilde. Nein, „Mäuseriche" waren bei den Namen nicht dabei.

Peter Dyckhoff hatte recht: Es waren fast immer die gleichen „Damen", die zurückkamen und ihm in die Fallen liefen.

Da diese Mäuse aber immer neue „Gäste" mitbrachten, musste grundlegend etwas geschehen. Er rief einen Maurer, der nach langem Suchen unter der Kellertreppe ein kleines Loch nach außen fand – und es zumauerte.

Ein letztes Mal wurden die Fallen geleert – und wir sahen Annemarie, Elfriede, Paula und Brunhilde niemals wieder …

Leben und Arbeiten in Senden ab etwa 2005

Zeichen eines liebenden Gottes

Helmut, mein geistig und körperlich behinderter Bruder, lebte seit dem Tod unserer Mutter im Ludgerushaus bzw. später im Haus Matthäus – Einrichtungen des Stiftes Tilbeck. *„Habe zwei Hause"* sagte er immer, wenn ich ihn an Wochenenden oder Feiertagen mit meinem blauen Toyota abholte. Er fuhr leidenschaftlich gern mit dem Auto – und ein blaues Auto war für ihn das „Höchste". Jedes Mal, wenn ich ihn zurückbrachte, sagte er: *Nächstes Mal komm ich wieder.*

Er und Peter Dyckhoff verstanden sich prächtig, und Helmut freute sich jeweils riesig, ihn zu sehen und mit ihm zu scherzen.

Am Rosenmontag des Jahres 2008 – Peter Dyckhoff und ich saßen zufällig zusammen – rief die Bezirksleiterin des Stiftes Tilbeck, Frau Albrecht, an. Sie antwortete auf meine obligatorisch erste Frage, ob alles in Ordnung sei, diesmal knapp: *Nein.* Helmut sei soeben verstorben; er sei friedlich eingeschlafen. Peter Dyckhoff und ich sprangen sofort auf und fuhren so schnell es ging zum Haus Matthäus nach Münster.

Direkt hinter uns liefen eilig zwei Herren die Treppe zum Obergeschoss hinauf und wollten sich vor uns durch die Tür drängen. Keine Chance! Im Flur begrüßte Frau Albrecht zunächst uns und anschließend die Herren, die sich als Kommissare der Kriminalpolizei Münster vorstellten. Diese erlaubten uns dann, vor ihnen in Helmuts Zimmer zu gehen.

Helmut lag vor dem Bett auf der Erde! Der Notarzt hatte es nicht für nötig gehalten, ihn wieder auf sein Bett zu legen – der erste Schock für uns. Während Peter Dyckhoff sich auf den Boden kniete, betete und ihn segnete, fiel mein Blick auf unser Familienkreuz, das über Helmuts Bett hing. Es hing schief – um etwa 90 Grad. Der etwas abstehende linke Arm von Christus zeigte direkt auf den Leichnam von Helmut! Eine logische Erklärung fanden wir nicht, denn das Kreuz hing so hoch, dass niemand es hätte versehentlich verschieben können.

Es war selbstverständlich, dass wir Helmut dieses Kreuz mit in den Sarg gaben.

Wir baten Frau Albrecht, ein Beerdigungsinstitut zu rufen, und warteten so lange bei Helmut. Die Untersuchung durch die Kripo-Beamten war gottlob nur Routine, da der Notarzt „ungeklärte Todesursache" auf dem Totenschein angekreuzt hatte.

Gleich am nächsten Morgen fuhren Peter Dyckhoff und ich zum Beerdigungsinstitut nach Gescher, um Helmut zu besuchen, Einzelheiten zu besprechen und einen Sarg auszusuchen. Wir sind noch heute unsagbar betroffen, wenn wir an sein Aussehen denken: keine Spur mehr von seiner Behinderung! Er sah friedlich, glücklich und für uns sogar etwas „majestätisch" aus.

Im Ausstellungslager wurde mein Blick von einem hellblauen Sarg angezogen. Es gab keine Überlegung: Dieser Sarg musste es sein!

Das Auferstehungsamt feierten wir mit seinen Freundinnen, Freunden und Betreuern im Aufenthaltsraum des Ludgerushauses, in dem ein großes Foto

von Helmut aufgestellt war. Peter Dyckhoff feierte diese heilige Messe auf die ihm eigene Weise: Er befragte die anderen Bewohner nach ihren Erlebnissen mit Helmut, lobte deren Fürbitten und sang kräftig mit ihnen. Locker wurde berichtet, wie man ihm beim Anziehen geholfen und was man sonst noch für ihn getan hatte.

Der Monat Februar des Jahres 2008 war durchweg dunkel, regnerisch, windig. Nur an einem einzigen Tag war der Himmel blau, und es schien die Sonne: am Beerdigungstag. Sonnenstrahlen fielen auf den leuchtend blauen Sarg, als wir mit seinen Freundinnen und Freunden vom Stift Tilbeck zum Grab gingen. Tränen wurden vergossen, und es wurde laut in allen möglichen Tönen gesungen. Menschlicher und schöner – ja, schöner! – als Peter Dyckhoff hätte dies niemand machen können! Es war menschlich einfach wunderbar; es war eine im wahrsten Sinn schöne Beerdigung!

Helmut mit Adoptivsohn Claus und Schwiegertochter Peggy

Als sich die Menschen auf den Rückweg begaben, trat einer seiner Freunde aus dem Ludgerushaus am offenen Grab an meine Seite und klopfte mir auf die Schulter:

Jetzt fährt Helmut mit sein blaues Auto in Himmel!

Ein Priester wird Vater

Drei Gründe führten dazu, dass sich Peter Dyckhoff heute „Vater“ nennen kann. Er adoptierte 1999 meinen Sohn Claus Matthias, der heute als Forstwissenschaftler in Bayern lebt.

Erfahrungsgemäß haben es junge Menschen, die mit nur einem Elternteil aufwachsen, in vielerlei Hinsicht nicht so einfach wie diejenigen aus „normalen“ Familien. Und wenn kein Vater da ist, fehlt oftmals die „väterliche Hand“. Vor 40 Jahren waren die Schwierigkeiten bekanntlich erheblich größer, denn da gehörte das Thema „alleinerziehend“ noch nicht zur Normalität wie heute.

Einfach war es für Claus mit mir als alleinerziehender und voll berufstätiger Mutter nicht, die sich zudem noch um seine Großmutter und seinen behinderten Onkel zu kümmern hatte.

Peter Dyckhoff und mein Sohn verstanden sich auf Anhieb, und die beiden führten lange Gespräche.

Es ist nicht gut, dass der Mensch allein sei ... (1 Mose 1,18). Was geschieht im Alter? Was geschieht, wenn man krank wird, pflegebedürftig, oder sogar jemanden braucht, der für den Kranken Entscheidungen treffen muss? Diese Frage werden sich sicher mehrere Priester stellen, die aufgrund des Zölibates keine Verbindung eingehen.

Diese Gründe führten dazu, dass sich Peter Dyckhoff entschloss, Informationen über die Möglichkeit einer Adoption einzuholen. Er wandte sich an eine namhafte Kanzlei in Münster, deren Seniorchef bereits aus Altersgründen ausgeschieden war. Als dieser jedoch hörte, worum es ging, sagte er: *Das hatte ich noch nie – die Adoption durch einen Priester. Das mache ich selbst!*

Foto: Claus Matthias Brück-Dyckhoff liest während des 25-jährigen Priesterjubiläums seines Adoptivvaters Peter Dyckhoff die Fürbitten

Beide wurden zur Prüfung des Antrags auf Adoption zu einem persönlichen Gespräch zum zuständigen Familiengericht in Lüdinghausen geladen. War es ein unterstützendes Zeichen, dass der entscheidende Jugendrichter ein ehemaliges Mitglied seiner Pfarrgemeinde in Adlum war?

Claus lebt heute in der Nähe von Coburg in Bayern und ist, wie gesagt, freiberuflich als Forstwissenschaftler tätig. Er promovierte zum Dr. rer. silv.

Schwiegertochter Peggy ist Diplom-Kauffrau und arbeitet als Geschäftsführerin im elterlichen Unternehmen, das Elektronik-Teile, vorwiegend für die Automobilindustrie, fertigt.

Peter Dyckhoff, Claus und Peggy, verstehen sich bestens. Gemeinsam haben sie ihre große Tierliebe.

Würde Peter Dyckhoff provozieren wollen, fiele ihm das heute leicht. Er brauchte nur – erkennbar als Priester – von „meinem Sohn“ zu sprechen. Es braucht nicht viel Einfallsreichtum, sich die spontanen und „vor-verurteilenden“ Gedanken vieler Menschen vorzustellen …

Kompliment!

Diese kleine Geschichte zeigt, dass wirklich reife Persönlichkeiten sich menschlich geben. Sie haben es nicht nötig, anderen zu beweisen, wer sie sind, oder ihre Position hervorzuheben.

Peter Dyckhoff bildet bekanntlich Lehrende für das Ruhegebet aus. So war er außerordentlich erfreut, als sich die Äbtissin der Zisterzienserinnen-Abtei Waldsassen, M. Laetitia Fech OCist., interessiert an einer solchen Ausbildung zeigte. Sie lebt seit 40 Jahren im Kloster und trägt seit 1995 als 4. Äbtissin die Verantwortung für die Abtei.

Peter Dyckhoff lud sie nach Senden ein, um eine ganze Woche mit ihr zu arbeiten. Die Äbtissin wohnte im Klarissenkloster und fühlte sich dort wohl. Die Tage verbrachte sie dann bei Peter Dyckhoff.

Peter Dyckhoff wohnt bekanntlich sehr ländlich, und sein kleiner Hund Aaron kann draußen laufen wie es ihm gefällt, denn das Grundstück ist eingezäunt. Zu der Zeit, in der die Äbtissin den Kursus machte, regnete es nicht selten. Und die Pfoten von Aaron sahen entsprechend aus!

Die Äbtissin hatte für die Woche lediglich ihren weißen Habit mit einem schwarzen Überhang mitgenommen. Sie wissen, was geschah? Der liebe Aaron musste natürlich die nette Äbtissin per „Handschlag“ begrüßen! Ein sehr deutlicher „Stempel“ blieb auf dem weißen Habit. Sie lachte nur …

Und die wirklich sympathische und tierliebende Äbtissin trug diesen sehr deutlichen „Handabdruck“ die ganze Woche ohne jede negative Bemerkung „ganz normal“ mit sich herum!

Nervtötende Spielchen

Oft bis zum Zerreißen gespannt waren die Nerven von Pfarrer Dyckhoff durch Telefonanrufe, die man schon als „Telefonterror" bezeichnen kann. In den folgenden Situationen versuchte ich einigermaßen erfolgreich, ihm zu helfen.

Bekanntlich kann man auf dem Display eines Telefons sehen, wenn eine Rufnummer unterdrückt wird. Bei der normalen Werkseinstellung wird die Rufnummer angezeigt; unterdrückt man die Nummer, steht dort entweder „extern" oder „unbekannter Anrufer" – je nach Telefongesellschaft.

Des Öfteren empfahl ich Peter Dyckhoff, Anrufe mit unterdrückter Rufnummer nicht anzunehmen, woran er sich auch meist hält. Dazu, den Telefonapparat aus der Wand zu ziehen, ist er nicht bereit, denn er möchte für „Notrufe", die ihn immer wieder erreichen, da sein. Meines Erachtens ist das Unterdrücken einer Telefonnummer so, als ob man einen anonymen Brief schreibt. Und da ein „Extern-Anruf" nicht zurückverfolgt werden kann, können ungestraft die schlimmsten Worte „losgelassen" werden. Sowohl Peter Dyckhoff als auch ich sind der Meinung, dass man zu allem offen stehen sollte, was man sagt und/oder tut.

Für den Telefonterror gibt es viele Beispiele – zwei habe ich ausgesucht.

Beispiel 1

Eines Tages bat er mich, in seine Wohnung zu kommen. Seit Tagen bereits – und insbesondere in den Nächten – schelle sein Telefon alle paar Minuten, und es werde nur „Externruf" angezeigt. Er habe sogar einige Male den Hörer abgenommen, da er es nicht mehr aushielt, aber dann sei nur schwerer Atem oder gar nichts zu hören gewesen. Natürlich ging ich in seine Wohnung – und kurz darauf schellte es wieder. Als man am anderen Ende der Leitung meine (Frauen-)Stimme hörte, war dies wohl so ein Schock, dass endlich gesprochen wurde. Natürlich vermutete ich bereits vorher, dass es sich um ein weibliches Wesen handelte – und das war auch so!

Hier der knappe Ablauf des „Gespräches":

Ich: *Hallo*
Anruferin: *Wer ist da?*
Ich: *Wen möchten Sie denn sprechen?*
Anruferin: *Warum melden Sie sich nicht mit Namen?*
Ich: *Weil mit unterdrückter Nummer, also anonym, angerufen wurde.*
Anruferin: *Wer sind Sie denn?*

Ich: *Sie haben doch angerufen. Wen möchten Sie sprechen?*
Anruferin: *Pfarrer Dyckhoff*
Ich: *Er ist derzeit nicht erreichbar.*
Anruferin: *Wo ist er denn?*
Ich: *Ich sagte doch schon: nicht erreichbar.*
Geben Sie mir netterweise Ihren Namen oder Ihre Rufnummer.
Ich werde ihn dann bitten, Sie anzurufen.
Anruferin: *Wer sind Sie denn? Seine Haushälterin?*
Ich: *Nein.*
Anruferin: *Sind Sie seine Sekretärin?*
Ich: *Nein.*
Anruferin: *Leben Sie denn mit ihm zusammen?*
Ich: *Nein.*
Anruferin: *Warum gehen Sie denn ans Telefon?*
Ich: *Weil der Pfarrer die vielen anonymen Terroranrufe nicht mehr aushält.*
Anruferin: *Wer terrorisiert ihn denn?*
Ich: *Na, all diejenigen, die ständig und sogar anonym anrufen.*
Noch einmal: Bitte geben Sie mir Ihren Namen. Ich bitte ihn dann, Sie anzurufen.
Anruferin: *Nein. Ich melde mich selbst wieder.*

Beispiel 2

Peter Dyckhoff klagte mir sein Leid: Seit Tagen und auch in den Nächten rufe immer wieder eine Frau W. an, die ihm wiederholt sage, sie liebe ihn und sie gehörten doch zusammen – und vieles mehr. Er wüsste nicht mehr, was er machen sollte. Meinen Rat, doch einfach aufzulegen, konnte er nicht annehmen. Wer ihn kennt, weiß, dass er dazu (leider) nicht in der Lage ist.

Ich bat ihn, sein Telefon zumindest in der Nacht auf meine Rufnummer umzustellen, sodass die Anrufe nicht bei ihm, sondern bei mir eingehen. Und in der folgenden Nacht war es dann so weit. Ich wurde durch einen Anruf von Frau W. geweckt.

Ich: *Hallo*
Frau W.: *Wer ist da?*
Ich: *Wen wollen Sie denn um diese Zeit sprechen?*
Frau W.: *Herrn Dyckhoff*
Ich: *Sind Sie die Dame, die ihn ständig anruft?*

Frau W.:	*Wir müssen wichtige Dinge miteinander besprechen.*
Ich:	*Bitte rufen Sie nicht mehr an.*
	Ich bin seine Frau, und unsere Kinder schlafen schon.
	Wenn Sie jetzt Ihre Anrufe nicht einstellen, werde ich die Polizei einschalten.

Selten habe ich erlebt, dass ein Telefonhörer so schnell auf die Gabel geknallt wurde (bildlich gesprochen).

Natürlich liegen hier oft traurige menschliche Schicksale zugrunde. Entweder sind die Frauen psychisch gestört, „liebeskrank", alkoholisiert oder manchmal auch ganz einfach impertinent. Peter Dyckhoff versucht immer wieder, Verständnis für diese Anruferinnen aufzubringen und mir dieses zu vermitteln – aber (leider?) oftmals vergeblich.

Mittlerweile bin ich in diesen Situationen recht hart geworden, denn ich weiß, wie sehr seine sensible Psyche leidet, wie sehr diese Frauen ihn „herunterziehen" und ihn – buchstäblich und bildlich gesprochen – um seinen Schlaf bringen.

25-jähriges Priesterjubiläum

Am 28.06.1981 wurde Peter Dyckhoff durch Bischof Dr. Joseph Gargitter im Dom zu Brixen in Südtirol zum Priester geweiht.

Am 19. August 2007, an seinem 70. Geburtstag, feierte er – ein Jahr verspätet – das 25-jährige Priesterjubiläum mit etwa 200 Gästen in den Räumen der Missionsschwestern vom Hl. Herzen Jesu in Münster-Hiltrup.

Eigentlich war geplant, dieses im „richtigen" Jahr 2006 in Senden im Pfarrsaal zu begehen. Alles war arrangiert: Saal, Zimmer für Gäste, technisches Equipment usw. usw.

Erst wenige Tage vorher wurde per Zufall bekannt, dass genau an dem geplanten Tag vor dem Saal auf dem Kirchplatz die Dorf-Kirmes stattfindet. Und da wäre eine solche Veranstaltung mit so vielen Gästen schon allein des Lärmes wegen nicht möglich gewesen. Nun galt es, innerhalb von drei, vier oder fünf Tagen alle Einladungen zurückzunehmen, alle Arragements zu stornieren usw.

Nun wurde das Fest auf 2007 verschoben, auf den 19. August. Der Festtag begann um 11 Uhr mit einer heiligen Messe und endete um 17:30 Uhr mit einer Vesper, in der der Schwestern-Chor sang. Es war ein rundum gelungener Festtag!

Da Bilder oftmals mehr aussagen als Worte, wird hier versucht, Sie „visuell" an diesem wunderschönen Tag teilnehmen zu lassen:

Am Altar begleiteten Peter Dyckhoff als Konzelebranten (von links nach rechts):

Pfarrer Heinz Löker aus Münster, Pater Heribert Kötter aus Nütschau, Dr. Carl Möller aus Münster, Bischof Dr. Josef Homeyer aus Hildesheim, Peter Dyckhoff, Bischof Heinrich Große Lohmann aus dem Bundesstaat Pernambuco in Brasilien, Prof. Dr. George Augustin SAC aus Vallendar, Pater Friedrich vom Don Bosco-Verlag aus München, Pater Stefan Radermacher MSC aus Münster-Hiltrup

Fürbitten durch Adoptivsohn Claus

Lesung durch seine Schwester Inge Weber-Dyckhoff

Peter Dyckhoff mit seinem Vetter Klaus Dyckhoff, der eine Laudatio hielt

Pater Prof. Dr. George Augustin SAC mit der Generaloberin Schwester Doris Kemper MSC

Glückwünsche durch die Nachbarn aus der Bauernschaft Schölling in Senden. Das Erste, was man ihm sagte, als er sich dort nach seinem Einzug vorstellte, war:
Nachbarschaft „geiht" vor Verwandtschaft!

Ehrengäste und Konzelebranten

Gesang: Elisabeth Westermann, Orgel: Marita Schärich

Meditativer Tanz von Maria Pagel

Vita von Peter Dyckhoff in Form einer humorvollen Powerpoint-Präsentation

Am Kopf des Tisches sitzen sein Vetter Klaus und dessen Frau Gabi. Links von ihnen: Adoptivsohn Claus und Schwiegertochter Peggy

Margarete Hövels, eine liebe Mitarbeiterin, die bereits während seiner Zeit als Geschäftsführer in der RZ Dyckhoff GmbH arbeitete.

Ohne diese „Engel" wäre das alles nicht möglich gewesen. Ihnen galt Peter Dyckhoffs besonderer Dank!

Die Predigt von Bischof Dr. Josef Homeyer war beeindruckend. Ihr Titel: „Maßlose Hoffnung“ (Lukas 24, 13–21; 25–32). Die Predigt endete mit folgenden Worten:

> *Lieber Pfarrer Dyckhoff, den Weg zu Gott, deren Grund und Ziel unserer maßlosen Hoffnung aufzuzeigen, ist Ihr großes Anliegen. Im Blick auf Ihren priesterlichen Dienst durch 25 Jahre und auf Ihr ganzes wunderbares Lebenswerk möchte ich nur noch ein Wort, das aber in tiefer Bewegung, hinzufügen, das ich aber nur in tiefer Bewegung sagen kann: Danke! – Danke für Ihren unermüdlichen Dienst an der uns geschenkten maßlosen Hoffnung!*

Diese Rede inspirierte Peter Dyckhoff übrigens zu seinem Buch „Maßlose Hoffnung“. Natürlich ließ er sich die Genehmigung des Bischofs für das „Ausborgen“ dieses Titels und des Vorwortes geben. (Maßlose Hoffnung. Augsburg 2008, 6–10).

Peter Dyckhoff promoviert

69 Jahre alt war Peter Dyckhoff, als man ihm die Ehren-Doktorwürde (hc) anbot. Professor Dr. George Augustin SAC brachte ihm die Nachricht, die Theologische Hochschule Vallendar böte ihm diese Ehren-Doktorwürde an. Peter Dyckhoff freute sich sehr darüber, denn er sah dies als Anerkennung seiner bisherigen Arbeit, die Gebetsweise des Johannes Cassian für die Menschen in der heutigen Zeit wieder zugänglich zu machen.

Er überlegte einige Tage und sagte dann: *„Geschenkt bekommen möchte ich das nicht.“* Pater Augustin bot ihm sodann an, zu promovieren. Peter Dyckhoff selbst wäre in seinem Alter sicher auf einen solchen Gedanken nicht gekommen. Als Gegenstand seiner Promotion wählte er die alte christliche Gebetsweise des Wüstenvaters Johannes Cassian. Professor Augustin bejahte dies sofort und uneingeschränkt.

Das war alles leichter gesagt als getan. Lange, lange Zeit recherchierte er: nein, nicht mit dem Computer bzw. im Internet. Damit konnte Peter Dyckhoff seinerzeit noch nicht so gut umgehen wie heute. Er besuchte Bibliotheken, beschaffte sich auf herkömmlichen Wegen die verschiedenste Literatur und lernte, lernte, … Als besonders schwer empfand er das Thema „Kirchenrecht“. Vergessen Sie bei all dem nicht sein Alter: Er war im 70. Lebensjahr. Aber es klappte alles hervorragend.

Seine Dissertation „Gebet als Quelle des Lebens. Systematisch-theologische Untersuchung des Ruhegebetes, ausgehend von Johannes Cassian“ im Fach Dogmatik umfasst ca. 700 Seiten. Wenn man dies bedenkt, wundert man sich, wie manche Menschen heute glauben können, das Ruhegebet könne man „schnell“ und „einfach so“ lernen – basiert es doch nur auf der Wiederholung eines einzigen Wortes …

Weit gefehlt – und das werden alle von ihm ausgebildeten Lehrenden des Ruhegebetes bestätigen können.

Vom Du zum Ich?

Nach einer Vorsorgeuntersuchung machte der untersuchende Facharzt sofort einen Termin für eine Operation im Clemenshospital in Münster.

Es war Ende November des Jahres 2008. Im Krankenhaus sagte man Peter Dyckhoff, er könne mit einer Woche Aufenthalt dort rechnen. Zu Hause war er jedoch erst wieder Anfang Januar 2009, also nach sieben Wochen.

So ganz einfach läuft bei ihm eigentlich kaum etwas ab …

Die Operation verlief zwar recht gut, aber er fühlte sich absolut nicht so. Der behandelnde Arzt empfahl strikte Ruhe, und Peter Dyckhoff bat mich inständig, dafür zu sorgen, dass außer mir kein Besuch käme – ohne Ausnahme. Auch alle Schwestern und Pfleger auf der Station hatten die Anweisung, niemanden zu ihm zu lassen.

Ich selbst konnte trotz der Sorge um ihn täglich nur für etwa eine halbe oder eine Stunde kommen, denn sein Hund Kino war bereits so sehr an Krebs erkrankt, dass er nicht mehr allein sein konnte – geschweige denn laufen. Es lag hoher Schnee, und es war kalt im Auto. So trug ich ihn täglich in den Wagen, machte den etwa halb- bis einstündigen Besuch und fuhr mit ihm zurück.

Ein Mitautor, mit dem er eigentlich nur losen Kontakt hatte, muss von irgendjemandem gehört haben, Peter Dyckhoff liege im Krankenhaus. Er versuchte ihn anzurufen. Die Krankenhaus-Zentrale sagte, man dürfe nicht durchstellen – aber er war „kreativ". Er ließ sich bei einem erneuten Anruf nur mit der Station verbinden und bat eine Krankenschwester eindringlich, sie möge doch mit ihrem Handy zu ihm gehen. Er sei ein persönlicher Freund und habe eine äußerst wichtige Frage an ihn. Die Schwester ließ sich überreden. Sie hielt Peter Dyckhoff das Handy ans Ohr, da es ja „äußerst wichtig" war – aber dieser verstand im Halbschlaf nur den Namen und winkte müde ab. Um wen geht es hier? Vom Du zum Ich?

Am Morgen des nächsten Tages erhielt ich die Hiobsbotschaft, Peter Dyckhoff sei auf die Intensivstation verlegt worden, da man in der Nacht den Verdacht auf einen Herzinfarkt hatte. Ich fuhr mit Kino sofort zu ihm; er lag eine Etage höher. Nun erzählte er mir, am Vortag habe sich eine Verwandte zusammen mit ihrem Sohn und dessen Freundin „an der Wache vorbeigeschmuggelt". Sie seien etwa drei Stunden geblieben. Er habe zwar kaum etwas mitbekommen, aber es habe ihn doch sehr angestrengt.

Nach zwei Tagen wurde er auf die normale Station zurückverlegt, und hier begann er dann auch hohes Fieber zu bekommen. Keiner der vielen Ärzte konnte sich erklären, warum das so war. Meine Meinung: Krankenhaus-Keime …

Weihnachten, Silvester und Neujahr lag er im Krankenhaus – nach sieben Wochen konnten Kino und ich ihn endlich wieder abholen.

Vom Ich zum Du

Folgendes Geschehen brachte Peter Dyckhoff auf einen Weg, auf dem er Menschen, die fast ausschließlich um sich selbst kreisen, helfen kann.

Nach einer heiligen Messe – Peter Dyckhoff bleibt meist noch etwas länger in der Kirche – kam eine jüngere Frau zu ihm und fragte, ob sie ihm etwas auf ihrer Flöte vorspielen dürfte. In zarten und klaren Tönen erklang „Großer Gott, wir loben dich" und die Melodie des Schlusschores aus der neunten Sinfonie von Beethoven. Sie kamen ins Gespräch und er erfuhr, dass sie, Frau H., unter Multipler Sklerose litt, einer entzündlichen Erkrankung des Zentralnervensystems. Mit der Organistin dieser Kirche hatte sie Freundschaft geschlossen und beide musizierten häufig zusammen.

Monate später traf er sie wieder und erschrak über ihr Aussehen und über ihre skandierende Sprache. Er lud sie und die Organistin zum Essen ein und erfuhr, dass H. starke Medikamente zur Verkürzung der Schubdauer nehmen musste. Leise und unter vier Augen erzählte sie ihm später, dass bei ihr die bösartige Form der „MS“ mit tödlichem Verlauf festgestellt worden sei.

Peter Dyckhoff besuchte sie nun öfter in einem Heim, in dem nur Multiple-Sklerose-Kranke waren und sind – vornehmlich Frauen. Der Verfall war unaufhaltbar. Frau H. war inzwischen querschnittsgelähmt und saß im Rollstuhl; Euphorie und Depression wechselten einander ab. Beatmungsgeräte standen in ihrem Zimmer. Trotz allem ging ihm ihre Freundlichkeit und Freude an dem Wenigen, was sie noch hatte, zu Herzen. Frau H. sagte ihm, ihre Familie habe sich schon lange von ihr getrennt, und sie sei ganz allein – bis auf ihren Kanarienvogel Mozart, den sie sehr liebte.

Tief erschüttert verließ er jedes Mal das Heim: geöffnete Zimmertüren, Kranke in ihren Betten oder in Rollstühlen auf den Fluren. Alle umgab ein großes Schweigen, denn es wurde kaum geredet. Peter Dyckhoff beschreibt große, weit geöffnete Augen, die alles mitbekommen wollten, was im Haus geschah, erwartungsvolle Augen überall, aber niemand sagte etwas und es fand fast keine Bewegung statt. Meist, so sagt er, habe er anschließend in seinem Auto gesessen und konnte sich kaum gegen Tränen wehren.

Nach einem dieser Besuche führte er ein seit Langem verabredetes geistliches Gespräch mit einem jungen Mann. Dieser sprach endlos nur von sich selbst und seiner Umgebung, die ihm nicht gerecht werde. Dabei kreiste er nur um seine eigene Person und kritisierte das Verhalten anderer. Peter Dyckhoff musste sich stark konzentrieren, um nicht innerlich auszusteigen.

Ein Hinweis seines lange verstorbenen Lehrers Heinrich Spaemann kam ihm in den Sinn. *Man sollte manchen Menschen einen Bildband von Hiroshima und Nagasaki mit den Atomwaffenopfern zeigen, wenn sie, wie manche Politiker heute, unvertretbare Wege gehen.*

Danach wusste er, wie er dem jungen Mann helfen konnte. Er bat ihn, mit ihm einen Besuch bei Frau H. zu machen. Sie gingen schweigend über die Flure mit den geöffneten Zimmertüren im Heim für MS-Kranke; sie besuchten „seine“ Patientin, die sich mittlerweile in einem noch schlechteren Zustand befand. Ganz langsam ging er auf dem Rückweg an den Zimmern vorbei und las die Namen der Patienten auf den Türschildern – so, als ob er jemanden suchen würde. Sein Begleiter folgte ihm schweigend; auch im Auto sprachen sie nicht.

Später erhielt Peter Dyckhoff einen Brief von dem jungen Mann, in dem er seine Betroffenheit zum Ausdruck brachte und schrieb, wie der „Besuch" ihn verwandelt habe.

Aus „Dudu" wird „Aaron"

Nachdem sein Hund Kino (Foto) unter großen Schmerzen an einer Krebskrankheit 2009 starb, war Peter Dyckhoff nicht mehr wiederzuerkennen. Ich versuchte, auf ihn einzuwirken, sich keinen anderen Hund anzuschaffen, da man dadurch doch sehr gebunden sei und es zudem außerordentlich schmerzlich ist, ein liebes Tier wieder zu verlieren. Er sah dies ein – zumindest glaubte ich das.

In den auf die Beerdigung von Kino folgenden Tagen wurde er zusehends trauriger, sprach wenig und zog sich mehr und mehr zurück. Nächtelang sah ich Licht bei ihm, obwohl er normalerweise spätestens um 22:00 Uhr zu Bett geht.

Sieben Wochen später saß er am Computer und suchte einen Hund, der Kino ähnlich war. Er fragte mich dann, ob ich nicht doch Ja zu einem Hund sagen könnte, denn ich muss ihn – wie auch Kino – bei mir haben, wenn er verreist oder beruflich zu tun hat. Bisher hatten wir unsere Termine entsprechend abgestimmt, und das müsste dann weiterhin sein.

Da ich sah, wie sehr er unter dem Tod von Kino litt, stimmte ich schweren Herzens zu. Allerdings machte ich zur „Bedingung", dass diesmal der Hund richtig erzogen werden müsste. Kino ließen wir sehr viel Freiheit, denn er hatte augenscheinlich als kleiner Kerl sehr gelitten. Peter Dyckhoff versprach dies – und war augenblicklich „ein anderer Mensch". Jetzt saß er erst recht stundenlang am Computer …

Am darauf folgenden Samstag rief er mich während einer Seminar-Pause an: *Ich habe ihn gefunden. Ich habe ihn! Wann bist du fertig und kannst mich abholen? Wir müssen nach Eydelstedt in der Nähe von Vechta.* Und so kam es dann. Gleich nach Seminar-Ende holte ich ihn ab, und wir fuhren so schnell wie möglich. An der angegebenen Adresse stand ein kleines Kötterhaus; viele Hunde verschiedener Rassen liefen draußen herum. Ich bat ihn, allein hineinzugehen und sich den Hund anzuschauen.

Er kam nach kurzer Zeit allein aus dem Haus und ging auf mich zu – auf dem Arm ein kleines weißes Knäuel, das mich mit großen Augen anschaute. In einer solchen Situation kann man nicht anders, als sofort freudig JA zu sagen.

Dies ist ein „Pechhund", habe die Züchterin gesagt, *er ist schon sieben Monate alt, zweimal verkauft, aber nicht abgeholt worden. Niemand wollte ihn.* Bei uns war das nun natürlich anders. Allerdings: Die einzige Ähnlichkeit, die er mit Kino hat, ist das weiße Fell. Ansonsten ist er erheblich kleiner, hat keinen „Ringelschwanz", die Stirn-Haare wachsen über die Augen, er besitzt eine schwarze Nase – und insbesondere hat er einen völlig anderen Charakter. Der Kleine ist ein Parson Russell. Kino war ein Mischling (ein „finnischer Elchhund", wie der Tierarzt seinerzeit humorvoll in die Impfpapiere schrieb). Trotzdem: Wir hatten den kleinen Parson Russell beide gleich ins Herz geschlossen und nahmen ihn mit.

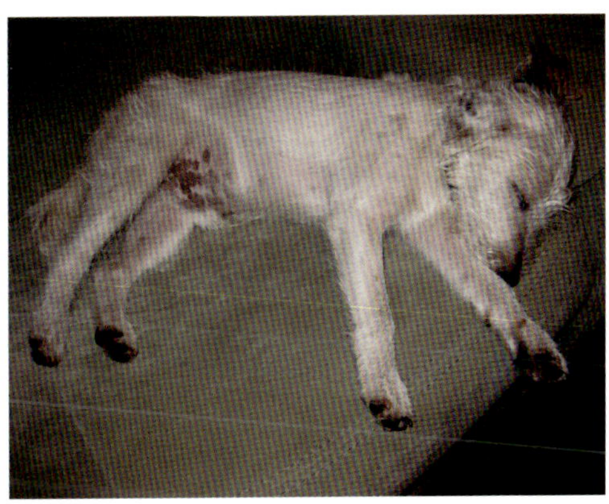

Während der Rückfahrt saß Peter Dyckhoff mit dem Kleinen hinten im Auto, streichelte ihn und sprach mit ihm. *Wir müssen einen Namen finden – offiziell heißt er Dudu!* Beide fanden wir diesen Namen „blöd" (anders kann ich es nicht ausdrücken). Wir überlegten. Gut fanden wir beide „Einstein" – aber so heißt schon ein Nachbarhund. Dann kamen wir auf den Namen Aaron, der uns gefiel. Aber – wirk-

lich unverständlich! – wir konnten die ersten Stunden und Tage den Namen nicht richtig behalten bzw. aussprechen. Wir riefen einmal „Ahorn", dann wirklich „Aaron", dann wieder „Ahlhorn" usw. Selbst die Haushälterin von Peter Dyckhoff sagte stets „Ahlhorn" (ihr Bruder wohnt dort). So entstand auch gleich bei mir der Kosename „Hörnchen" – abgeleitet von „Ahorn/Ahlhorn".

Sein erstes großes Glück war ein Eigelb, das er nach der Autofahrt bekam. Bisher bekam er nur Trockenfutter, das – so die Aussage der Besitzerin – seine Eltern und die anderen Hunde ihm „großzügig" zurückließen. Sie hätten ihn stets vom Futternapf weggeschubst. Und dieses Zurückstehen mussten wir leider noch einige Monate beobachten, wenn andere Hunde zu Gast waren, die einfach sein Spielzeug nahmen. Heute bekommt er so viel Liebe, dass sein Selbstbewusstsein gewachsen ist und er sich auch wehrt … Eine Treppe kannte er nicht; er musste erst lernen, wie man Stufen herauf- und herunterläuft.

Aaron hatte das Glück, dass sein „großer Bruder Kino" viel Spielzeug zurückgelassen hatte. Und Aaron durfte sich nach und nach etwas davon aussuchen. Immer wieder lief er zur Scheunentür, hinter der sich Kinos Schätze verbargen, und sah uns bittend an. Nein, widerstehen konnte man ihm nicht.

Allerdings hat Peter Dyckhoff das mir gegebene Versprechen nicht gehalten! Mit der Erziehung von Aaron ist es „nicht weit her". Nach einer einzigen Trainingsstunde sagte er: *Aaron braucht das nicht!*

Leben und Arbeiten in Senden
ab etwa 2010

Ausbildung von Lehrenden seit 2010

Seit 2010 bildete Peter Dyckhoff bisher etwa vierzig Lehrer und Lehrerinnen für das Ruhegebet aus. Er stellt sowohl in theologischer als auch in menschlicher Hinsicht hohe Ansprüche an die Bewerber. Peter Dyckhoff legte und legt stets allergrößten Wert darauf, dass das Ruhegebet strikt nur in der vom Kirchenvater Johannes Cassian (360–435) überlieferten Weise weitergegeben wird. Er betont immer wieder, dass jegliche „Verwässerung" oder „Anreicherung" nicht vorkommen darf.

Die Lehrenden erhalten nach Abschluss ihrer Ausbildung ein von Peter Dyckhoff unterschriebenes Zertifikat, das sie als „Lehrende des Ruhegebetes nach Johannes Cassian" ausweist.

Die Ruhegebets-Lehrer und -Lehrerinnen geben Kurse zur Hinführung, Einführung und zur Vertiefung. Sie kommen nicht nur aus Deutschland, sondern auch aus Österreich, Italien/Südtirol, der Schweiz und Uganda. Die zwei- bis viertägigen Kurse zur „Einübung in das Ruhegebet" finden vorwiegend in Klöstern und Bildungseinrichtungen statt.

Einmal im Jahr, am ersten Wochenende im Oktober, treffen sich die Lehrenden mit Peter Dyckhoff im Kloster der Armen Dienstmägde Jesu Christi in Dernbach im Westerwald. An diesen Tagen werden Vorträge gehalten und Erfahrungen ausgetauscht. Es wird Neues berichtet, über Erfahrungen gesprochen, und manchmal werden auch kleine Schwachstellen bei den Kursen wieder „ins Lot" gebracht. So soll gewährleistet werden, dass alle Lehrenden auf dem gleichen Stand sind und keinerlei Abweichung vom eigentlichen cassianischen Ruhegebet vorkommen kann.

v.l.n.r:

Vordere Reihe: Angelika Teresa Oehlke, Anna Keller, Ulrike Jensen, Julia Kohler

Hintere Reihe: Pater Cyrill Greiter OCist, Margrit Rime, Heidi Fieser, Herbert Milas, Sr. Angeline Schürholz OSF, Pfarrer Dr. Peter Dyckhoff, Markus Knipp, Pater Thiemo Klein LC, Marie-Christine Hartlieb, Magdalene Hellwig (Kloster Hamicolt 2015)

Treffen der Lehrenden im Kloster der Armen Dienstmägde Jesu Christi in Dernbach/Westerwald, Oktober 2016

v.l.n.r:

1. Reihe von unten: Julia Kohler, Hans-Jürgen Breyer, Anna Keller, Diakon Günter Fichte, Maria Fichte (Gast)

2. Reihe von unten: Christa Betzwieser, Äbtissin M. Laetitia Fech OCist, Margit Rime, Verena Schäfer (Gast), Angelika Teresa Oehlke, Diakon Martin Güttner

3. Reihe von unten: Heidi Fieser, Marie Christine Hartlieb, Ulrike Jensen, Herbert Milas, Sr. Theresia Winkelhöfer ADJC, Pfarrer Dr. Peter Dyckhoff, Eggert Wiese, Diakon Patrick Oetterer

4. Reihe ganz oben: Pfarrer Pater Cyrill Josef Greiter OCist, Hansjürgen Meynig Pastor i. R., Josef Oehmen

Wissen sie, was sie tun?

Viel zu spät gelangte in die Öffentlichkeit, wie viele Kinder und junge Menschen missbraucht wurden – auch von Lehrern und Geistlichen, die eigentlich ihre Vorbilder hätten sein sollen. Bei solchen Handlungen darf nicht die geringste Nachsicht geübt werden. Die Vorfälle müssen vorbehaltlos aufgeklärt und die Täter strengstens bestraft werden, denn durch solche Handlungen können bekanntlich bei den Betroffenen Schäden entstehen, die zeitlebens nicht heilbar sind.

In solchen Fällen gerät der sonst recht ruhige Peter Dyckhoff fast außer sich, denn auch er hat selbstverständlich diesbezüglich eine „Null-Toleranz".

In der folgenden Erzählung wird jedoch ein Fall aufgegriffen, der heute leider für viele Kirchenvertreter – insbesondere aber auch für die Presse! – ein großes Tabu bedeutet. Geistliche und Lehrer als Täter sollen (mit Recht!) entlarvt werden: Aber wer setzt sich für diejenigen ein, die aus irgendwelchen Gründen ungerechtfertigt beschuldigt werden und dadurch alles verlieren? Rache, verschmähte Liebe, Geltungsbedürfnis, …

Generell: Nicht nur Priester, sondern auch Ärzte, Rechtsanwälte usw. sind einer großen Gefahr ausgesetzt, wenn Menschen es darauf anlegen, ihnen aus Rache oder Hass Böses anzutun. Meist ist es sehr schwer oder gar unmöglich, Beweise zu finden, die den „Angeklagten" nicht nur entlasten, sondern auch zu einem Freispruch führen. Aber wie soll ein Priester sein Priesterleben engagiert weiterleben, wenn es heißt: *Wegen Mangel an Beweisen freigesprochen?* Etwas bleibt trotzdem „hängen", wie man sagt, und andere Menschen begegnen den zu Unrecht Beschuldigten mit Distanz und Zweifel. Aber auch schon im Vorfeld, das heißt vor einem öffentlichen Verfahren, ist es möglich, einen Menschen seelisch und beruflich total zu zerstören.

Peter Dyckhoff lernte an der Universität Innsbruck einen Theologie-Studenten kennen, der bis zu seiner Weihe im dortigen Priesterseminar wohnte. Als er vor der Entscheidung der Inkardination stand, sich also für eine Diözese zu entscheiden, um dann dem dortigen Bischof Gehorsam zu geloben, wählte er die Diözese X. Der Bischof hieß ihn herzlich willkommen und gab ihm in seinem Bistum die Stelle, die sich der Priester wünschte. Er kam mit seiner menschlichen und gleichzeitig spirituellen Art gut bei seiner Gemeinde an und später, über die Diözese hinaus, in der Erwachsenenbildung.

Kurz nachdem er pensioniert war, also etwa 45 Jahre später, erhielt er aus Innsbruck den Anruf einer Dame, deren Name ihm nichts sagte. Sie stellte sich als Tochter des Hausmeisters des Priesterseminars in Innsbruck vor und beschuldigte ihn, sie als sechsjähriges Kind in seinem Zimmer vergewaltigt zu haben. Mit vorwurfsvoller und anklagender Stimme berichtete sie verschiedene Details aus der Zeit im Priesterseminar vor über vierzig Jahren, die zum Teil stimmten.

Der frühere Studienkollege von Peter Dyckhoff sagte ihm, er sei während des Telefongespräches wie paralysiert gewesen, denn anstatt aufzulegen habe er weiterhin den Hörer an sein Ohr gehalten und sich die beschriebenen Einzelheiten der vermeintlichen Vergewaltigung angehört … *Und dann haben Sie uns noch jeden Mittag aus der Seminarküche das Essen gebracht,* habe sie in vorwurfsvollem Ton gesagt. Sie sagte weiter, sie wolle ihm die Aufzeichnungen über seine Schandtaten schriftlich zukommen lassen.

Der mittlerweile emeritierte Amtsbruder rief Peter Dyckhoff in seiner Fassungslosigkeit an und fragte ihn, was er tun solle. Er fühle sich ohnmächtig … Die auf dem Display erschienene österreichische Telefonnummer hatte er sich notiert und gab sie Peter Dyckhoff.

Da Peter Dyckhoff mit absoluter Sicherheit wusste, dass dieser Kommilitone zu so etwas nicht in der Lage war, rief er die Frau an und meldete sich als Mitarbeiter dieses Priesters, dessen Namen er nannte. *Geben Sie mir sofort Ihre Anschrift, denn wir müssen Sie wegen Verleumdung umgehend bei der Polizei melden.* Das tat sie natürlich nicht. Tage vergingen und es geschah nichts.

Ebenfalls auf den Rat von Peter Dyckhoff hin rief sein früherer Studienfreund einen ihm aus der Studienzeit gut bekannten, fast befreundeten, Professor in Innsbruck an und berichtete ihm von dem Vorfall. Als der Professor hörte, dass der damalige Student täglich der Hausmeister-Familie das Mittagessen gebracht haben sollte – was natürlich nicht stimmte – schwieg er eine ganze Weile und dachte nach. Dann wurden ihm Zusammenhänge klar und er sagte, dass der Vater der Anruferin, der Hausmeister, täglich das Essen aus der Seminarküche in sein gegenüberliegendes Haus geholt habe und, dass eben dieser Vater damals schon als unersättlicher „Schürzenjäger" bekannt gewesen sei.

Der Professor vermutete ferner, die sechsjährige Tochter sei von ihrem eigenen Vater missbraucht worden, und habe, um ihren Vater nicht zu belasten, dieses Verbrechen auf den Priester projiziert.

Bis heute hat sich die Anruferin nicht wieder gemeldet – weder per Brief, per E-Mail oder Telefon noch über die Polizei oder über das Generalvikariat.

Für den Priester hat diese falsche, unglaubliche Anschuldigung die Konsequenz, dass er sich kaum noch traut, Beichtgespräche außerhalb des Beichtstuhls zu führen, sehr zurückhaltend zu Kindern und Messdienern ist und sich sehr distanziert im Zugehen auf Menschen zeigt.

Kann man sich vorstellen, wie ohnmächtig sich ein Priester in einer solchen Situation fühlt? Solche Fälle werden auch in der Presse verschwiegen, denn es ist „in“, Geistliche und Lehrer als Täter zu beschuldigen, ja, diese manchmal sogar unter Generalverdacht zu stellen. Auch scheint es in diesen Fällen die Unschuldsvermutung nicht zu geben …

Allein die Tatsache, dass ich mich gezwungen fühle, an dieser Stelle noch einmal zu betonen, dass sowohl für Pfarrer Peter Dyckhoff als auch für mich jeglicher sexueller Übergriff auf das Äußerste zu verurteilen ist, spricht für sich.

Wie geht's Dir, Herr Pfarrer?

Eine große Freude hatte Peter Dyckhoff jedes Mal, wenn er einen Brief von Petra erhielt. Alle Briefe begannen mit

Wie geht's Dir, Herr Pfarrer? Mir geht es gut.

Peter Dyckhoff las als Aushilfe häufig die heilige Messe in der großen Kirche des Anna-Katharinen-Stiftes in Karthaus, die einem Haus für Behinderte angeschlossen ist. Wenn er kam, war die Kirche nahezu bis auf den letzten Platz besetzt. Vorn standen viele Rollstühle mit älteren und jüngeren Bewohnern; einige machten immer wieder die gleichen motorischen Bewegungen, andere wiederum riefen laut etwas, lachten oder schrien plötzlich auf. Wenn er auch anfänglich so tief betroffen war, dass er erst Luft holen musste – dies änderte sich schnell.

Er fuhr gern in diese Kirche, denn meist erhielt er nach der heiligen Messe viele lieb gemeinte Worte und teilweise sogar „Streicheleinheiten“. Man nahm ihn in den Arm, drückte ihn – das alles war so herrlich menschlich und ohne jeden Hintergedanken.

Petra, eine Bewohnerin von etwa 50 Jahren, fragte ihn, wo er denn wohne. Er möge ihr doch seine Adresse aufschreiben, was er natürlich tat. Von da an bekam er immer wieder die schönsten Briefe, die stets gleichlautend begannen: *Wie geht's Dir, Herr Pfarrer? Mir geht es gut.* Dann schrieb sie ihm, wo sie Blumen gesehen hatte, wie ein Tier über die Straße lief, was sie geträumt hatte usw. usw. Die holprige Schrift (wie eine Erstklässlerin) war oft schlecht zu lesen und die Erzählungen – wenn man sie denn so nennen kann – manchmal schwer zu verstehen. Aber sie sprach nicht nur von sich, sondern fragte sogar nach ihm wie: *Was tust Du gerade?* oder *Träumst Du auch?* oder *Tust Du auch immer beten?*

Meist verschönerte sie diese Briefe durch Zeichnungen, die sogar manchmal „ihren Pfarrer" zeigen sollten.

Natürlich antwortete er nicht auf jeden ihrer Briefe; aber das schien Petra auch nicht zu erwarten. Nach jeder heiligen Messe wartete sie an der Tür der Sakristei auf ihn und fragte, ob er sich denn über ihre Briefe und Bilder gefreut habe.

Ja, das hat er wirklich jedes Mal! Es waren zu Herzen gehende Kostbarkeiten für ihn.

Ihn wunderbar erfüllende Tätigkeiten …

„Traufe" der Kinder und Enkelin des Ehepaars Janning, den Vorbesitzern des jetzigen Domizils von Peter Dyckhoff

Trauung eines Großneffen im Dom zu Köln

Peter Dyckhoff tauft Cäcilia, die Tochter seiner Großnichte Barbara, in Rheine

Er übernimmt Vertretungen in den Pfarreien St. Laurentius, Senden (Foto), Bösensell, Ottmarsbocholt, Münster, Buldern, Hiddingsel u. a.

Diese Fotos zeigen ihn während eines Besuchs im Vatikan, zu dem er von Walter Kardinal Kasper eingeladen wurde.

Peter Dyckhoff hatte dessen Predigten gesichtet, zusammengestellt und diese als Buch „Wer glaubt, zittert nicht" im Verlag Herder herausgegeben.

Waldtraud Edelmann interviewt Peter Dyckhoff

Das Foto unten zeigt ihn im Studio von Radio Maria Österreich in Wien mit dem Moderator Thomas Neunteufel.

Mit Pfarrer Andreas Schätzle, dem Programmdirektor von Radio Maria Österreich, versteht er sich recht gut. Andreas Schätzle ist ein Mitglied der weit über Deutschland hinaus bekannten Gesangsgruppe „Die Priester".

„Die Priester" – von links nach rechts:

Benediktiner-Pater Vianney Meister, Abt Rhabanus Petri und Diözesanpriester Andreas Schätzle

Ein Teil des Erlöses ihrer CDs kommt einem Kinderhilfsprojekt in Afrika zugute.

Peter Dyckhoff ist des Öfteren im deutschen, österreichischen oder schweizerischen Rundfunk zu hören oder im Fernsehen zu sehen. Da es ihn selbst stört, wenn Sprecher undeutlich „herüberkommen", zieht er sich vor den Aufnahmen bzw. Sendungen zurück, um Sprachübungen zu machen. Hier – zu Ihrer Belustigung – einige Beispiele, die ich seinem „Übungsheftchen" entnommen habe:

- Als wir noch in der Wiege lagen, gab's noch keine Liegewagen. Jetzt kann man in den Wagen liegen und sich in allen Lagen wiegen.
- Auf den sieben Robbenklippen sitzen sieben Robbensippen, die sich in die Rippen stippen, bis sie von den Klippen kippen.
- Herr von Hagen, darf ich's wagen, sie zu fragen, welchen Kragen sie getragen, als sie lagen krank am Magen in der Stadt zu Kopenhagen.
- Brautkleid bleibt Brautkleid und Blaukraut bleibt Blaukraut.
- Wenn dein Dackel zu meinem Dackel noch mal Dackel sagt, kriegt dein Dackel von meinem Dackel so eine gedackelt, dass dein Dackel nicht mehr „Dackel" sagen kann.
- Fromme Frösche fressen frische Frühlingszwiebeln, aber freche Frösche fressen frische Früchte.
- Fischers frisch frisierter Fritze frisst frisch frittierte Frisch-Fisch-Frikadellen.
- Der Leutnant von Leuthen befahl seinen Leuten, nicht eher zu läuten als der Leutnant von Leuthen seinen Leuten das Läuten befahl.
- Es soll vorkommen, dass die Nachkommen mit dem Einkommen nicht mehr auskommen und dann vollkommen verkommen umkommen.
- Schnecken erschrecken, wenn sie an Schnecken schlecken, denn zum Schrecken vieler Schnecken schmecken manchen Schnecken Schnecken nicht.
- In Ulm und um Ulm und um Ulm herum. In Ulm, um Ulm und um Ulm herum.
- Zwischen zwei Zwetschgenzweigen sitzen zwei zechenschwarze tschechisch zwitschernde Zwergschwalben.

Versuchen Sie's doch auch einmal – es hört sich wirklich lustig an!

Gemeinsam mit Angelika Teresa Oehlke, einer sehr engagierten Ruhegebetslehrerin, war er zu einem Interview und Fernsehaufnahmen bei „Kirche in Not" in München zu Gast.

Es tut Peter Dyckhoff gut, wenn es ihm gelingt, in geistlichen Gesprächen Menschen dabei zu helfen, ihren Weg zu finden.

Im Winter führt er diese Gespräche in seinem „Eulenraum" – im Sommer gern draußen …

Der „Eulenraum" ist ein in der sonst „naturbelassenen" alten Scheune ausgebauter Raum – direkt unter dem Sitzplatz der „hauseigenen" Schleiereulen …

Hektik – Hektik – alles gut …

Würdest du uns bitte trauen? Diese Bitte kam von einem Großneffen, der in einer Seitenkapelle des Kölner Doms heiraten wollte. Natürlich sagte Peter Dyckhoff zu. Neben der Freude, die ihm diese Trauung machen würde, erleichterte es ihm die Entscheidung, dass er von Senden unkompliziert mit dem Zug nach Köln kommen konnte. Einsteigen in Nottuln-Appelhülsen (ca. 4 km von zu Hause), Umsteigen in Essen, Aussteigen direkt am Kölner Dom, … Aber es kam anders.

Anmerkung: Am 18. Januar 2007 fegte der Orkan „Kyrill" das gesamte Bahnhofsgebäude von Nottuln-Appelhülsen fort. Es wurde nicht wieder aufgebaut. Der Bahnhofsplatz heißt heute „Kyrillplatz" …

Peter Dyckhoff nahm einen Zug, der etwa zwei Stunden vor der Trauung in Köln sein sollte. Er bestieg den Zug, der sich leicht verspätet hatte, in Appelhülsen. Nach etwa 30 km hielt der Zug kurz hinter Haltern. Lange Zeit hörte man nichts, dann kam die Durchsage: *Wegen einer Bombendrohung musste der Bahnhof Düsseldorf geräumt werden. Wir können derzeit nicht weiter.*

Nach mehr als einer halben Stunde fuhr der Zug wieder Richtung Haltern. Dann kam auf offener Strecke die Durchsage: *Wir fahren zurück nach Münster.*

Die Schlussfolgerung: Keine Chance für ein rechtzeitiges Ankommen in Köln!

Peter Dyckhoff rief vom Bahnhof Haltern aus ein Taxi und ließ sich bis zum Kölner Dom bringen. Gut, dass er ausreichend Geld in der Tasche hatte! Und er schaffte es: Wenige Minuten vor dem Termin traf er ein und begrüßte das Brautpaar, das sich große Sorgen gemacht hatte.

Die Trauung hingegen war für alle unvergesslich. Aufgrund der lockeren, humorvollen Worte, die Peter Dyckhoff fand, wurde es ein ganz besonderes Erlebnis. Es wurde sogar viel gelacht.

Der Kleine (Foto) war recht stolz und machte alles, was der Pfarrer sagte. Auf dessen Bitte: *Gib mir mal den Sprengel,* fragte er: *Musst du jetzt sprengen?*

Wofür Maulwurfshügel gut sind

Das ist ein spiritueller Mensch – bei diesem Satz denken manche „Otto Normalverbraucher", dieser Mensch sei „abgehoben, durchgeistigt, nicht auf dem Boden stehend und fern der Realität". Dass dies absolut falsch ist, kann kaum besser gezeigt werden als am Beispiel von Pater Cyrill. Er ist ein spiritueller Mensch – dabei humorvoll, lebenslustig, aktiv, mit beiden Beinen auf dem Boden stehend und zu vielen „Schandtaten" bereit.

Pater Cyrill Greiter OCist. ist Pfarrer in der Pfarrei St. Vigil in Meran/Italien und Ruhegebetslehrer. Zu einem Gespräch besuchte er Peter Dyckhoff in Senden. Peter Dyckhoff wohnt bekanntlich im Außenbereich – umgeben von Bäumen und Wiesen.

Das Wetter war herrlich, und so konnten die beiden sich im Grünen unterhalten.

Eine große Plage sind auf dem Grundstück die vielen Maulwurfshügel, die immer mehr und immer höher werden. Aber diese hatten – zumindest an diesem Tag – auch etwas Gutes.

Pater Cyrill ist mir persönlich sehr sympathisch – und dies nicht nur, weil er das gleiche Laster hat wie ich: das Rauchen. Peter Dyckhoff hat natürlich als „leidenschaftlicher Nichtraucher" nirgends einen Aschenbecher stehen. So weit – so gut.

Als ich Tage später wieder einmal mit einer Schaufel die Maulwurfshügel „einebnen" wollte, entdeckte ich, dass aus vielen Hügeln ein kleines helles Stielchen herausragte: Es waren die Filter aufgerauchter italienischer Zigaretten …

Ich muss nicht betonen, dass mir danach Pater Cyrill menschlich noch sympathischer wurde?

Abschalten

Peter Dyckhoff hat sich ganz in die Ruhe zurückgezogen. Er sieht sich keine Fernsehsendungen an und hört auch nur noch ab und zu Nachrichten im Radio.

Bei Besuchen bekam er des Öfteren Teile von Fernsehsendungen mit, die hauptsächlich von Jugendlichen angeschaut werden. Und selbst wenn er mit dem Gesprächspartner in ein anderes Zimmer geht, verfolgt ihn der Ton. Nicht selten war er entsetzt darüber, mit welcher bodenlosen Frechheit und Dreistigkeit sexuelle Dinge angesprochen und in den Schmutz gezogen werden. Allein schon zweideutige Bemerkungen eines Moderators in so genannten Sketchen lassen im Bewusstsein der Zuschauer Bilder aufkommen, die sich dann bis in die Tiefe des menschlichen Herzens weiterentwickeln. Viele Fernsehsendungen seien offensichtlich oder auch unterschwellig auf diese Thematik angelegt.

Peter Dyckhoff sagt, dass ihm oft spät abends oder auch im Traum diese Eindrücke wieder ins Bewusstsein kommen. Versuche, Gehörtes oder Gesehenes sofort zu vergessen, gelingen ihm nicht. Er spüre, wie sein Wille versagt und er diesen nach unten ziehenden Kräften erst einmal ausgeliefert sei.

Er meint, es sei wichtig, uns diesen schleichend zerstörerischen Mächten nicht auszusetzen, ja, ihnen überhaupt keine Chance zu geben, uns zu berühren. Es sei nicht nur gut, sondern auch notwendig, mit aller Aufmerksamkeit das Herz zu bewahren. Und das gelte für jeden!

Mehr als alles hüte dein Herz; denn von ihm geht das Leben aus. Vermeide alle Falschheit des Mundes und Verkehrtheit der Lippen halt von dir fern! Deine Augen sollen geradeaus schauen und deine Blicke richte nach vorn! (Sprichwörter 4,23–25)

Peter Dyckhoff empfiehlt dringend, auch einmal abzuschalten – und damit ist nicht nur das Fernsehgerät gemeint …

Seine Mutter in Dessous?

Auch seine Toleranz ist nicht uneingeschränkt …

Peter Dyckhoff liebte seine Mutter über alles, und er war unglaublich stolz auf das, was sie in ihrem Leben geleistet hat.

Charlotte Giese (später Dyckhoff) wurde als eine von drei Töchtern unter recht einfachen Verhältnissen in Melle geboren. Sie wuchs zu einer sehr schönen Frau heran, die die „besten Partien" hätte machen können. Aber sie war sehr wählerisch – nicht in Bezug auf Aussehen oder Materie, sondern im Hinblick auf das Herz eines Menschen, denn sie selbst hatte ein großes.

Als ihr Vater noch vor ihrer Ehe mit Rudolf Dyckhoff an Krebs erkrankte und seine Anstellung als Schreiner verlor, versuchte er, durch eigene Holzarbeiten Geld für die Familie zu verdienen. Aber auch das Holz musste bezahlt werden. Und Geld hatte er keines.

Peter Dyckhoffs Mutter nahm das Angebot an, als Mannequin für namhafte Unternehmen in Berlin Damen-Oberbekleidung auf dem Laufsteg vorzuführen. Sie erhielt dafür – für die damalige Zeit – viel Geld. Sie sagte ihren Eltern nicht, wie sie dieses Geld verdient hatte, aber dass dies auf ehrliche Weise geschah, war selbstverständlich. Sie gab ihren vollen Verdienst weiter an ihren Vater. Und der konnte Holz kaufen und die Familie damit „über Wasser halten“.

Wie stark Peter Dyckhoff seine Mutter liebte und auch heute „kein Stäubchen“ auf sie kommen lassen würde, sehen Sie aus folgendem Geschehen:

Wer ihn kennt, weiß, dass seine Bücher ihm unendlich viel bedeuten und er größten Wert auf die vertrauensvolle Zusammenarbeit mit guten Verlagen legt. Aber dieses Vertrauen zu einem Verlag zerbrach.

Er schrieb in einem Buch von seiner Mutter und erwähnte, dass sie als Mannequin Damen-Oberbekleidung vorgeführt hatte.

Die Lektorin machte daraus „Dessous“, da dies „besser klinge“, und sträubte sich, diese Formulierung zu ändern. Selten habe ich Peter Dyckhoff so „emotional“ erlebt ... Die Zusammenarbeit mit diesem Verlag endete kurz darauf.

So etwas kann doch ein Priester nicht schreiben ...

Die überwiegende Literatur von Peter Dyckhoff besteht aus Übertragungen von Texten alter Wüstenväter, spanischer Mystiker und Kirchenlehrer. Er möchte die kostbaren Weisheiten für die Menschen von heute nutzbar machen, vor allem aber das Ruhegebet wieder beleben.

Peter Dyckhoff ist aber auch Seelsorger und wird in dieser Funktion mit vielen und den vielfältigsten menschlichen Schicksalen konfrontiert. Ab und zu schreibt er auch über solch menschliche Problematiken und versucht, beispielsweise durch Texte aus der Bibel, die Menschen zu eigenen Antworten zu bringen.

Manchmal wird es ihm jedoch schwer gemacht, den „Alltag“ in seine Bücher zu bringen – insbesondere, wenn es um Liebe oder um Körperliches geht.

So wurde er von einem christlichen Verlag gebeten, Passagen aus einem Manuskript zu streichen, die „allzu Weltliches" enthielten – er sei doch katholischer Priester! Anscheinend glauben manche, ein Priester dürfte sich nicht mit bestimmten menschlichen Schwächen befassen …

Bei diesem für ihn noch neuen Verlag war er ausnahmsweise zu einem Kompromiss bereit und erklärte sich damit einverstanden, Textpassagen an vier Stellen zu streichen. Mehr nicht. Lieber zieht er ein Manuskript zurück als sich in eine Richtung drängen zu lassen, die ihm „abgehoben" erscheint und ihm nicht entspricht.

Peter Dyckhoff ist der festen Überzeugung, dass alle Probleme, auf welchem Gebiet sie auch immer liegen, in den Bereich eines Seelsorgers fallen. Natürlich müsse sich dieser stets um „einen guten Draht nach oben" bemühen – gleichzeitig aber „mit beiden Beinen auf der Erde stehen" und absolut verschwiegen sein.

Traurige Entwicklung in der priesterlichen Seelsorge

Vor etwa 25 Jahren, als ich Peter Dyckhoff als Pfarrer wiedertraf, war es noch völlig anders: Wenn jemand mit großen Problemen zu ihm kam und er das Gefühl hatte, es täte dem Menschen gut, ihn in den Arm zu nehmen, so tat er das. (Anmerkung: in seiner großen mitfühlenden „Naivität")

Er brauchte nicht darauf zu achten, ob er mit einem einzigen Messdiener in der Sakristei allein war. In seiner Wohnung führte er Beichtgespräche hinter verschlossener Tür, auch wenn niemand sonst in der Wohnung war.

Heute, nachdem einzelne Geistliche das unentschuldbare Verbrechen begangen haben, sich an Kindern zu vergehen, ist das alles anders geworden. Die Haltung Geistlichen gegenüber ist generell eine andere. Man begegnet ihnen häufig nicht mehr mit Vertrauen, sondern mit Misstrauen.

In einigen Kirchen ist es sogar so, dass stets ein Elternteil anwesend zu sein hat, wenn sich ein Messdiener in der Sakristei beim Pfarrer aufhält.

Peter Dyckhoff erhielt vor einiger Zeit den Anruf einer älteren Dame, den ich versuche, hier wiederzugeben:

Sie: *Ich möchte bei Ihnen beichten. Ich musste meinen Beichtvater wechseln.*
PD: *Warum das denn?*
Sie: *Er wollte das Beichtgespräch in seinem Büro führen. Und da stand eine Liege.*
PD: *Ja, und?*
Sie: *Ich sagte, da stand eine Liege!*
PD: *Ja, was ist denn geschehen, oder was hat er getan?*
Sie: *Nichts, aber es stand eine Liege im Zimmer …*

Peter Dyckhoff ist heute so weit, nur noch Einzelgespräche mit Menschen zu führen, denen er vollends vertraut – oder er lässt die Tür weit auf und sorgt dafür, dass jemand in Rufweite ist.

Schade, dass uns allen durch diese Entwicklung etwas unschätzbar Kostbares verloren gegangen ist: das Vertrauen in Seelsorger!

„Schwielen auf den Fühlern"

Peter Dyckhoff wurde von einem Herrn (ca. 45 Jahre alt) aus dem Rheinland um ein geistliches Gespräch gebeten. Nach einer etwas längeren Wartezeit war es dann so weit. Peter Dyckhoff holte ihn mit seinem Wagen von der Bahn ab, da dieser kein Auto besaß und wohl auch kein Geld für ein Taxi hatte.

Obwohl derartige Gespräche eigentlich auf maximal zwei Stunden begrenzt sein sollten, hörte der Herr nicht auf, von sich zu sprechen. Weit über die Mittagszeit hinaus … Als Peter Dyckhoff von diesem Reden und Zuhören wirklich zu erschöpft war, sagte er, man solle nun das Gespräch beenden, denn man „drehe sich im Kreis". Trotzdem dauerte es an …

Der Besucher wurde wieder zum Bahnhof gefahren, wo man sich voneinander verabschiedete. Der Herr bedankte sich und sagte als Letztes zu Peter Dyckhoff:

Wir werden uns wohl nicht mehr wiedersehen, denn Sie werden ja jetzt bald 80 Jahre alt. Aber vielleicht später im Himmel …

Mit 80 baut man etwas ab …

Peter Dyckhoff gehört zu den Menschen, die kaum „Nein“ sagen können.

Er ist nun 80 Jahre alt – und noch immer arbeitet er von morgens bis abends, denn er hat das Glück, dass seine Tätigkeit mit seinem größten Hobby identisch ist. Das Recherchieren für seine Bücher, das Schreiben und auch das Antworten auf die vielen Fragen, die ihm zugesandt werden, erfüllt ihn – zeitlich und emotional.

Allerdings gibt es auch altersbedingte Probleme, die immer größer werden.

Das liegt insbesondere daran, dass er sich bei Gesprächen tief in die anderen hineinversetzt, über Predigten für heilige Messen tagelang nachdenkt und sich auf Taufen, Trauungen und Beerdigungen intensiv vorbereitet, um sie so individuell wie möglich zu gestalten. Es wäre für Peter Dyckhoff unmöglich, Texte – und seien sie auch noch so lang – abzulesen. Er spricht stets frei.

Eines seiner Probleme liegt in der Durchführung von Beerdigungen. Er kniet sich so tief in das Leben des Verstorbenen und in die Gespräche mit den Angehörigen hinein, dass er sich nach der Beisetzung wie „ausgelaugt“ fühlt. Es dauert stets mehrere Tage, bis er wieder „frei“ ist. Er hat sich nun (gottlob) entschlossen, keine Beerdigungen mehr vorzunehmen – allerdings nur schweren Herzens.

Auch Trauungen und Taufen wird er – so hat er versprochen – nur noch in ganz wenigen privaten Ausnahmefällen annehmen, obwohl er es stets als Ehre ansah, gefragt zu werden.

Das größte Problem liegt aber in den seelsorglichen Gesprächen. Diese sind sehr, sehr wichtig – das wissen wir alle. Jedoch glauben einige der Besucher, ihn „mit Haut und Haaren“ in Beschlag nehmen zu können, bleiben über mehrere Stunden, erzählen und erzählen … Erschwerend kommt hinzu, dass sich ihm manches Mal Bilder aus der Vergangenheit oder der Zukunft des Gesprächspartners aufdrängen, was ihn sehr belastet.

Es wird von Einigen nicht zur Kenntnis genommen, dass auch Peter Dyckhoff nur ein Mensch ist, 80 Jahre alt, und Ruhepausen braucht. Wenn er die Besucher sensibel, später dann auch deutlicher, bittet, das Gespräch zu beenden, hört man dies oft nicht. Es wird einfach weiter geredet: *ich – ich – ich.*

Oft ist er so erschöpft, dass er anschließend schlafen muss und auch der nächste oder gar übernächste Tag noch gestört ist.

Manchmal – so muss ich leider gestehen – ist er nicht ganz „unschuldig“ hieran, denn er gibt sich ganz und fühlt sich in die Menschen hinein, sodass diese das Gefühl haben, sie seien für ihn die Wichtigsten …

Anmerkung:
Peter Dyckhoff selbst würde so etwas niemals schreiben. Aber ich tue es! Wissen manche Menschen denn nicht, was Vor-Sicht, Rück-Sicht, Nach-Sicht und Um-Sicht bedeuten?

Gründung der „Stiftung Ruhegebet“

Die Verbreitung des christlichen Ruhegebetes nach Johannes Cassian war und ist, wie schon oft gesagt, die eigentliche Lebensaufgabe von Pfarrer Peter Dyckhoff. Etwa im Jahr 2008 begann der Gedanke einer Stiftungsgründung in Peter Dyckhoff zu reifen. Diese Stiftung sollte auch dann, wenn er einmal diese irdische Welt verlässt, dazu beitragen, Menschen zum Ruhegebet zu führen und das Gedankengut des Johannes Cassian weiter zu fördern.

So hat und wird er auch dafür sorgen, dass nach seinem Tod spirituelle und verantwortungsbewusste Menschen die Stiftung in seinem Sinn weiterführen. Und für dieses „Erbe“, das er einmal weitergibt, wird er auch die materielle Grundlage schaffen.

Hier ein Auszug aus der Stiftungssatzung:

§ 2 – Gemeinnütziger Zweck

(1) Die Stiftung verfolgt ausschließlich und unmittelbar gemeinnützige Zwecke im Sinn des Abschnitts „Steuerbegünstigte Zwecke“ der Abgabenordnung.

(2) Zweck der Stiftung ist die Förderung des Ruhegebetes nach dem christlichen Mönchsvater Johannes Cassian (360–435) und die Verbreitung geistlicher Literatur, die mit dem Christentum vereinbar ist und des Gedankengutes des katholischen Pfarrers Dr. Peter Dyckhoff (Förderung gemäß § 52 Abs. 2 Nr. 2 und Nr. 7 AO).

(3) Der Stiftungszweck soll insbesondere verwirklicht werden durch

- die Durchführung von Kursen zur Einübung in das Ruhegebet und Vertiefungskurse,
- Ausbildung und Weiterbildung von Lehrenden für das Ruhegebet,
- geistliche Hilfestellungen für Menschen, die Stress abbauen wollen,
- individuelle Betreuung von Menschen, die mit der Anwendung des Ruhegebetes Schwierigkeiten haben,
- Weitergabe und Verbreitung geistlicher Literatur, die mit dem Christentum vereinbar ist,
- Verbreitung der geistlichen Literatur und des Gedankengutes von Dr. Peter Dyckhoff.

Die Stiftung ist selbstlos tätig; sie verfolgt nicht in erster Linie eigenwirtschaftliche Zwecke.

Die Mittel der Stiftung dürfen nur für die satzungsmäßigen Zwecke verwendet werden. Des Weiteren dürfen die Mittel der Stiftung im Rahmen der Verwirklichung des Stiftungszwecks in angemessenem Umfang auch für die Öffentlichkeitsarbeit der Stiftung verwendet werden. Der Stifter und seine Erben/Rechtsnachfolger erhalten keine Zuwendungen aus Mitteln der Stiftung.

Beurkundet wurde die Stiftungsgründung am 5. November 2013 durch den Regierungspräsidenten Prof. Dr. Reinhard Klenke, Bezirksregierung Münster.

Bewundernswerte Arbeit leisten die ehrenamtlichen Helfer, die die „Stiftung Ruhegebet“ bereits jetzt hat.

In besonderer Weise sind hier zu nennen:

- Angelika Teresa Oehlke, die sich verantwortungsbewusst um die Finanzen der Stiftung bzw. die Spenden kümmert
- Marie Christine Hartlieb, die sich erfolgreich um die Öffentlichkeitsarbeit bemüht und die Homepages pflegt
- Reimund Oehlke, der sich mit Medienbestellungen befasst und deren Versand vornimmt

Homepage: www.Stiftung-Ruhegebet.de
Spendenkonto: Stiftung Ruhegebet, Sparkasse Westmünsterland
IBAN: DE41 4015 4530 0036 0836 08, SWIFT-BIC: WELADE3WXXX

Das Stiftungskreuz

Kurz bevor Charlotte Dyckhoff starb, gab sie mir ein kleines mit Halb-Edelsteinen besetztes Kreuz. Sie wird mir gesagt haben, um welche Steine es sich handelt – ich weiß es jedoch nicht mehr.

Dies ist das Taufkreuz von Peter. Bitte versprich mir, dass du es ihm einmal mitgibst, wenn er gestorben ist.

Seither hüte ich dieses – insbesondere immateriell – sehr wertvolle Kreuz. Nach einer gemeinsamen Griechenland-Reise mit ihrem Sohn gab sie mir noch eine lange goldene Halskette, die sie dort erworben hatte. *Lege die Kette bitte zu seinem Tauf- und Sterbekreuz,* bat sie mich.

Vor einiger Zeit erwähnte ich in einem Gespräch mit Peter Dyckhoff dieses Taufkreuz und erinnerte ihn an die Bitte seiner Mutter an mich, ihm dieses als Sterbekreuz einmal mitzugeben. Doch das schien ihm nicht recht zu „behagen". Es kamen Argumente wie *Das ist zu schade* oder *Ich habe ja meinen Rosenkranz.* Ich bestand natürlich darauf, den Willen seiner Mutter zu erfüllen – und er letztlich auch. Aber so ganz zufrieden schien er doch nicht.

Dann kam ihm eine Idee, mit der ich „leben" konnte, da ich überzeugt davon bin, dass auch seine Mutter diese Alternative – würde sie sie gekannt haben – begrüßt hätte:

Sein Taufkreuz soll nun weitergegeben werden an die von ihm „aus der Taufe gehobene" Stiftung Ruhegebet. Wenn er selbst diese irdische Welt verlässt, geht es an die Person, die den Vorsitz übernimmt, und die das „Stiftungskreuz" dann immer weitergibt – als Andenken an den Gründer Peter Dyckhoff.

Sein Geheimnis

Wenn Sie auch durch diese Erzählungen viel von Peter Dyckhoff erfahren, so bleibt doch etwas Wichtiges im Dunkeln.

Seine Mutter sagte des Öfteren: *Die letzte Karte spielt man nicht aus …*

Aber so viel sollten Sie wissen: Seit etwa 45 Jahren leidet Peter Dyckhoff unter einer starken gesundheitlichen Beeinträchtigung, die er tapfer erträgt. Er spricht nicht darüber, aber wer ihn länger und genau beobachtet, wird bemerken, wie schnell ihn seine Kräfte verlassen und wie sehr er sich so manches Mal „zusammennehmen" muss …

TEIL 2

Worte zum 80. Geburtstag und zum Ruhegebet

beulter Stern. Er zierte den Turm des ehemaligen Zisterzienserinnenklosters Marienstern bis Pfingstmontag 2016. Damals wurde der Turm samt Stern durch einen Tornado vom Dach gefegt. So ist der Stern für mich ein Symbol für Christus – ein Stern, der für uns vom Himmel fiel und sich hat buchstäblich nicht schonen, sondern zerbeulen lassen.

Mit diesem Bild komme ich zu Ihrem 80. Geburtstag und möchte Ihnen von Herzen gratulieren. Es ist ein Symbol für Ihr Leben. Geboren als Kind Gottes. Menschwerdung! Auch Sie haben sich zerbeulen lassen für IHN – mancher Sturm im Leben hat so manchen Traum vom Himmel gefegt und doch haben Sie IHN immer im Herzen und im Auge behalten. Jedes Ihrer Bücher haben Sie mir geschenkt und in meinem Regal blitzt immer wieder der Name: „Peter Dyckhoff" auf. Es sind solche spirituellen Bereicherungen. Egal, welches Buch ich zur Hand nehme. Tiefe Glaubenserfahrungen – Lebensbewältigung – bereichernde Quellen wie Theresia von Avila …., das Blaue Buch – die drei Hände der Gottesmutter … Ich brauche sie nicht alle aufzuzählen, denn Sie haben sie ja geschrieben. Und immer wieder, wenn ich dann in verschiedenen Büchergeschäften, in Kirchenzeitungen etc. die Ankündigung Ihrer Bücher sehe, macht es mich innerlich sehr froh. Da weiß ich, dass ehrfürchtige, heilmachende, spirituelle Gedanken ins Leben kommen bei den Menschen, die sich für eines Ihrer Bücher entscheiden.

Lieber Mitbruder Peter – mit meinen Händen und mit meinem Herzen möchte ich ganz bei Ihnen sein, um Ihnen zu diesem Geburtstag zu gratulieren. In Ihnen ist Gott ein Menschenkind gelungen, das den Reichtum des Schöpfers mit anderen teilt und mitteilt. Ich wünsche Ihnen weiterhin Gottes Segen – Gottes liebende Hand um Ihre Schultern sollen Sie spüren, dass Sie IHN spüren an jedem Tag noch viele Jahre und vor allem auch dann, wenn der Schritt von der Zeit in die Ewigkeit getan wird. Es ist ein Gnadengedanke, wenn man auch diesen Moment vor Augen hat. Alles andere wäre Täuschung und Trug. Ich wünsche Ihnen im Älterwerden gute Menschen um sich und eine „saubere“ Luft. Nichts Böses soll um Sie herum sein, damit Sie weiterhin Gottes Gegenwart noch tief einatmen dürfen und noch viele schriftliche geistliche Gedanken an die Menschen weitergeben können. Und am Ende der Zeit wünsche ich Ihnen dann, dass wir gemeinsam uns einreihen dürfen in die große Heerschar derer, die vor Gott sind und IHN schauen und anbeten – ewiges Glück.

Es grüßt Sie ganz herzlich, segnet und umarmt Sie Ihr Mitbruder P. Alois cmf

Äbtissin M. Petra Articus OCist.

Zisterzienserinnen-Abtei Seligenthal

„Das Du begegnet mir von Gnaden: alles Wirkliche im Leben ist Begegnung: Ich werde am Du: Ich – werdend spreche ich Du. Jeder wird, der er sein soll, jeweils erst durch den Andern: Mein Ich entsteht im Du.“
Martin Buber

Nicht persönlich und nicht schon in der Kindheit oder als junge Erwachsene sind wir uns begegnet. Ja, ich habe Sie bis auf Fotos auf Ihren Büchern noch nie von Angesicht zu Angesicht gesehen. Und trotzdem gehören Sie für mich zu den Persönlichkeiten, von deren Begegnung und fördernden Beziehung Martin Buber spricht.

Als Sie mir, das heißt dem Kloster, das erste Buch geschenkt haben, sind Sie in mein Leben eingetreten, eine schriftliche Beziehung ist entstanden, die jetzt schon über Jahre fortdauert. Ihre Karten, die den jeweils geschickten Büchern beigegeben waren, und der Inhalt Ihrer Bücher, ob ich an die, über das Ruhegebet denke oder z. B. an „Dem Licht Christi folgen“, zeigen mir, hier schreibt ein „Gottes- und Menschenfreund“, der durch alles, was er schreibt und, wie ich vermute, auch sagt, aus der Weite des Geistes schöpft und im Vertrauen auf Gottes Liebe die Leser einlädt, sich auf das große Geheimnis des Glaubens einzulassen.

Aus Ihren Schriften spüre ich Ihre Leidenschaft für Gott und die Menschen. Und ich spüre auch Ihren Wunsch, allen Gläubigen darzulegen, dass wir im Alltag durch ein liebevolles, stilles Verweilen vor Gott und durch schlichte, im Einverständnis mit dem Willen Gottes vollzogene Handlungen heilig werden können. Papst Franziskus hat dieses Jahr zum Jahr der Barmherzigkeit Gottes ausgerufen.

Liest man Ihre Bücher, so versteht man, was der Heilige Vater damit erreichen will, denn aus all Ihren Werken lese ich Ihr Anliegen heraus, möglichst vielen Menschen zu vermitteln, sich im Glauben auf den liebenden Gott einzulassen und Ihm die Herrschaft und Führung über unser Leben zu überlassen. Dies ist das Beste, was man sich selbst tun kann, und führt zur Freiheit und zur größeren Liebe Gott und den Menschen gegenüber. So sind Sie ein Erzieher zur Liebe, und dafür danke ich Ihnen aus ganzem Herzen.

Dass Sie selbst immer tiefer in Gottes Liebe eindringen dürfen, sich ganz und gar von ihm getragen wissen, wünsche ich Ihnen aus ganzem Herzen zu Ihrem 80. Geburtstag. Im Gebet bin ich mit Ihnen verbunden.

Abt Ivo Auf der Maur OSB

Benediktinerabtei St. Otmarsberg, Uznach/Schweiz

Lieber Herr Pfarrer Dr. Peter Dyckhoff, stimmt das wirklich: Sie dürfen die Vollendung Ihres 80. Lebensjahres feiern? Dabei sind Sie noch so aktiv als Schriftsteller und Seelsorger tätig wie einer im besten Mannesalter. Kaum zu glauben. Darüber kann man sich nur freuen.

Zwar haben wir uns noch nie gesehen. Entsprechende Pläne sind aus verschiedenen Gründen immer wieder zerronnen. Unsere Bekanntschaft dürfte erst gut fünfzehn Jahre zurückliegen, als ich ein Buch von Ihnen zur Rezension in unserer Zeitschrift „Missionsblätter“ erhielt. Seither habe ich rund dreißig Ihrer Werke besprochen und Sie als geistlichen Schriftsteller schätzen gelernt – und nicht nur ich, sondern auch die vielen Leser/innen, wie die hohen Auflagen Ihrer Bücher beweisen.

Ihr großes Anliegen ist die Anleitung zum Ruhegebet und zu dessen Verbreitung, damit die Menschen innerlich frei werden von Gedanken und Vorstellungen und somit Ruhe und Frieden finden in Gott. Sie greifen damit die klassische Einteilung des spirituellen Lebens von der Reinigung über die Erleuchtung bis zur Vereinigung mit Gott auf. Dieses Gebet führt zur Hingabe an Gott in der Nachfolge Christi, zu größerer Gelassenheit, zu einem sinnvolleren Leben, zum Vertrauen auf Gott auch im Sterben.

Damit kommen Sie einem Bedürfnis oder einer Notwendigkeit der Menschen in einer rastlosen und lauten Welt entgegen. Viele leiden heute unter Resignation, Depression, Hoffnungslosigkeit oder sind Gott gegenüber gleichgültig geworden. Sie suchen irgendwo Orientierung, Abhilfe. Denn nicht nur zur Zeit des hl. Augustinus, sondern erst recht heute, gilt: „Unruhig ist unser Herz, bis es ruhet in dir, o Gott."

Sie verstehen es, Ihr Anliegen in Ihren Büchern in der heutigen Sprache darzulegen. Sie führen Schritt für Schritt hin zum Gebet, in kurzen Abschnitten, manchmal anhand von Bildern und Stichen, gehen auf Gefahren und Hindernisse ein, meiden Extreme und vorgefasste Antworten, veranschaulichen durch lebensnahe Beispiele, fassen in Merksätzen und persönlich formulierten Gebeten zusammen, weisen auf die Wohltaten hin, schreiben für Anfänger und Fortgeschrittene.

Ihre Gedanken schöpfen Sie aus den Schriften von Johannes Cassian (360–435). Dieser hatte gut zehn Jahre bei Mönchen gelebt, vor allem in der sketischen Wüste Ägyptens. Von dort brachte er die neue Gebetsweise nach Europa, gründete in Marseille ein Männer- und ein Frauenkloster und legte seine in Afrika geführten Gespräche und gewonnenen Kenntnisse in den „Unterredungen" und „Einrichtungen" nieder. Damit gewann er großen Einfluss auf die damalige Frömmigkeit und das Mönchtum in Gallien und Spanien. Aber auch der hl. Benedikt (+547) ermuntert seine Mönche zum Lesen dieser beiden Schriften.

Ganz abgesehen davon lassen Sie sich bei der Abfassung Ihrer Schriften natürlich auch von der Heiligen Schrift, der Eucharistie, dem Leben Marias inspirieren, zudem von den Regeln der alten Ordensgründer und vor allem von den großen spanischen Lehrmeistern des geistlichen Lebens, einer Theresia von Avila, eines Johannes vom Kreuz und eines Petrus von Alcantara. Manchmal wenden Sie sich auch aufgrund bestimmter Ereignisse den Lehren von Heiligen zu: Franziskus und Klara (Papst Franziskus) oder Johannes von Avila (Heiligsprechung). Durch eine neue Übersetzung haben Sie schließlich die einst viel gelesene Nachfolge Christi eines Thomas von Kempen und die Philothea des hl. Franz Sales heutigen Menschen wieder nahegebracht. All diese Männer und Frauen suchten vor allem die innere Ruhe und den Seelenfrieden zu vermitteln.

Gott lohne es Ihnen, dass Sie in einer rastlosen und lauten Welt so vielen durch das Gebet der Ruhe zu Stille und innerem Frieden geholfen haben. Es ist zu hoffen, dass Ihr Anliegen weitergetragen wird durch die von Ihnen ausgebildeten Mitarbeiter/innen und die Stiftung Ruhegebet. Vor allem wünsche ich, dass Sie auch in den kommenden Jahren den Menschen den Weg zu dieser hilfreichen Gebetsweise zeigen können. Ich danke Ihnen für all Ihre Mühen. Denn durch Ihre Bücher, die ich im Lauf der Jahre zur Besprechung gelesen habe, wurde auch ich bereichert.

Gott segne Sie und Ihr weiteres Wirken.

Äbtissin M. Bernadette Bargel OSC

Kevelaer

„Wenn uns das Erwachen himmlischer Kräfte in unserer Seele bewusst wird, wächst nicht nur eine unbändige Sehnsucht nach geistigem Leben und tieferer Erkenntnis, sondern auch die Fähigkeit, unser Leben zielgerechter und verantwortungsvoller zu gestalten", so schrieb Peter Dyckhoff in seinem Buch „Himmlische Gedanken". Er schrieb und redete nicht nur über diese Theologie der großen Kirchenlehrer und Theologen der Frühzeit, sondern er liebte und lebte sie.

Die guten Kontakte wurden durch die monatlichen Vorträge, durch die mit ihm gefeierten Eucharistiefeiern, die Exerzitien, die er als Kaplan an St. Marien, Klevelaer, hielt, vertieft.

Gerade in seiner Kevelaerer Kaplans-Zeit und in den Jahren seines Wirkens in der Diözese Hildesheim, besonders im Haus Cassian, führte er uns immer tiefer in die Mystik des Origenes, Cassian und Dionysius ein. Es war ein gegenseitiges Geben und Nehmen, denn all die „Aktivitäten" des Priesters Peter Dyckhoff begleitete der Konvent mit dem Gebet.

Durch alle Höhen und Tiefen, die sein Leben füllten, blieb er der große Beter, der Suchende und der Priester, der vielen Menschen durch seine Exerzitien, Vorträge und vor allem durch seine Bücher Halt, Wegweisung und Freude weitergab.

Seine zahlreichen Bücher, die dann Dr. Peter Dyckhoff schrieb, sind gern gelesene Literatur in unserer Gemeinschaft. Persönlich bin ich ihm für die vielen Begegnungen, Briefe und Telefonate dankbar. Eine angegebene Schriftstelle aus der Bibel war oft die Hilfe für den weiteren Weg und Einsatz.

Im Namen aller Schwestern danke ich Dr. Peter Dyckhoff für sein Wirken. Die reiche Saat, die er ausstreut, wird aufgehen und Frucht bringen. Die Gewissheit, dass Gott alle unsere Wege mitgeht, schenke ihm für die kommenden Jahre Kraft, Zuversicht und Gelassenheit.

Caroline Doerge

Konzertpianistin, Gentilino/Schweiz

Im Sommer vor einigen Jahren war ich mit meinem Mann im Urlaub in Sankt Moritz.

Beim Durchstöbern der Abteilung Religion/Theologie fiel mir das Buch „Wege der Freundschaft mit Gott" von Herrn Dr. Dyckhoff in die Hände.

Während des Lesens hatte ich das Gefühl, dass der Autor persönlich mit mir spricht. Alles ist in der Lektüre so klar und auch spannend zum Weiterlesen beschrieben.

Viele theologische Bücher legt man manchmal einfach zur Seite, weil man irgendwie keine Beziehung zu dem Autor findet. Man versteht die Sprache, aber es springt kein Funken herüber. Nicht so beim Lesen der Bücher von Herrn Dr. Dyckhoff. Das ist natürlich eine individuelle und persönliche Erfahrung. Ich habe Herrn Dr. Dyckhoff spontan über meine Begeisterung geschrieben und mich dafür bedankt, dass ich durch das Lesen des Buches neue Inspirationen mitnehmen durfte.

Eines Tages fand ich im Briefkasten ein weiteres Buch, das mir Herr Dr. Dyckhoff geschickt hat, und aus Dankbarkeit habe ich ihm eine CD mit Werken von Chopin, Liszt und Busoni, die ich vor einigen Jahren aufgenommen habe, gesendet. Daraufhin folgten mehrere andere Neuerscheinungen seinerseits. Ich selbst habe ihm weiterhin meine Audio-Produktionen, wie zum Beispiel ein Mozart-Konzert gesendet.

Obwohl ich Herrn Dr. Dyckhoff noch nicht persönlich kennenlernen durfte, so erlaube ich mir trotzdem ein Bild, eine Vorstellung, bzw. einige Anmerkungen zu machen.

In dieser heutigen Zeit bedarf es Menschen wie ihn. Einen Priester, der auf einfache Art mit ruhigem und klarem, aber nicht befehlsmäßigem Ton vermittelt, dass Gott uns immer nahesteht, aber dass wir selbst es sind, die den Weg zu Gott ebnen müssen. Das bedarf natürlich Disziplin im Denken und in der Lebensweise.

Viele Menschen bevorzugen heutzutage ein unchristliches Leben, da es in ihren Augen einfacher ist. Dabei ist gerade das Leben in und mit Gott, das uns Freiheit schafft! Freiheit, um uns jeden Tag neu zu entwickeln, Altes abzulegen, Barmherzigkeit unseren Mitmenschen zu geben.

Und gerade dieses vermittelt Herr Dr. Dyckhoff so klar in all seinen Schriftwerken!

Ich bin so dankbar über diese Freundschaft und wünsche Herrn Dr. Dyckhoff alles Gute zum Geburtstag und Gottes Segen, noch viele andere Gedanken in Form von Büchern zu schreiben.

Sr. Manuela Drexler OCD

Karmel Waldfrieden, Auderath/Eifel

Geschwister im Glauben

Eines Tages 1978 besuchte mich eine Dame aus Hamburg: Professor Erika Lorenz, eine ausgezeichnete Hispanistin. Ein mir befreundeter Priester in Münster/Westf. hatte ihr zu dem Besuch geraten. Da ich väterlicherseits eine Kusine namens Erika hatte, der ich als später Geborene nie begegnet war, passierte mir etwas Außergewöhnliches. Als ich bei der Begrüßung Frau Professor Lorenz die Hand durch die Raute des Sprechgitters reichte, sagte ich erfreut: „Erika, bist du das!?" „Ja!", antwortete sie fröhlich. Von da ab waren wir beide Freundinnen per Du. Und es sollte so nach Gottes Fügung geschehen sein; denn Erika traf hier in unserem Karmel eine für ihr weiteres Leben wichtige Entscheidung. In der Folgezeit übertrug sie spanische Schriften Teresas von Avila und Johannes vom Kreuz ins Deutsche und verfasste eine Biografie des Doktor Mystikus.

In unseren Gesprächen tauchte der Name Peter Dyckhoff auf, mit dem Professor Lorenz befreundet war. Mit der Zeit wurde auch er mein Freund. Als ich erfuhr, dass er Priester werden wollte, betete ich innig für ihn. Da erfuhr ich, dass auch er den Mystiker Spiritual Johannes Bours vom Priesterseminar in Münster/Westfalen als geistlichen Vater und Begleiter hatte. Bours war fünf Jahre lang mein Beichtvater gewesen und hatte mir bei meinem Übertritt von der Gemeinschaft der Schwestern von der Göttlichen Vorsehung in Münster in den Karmel St. Josef in Auderath/Eifel mit seinem Rat zur Seite gestanden. So waren Peter und ich im wahrsten Sinne Geschwister im Glauben. Da er drei Jahre älter ist als ich, sah ich in ihm auch einen Ersatz für meinen Bruder Franz-Benno, der dreijährig zwei Monate vor meiner Geburt starb und dem ich nachgetrauert hatte.

Ja, dieser Peter Dyckhoff wurde Priester! Wie freute ich mich über jeden Gruß, den er mir aus Brixen in Südtirol schickte. Als er nach seiner Weihe im Bistum Hildesheim das Haus Cassian als Exerzitien-Haus gründete, begleitete ich seine Kurse mit meinem Beten. Durch mein Leben in der Klausur des Karmel gab es nie einen Besuch im Haus Cassian. Das war auch nicht nötig, da das Gebet alle Entfernungen und alle Mauern durchdringt.

Eine große Freude war es mir, zu erleben, welchen schöpferischen Reichtum Peter Dyckhoff in seinem priesterlichen Wirken auch als Schriftsteller entfaltete. Wie in konzentrischen Kreisen bewegten sich alle Bücher um das Ruhegebet nach Cassian. So hat er auch schließlich die „Stiftung Ruhegebet" ins Leben gerufen, um vielen Menschen den Zugang zum Ruhegebet zu erschließen.

Lieber Peter, wie oft hast Du wohl vor dem wunderbaren Fresko im Kreuzgang in Brixen gestanden und Dich in es schauend und betend vertieft. Das ganze Fresko ist ein gemaltes Ruhegebet. Im gotischen Bogen der Wand hat der Künstler das Krippenbild aufs Feinste eingefügt. Jesus Christus, der das Zentrum des Ruhegebetes ist, liegt als Kind in der Krippe mit einem zarten Lächeln, das das Lächeln der Mutter Maria erwidert. Jesus und Maria ruhen Auge in Auge. Maria mit anbetend gefalteten Händen neigt sich dem Kind zu. Am Kopfende der Krippe hält Josef eine Hand schützend über das Kind und ruht mit seinem Blick staunend auf Marias anbetenden Händen. Ein tiefer Friede liegt in diesem Bild. Herr Jesus Christus, bei Deiner Menschwerdung hast Du alle Unruhe dieser Welt besiegt. Lass die Menschen unserer Zeit in Dir und in der Gemeinschaft Deiner Heiligen den Frieden finden, den die Welt nicht geben kann, weil er Dein Friede ist! Amen.

Schwester Carmen Droste

Reken

Meine Beziehung zu Pfarrer Dr. Dyckhoff ist mit dem Beginn unserer Gemeinschaft des neuen Weges vom hl. Franziskus gewachsen. Pfarrer Dyckhoff feiert(e) in unserer Kapelle von Kloster Maria Hamicolt am Dienstagabend oft die heilige Messe mit anschließender Anbetung des eucharistischen Herrn. Das darauf folgende Tischgespräch beim Abendbrot mit allen im Haus war einfach und seinerseits sehr teilnehmend an unserem Leben mit allem Geschehen. Pfarrer Dyckhoff ist schlicht, sehr zugewandt und aufmerksam. Er überraschte uns immer wieder mit kleinen oder größeren Aufmerksamkeiten, auch mit Süßigkeiten. So hatten wir teil an seiner väterlich, freundschaftlichen Art.

Mir persönlich war es eine Freude, mit Pfarrer Dyckhoff die heilige Messe zu feiern. Sein Gesammeltsein, seine innere Würde, mit der er das heilige Geheimnis feierte, haben mich tiefer in das heilige Geschehen hineingenommen. Seine Worte, die er zu Beginn und in der Predigt an uns richtete, zeugten von einem lebendigen, liebenden Umgang mit Gott, von dem inneren Reichtum von Pfarrer Dyckhoff.

Das Entgegenkommen von Pfarrer Dyckhoff zeigte er auch mit der Übersendung seiner vielen neu erschienenen Bücher. Dafür bin ich ihm sehr dankbar.

Pfarrer Dr. Peter Dyckhoff wünsche ich weiterhin gute Gesundheit und weiterhin die Erfahrung der lebendigen Nähe Gottes und der Mutter Maria.

Stefan Eß

Geschäftsführender Direktor des Sankt Michaelsbundes, München

Religiöse Bücher, so schrieb einmal der große Theologe Karl Rahner, sollen den Menschen zu sich selbst bringen, nicht nur auf gute Gedanken. Das steht für mich gleichsam als Überschrift und Motto über dem Schaffen von Pastor Dyckhoff. Als spiritueller Meister unserer Tage erschließt er mit und in seinen Büchern zahlreichen Leserinnen und Lesern Tiefendimensionen ihres Lebens und Glaubens. Er hat das Ruhegebet des Johannes Cassian wiederentdeckt, eines sogenannten Wüstenvaters und frühchristlichen Mystikers, und es zu einer Lebensaufgabe gemacht, es weiter zu verbreiten und für uns Christen heute zu erschließen. Gerade für Menschen unserer Zeit bietet es eine leicht zugängliche und deshalb so willkommene Form des zur Ruhe Kommens und Betens an. Durch selbstlose und großzügige Buchspenden ermöglicht Pastor Dyckhoff eine weite Verbreitung seiner Werke in den katholischen öffentlichen Büchereien des Sankt Michaelsbundes in ganz Bayern. Gehören religiöse Bücher oft nicht gerade zu den Ausleihrennern öffentlicher Büchereien, gelingt es dennoch auf diese Art und Weise, viele Leserinnen und Leser und auch die große Zahl an überwiegend ehrenamtlich tätigen Mitarbeiterinnen in den Büchereien mit seinen Gedanken und Anregungen zu erreichen und ihr Leben zu bereichern. Wir sagen ihm deshalb von Herzen Dankeschön und Vergelt's Gott dafür, dass er unsere Arbeit beim Sankt Michaelsbund so wirksam unterstützt. Wir gratulieren ihm herzlichst zur Vollendung seines 80. Lebensjahres und wünschen ihm Gottes reichen Segen für sein weiteres Wirken.

Gemeinschaft Maria Friedenskönigin e. V., Amberg

Ute-Maria Frey und Monika Pohlt

Die Gründerin unserer Gemeinschaft, Ute-Maria, war gelähmt und musste sechzehn Jahre und drei Monate lang mit vielen Schmerzen im Rollstuhl sitzen. Deshalb konnte sie nur im Fernsehen an der hl. Messe teilnehmen, meist im K-TV. Sie schaute auch andere Sendungen an und sah, wie H. H. Pfr. Dr. Dyckhoff aus seinem Buch vorlas, das er über das Leben seiner Mutter verfasste. Ute-Maria hat jede Sendung eingeschaltet – jeweils eine Woche lang – denn die Geschichte hat sie sehr berührt. Sie hatte großes Mitleid mit dieser wunderbaren Frau und ihrem Sohn. Wir kauften das Buch. – Später erhielten wir jedes neu erschienene Buch als Geschenk. Diese Lektüre war für unsere Gemeinschaft eine große Hilfe für das geistliche Wachstum. Immer noch wird jeden Tag in dem Buch „365 Tage im Licht der Liebe, nach Johannes vom Kreuz" gelesen. Für die Werke von Dr. Dyckhoff sind wir unendlich dankbar!

Ute-Maria musste diesem Priester unbedingt schreiben und ihm sagen, dass es Menschen gibt, die ihn gern haben, die ihn wunderbar finden. Wir haben uns riesig gefreut, als Herr Pfr. Dyckhoff sehr liebevoll geantwortet hat. Ute-Maria wollte ihm unbedingt eine Freude machen und besorgte einen großen Kunststoff-Behälter mit dem Bild eines kleinen weißen Hundes darauf. Der wurde voll mit Süßigkeiten auf die Reise geschickt. Es kam sofort eine Antwort zurück, darin stand u. a.: *Liebe Frau Frey, wie ist es möglich, dass Sie mir ein Geschenk machen mit dem Bild von meinem Hund auf der Verpackung!*

Wie sehr hat sich Ute-Maria darüber gefreut! Von da an bekam dieser liebe Priester natürlich jedes Jahr zu Ostern und Weihnachten mit viel Liebe ein großes Paket mit ‚Süßem' zum Weiterschenken und zum Freude-Bereiten. – Von da an waren wir gute Freunde. Einen seiner wunderschönen und poetischen Briefe haben wir in unserem Jahresbericht abgedruckt:

Liebe Frau Pohlt, liebe Frau Frey, das war einmal wieder – mitten im Sommer – eine große Überraschung mit den so sorgsam ausgesuchten Schokoladentäfelchen und Dreiecken. Und die Halsbonbons, die ich gern für mich selbst vor Predigten benutze. Ich möchte mich recht herzlich dafür bedanken – auch im Namen aller, die davon teil hatten. Ich habe die Süßigkeiten in die schöne Hundeschachtel gefüllt und mit zur heiligen Messe zu den Behinderten genommen. Dort im Stift leben fast 300 geistig behinderte Menschen mit einer umwerfenden Dankbarkeit und Freundlichkeit.

Nach der heiligen Messe, vor dem Segen, habe ich erzählt, was ich Schönes von Ihnen bekommen habe und dass die köstlichen Süßigkeiten für das Stift bestimmt seien. Als ich das am Ende der hl. Messe sagte, klatschten vor Freude alle in der Kirche und wollten gar nicht mehr aufhören … Eine Nachbarin von mir (88 Jahre) nehme ich immer mit zu den umliegenden Dörfern und Einrichtungen, wenn ich dort Messe feiere. Sie stand in der Kirchentür, und jeder durfte sich etwas nehmen. So dankbar und so liebevoll wie das geschah! Das wollte ich Ihnen doch eben als Dank berichten, damit Sie sehen, welche Wirkung Ihr Geschenk hat.

Was macht die Gesundheit von Frau Maria Frey? Früher hat sie mir noch geschrieben; jetzt tut es die liebe Frau Monika Pohlt – Ihr P. D.

Danke, lieber H. H. Pfr. Dr. Dyckhoff für Ihr großes und liebendes Herz! Danke auch für Ihr wertvolles Gebet, das Sie uns schenkten. Es hat sicher auch zur Heilung von Ute-Maria beigetragen, die seit Mai 2015 wieder laufen kann und ganz gesund ist. Gott sei gepriesen für dieses Wunder, das schon von der Kirche anerkannt ist!

Generaloberin Sr. Brigitte Gölles

Graz/Österreich

Fügung und Führung Gottes

Es war eindeutig eine Fügung Gottes. Ich hatte vor mehr als 10 Jahren eine unangenehme Situation zu bewältigen, und da kam mir der Name „Dyckhoff" unter. Ohne lange zu überlegen, suchte ich seine Mail-Adresse und schrieb ihm mein Anliegen. Bald kam von ihm eine Antwort, die mir sehr geholfen hat. Ich staunte, dass jemand bei so wenig Information von mir eine so hilfreiche Antwort geben konnte. Das ermutigte mich, ihm Briefe zu schreiben, und ich begann, seine Bücher zu lesen. Da Pfarrer Dyckhoff seinen Lebensweg darin mitteilte und nicht nur Anweisungen für ein christliches Leben gab, haben mich seine Ausführungen und Empfehlungen stark angesprochen. Für die Ermutigung zur Stille als Gebet bin ich besonders dankbar.

Beim Lesen seiner Bücher spürte ich, dass die Texte von Dr. Dyckhoff nicht nur gut durchdacht, sondern in erster Linie echt durchlebt sind. Seine Gebete z. B. in „In der Stille vor dir" haben mir geholfen, Worte für mein Gebet zu finden. Mir ist auch bewusst geworden, dass Getaufte untereinander in Beziehung stehen. Ich bin Pfarrer Dyckhoff nie begegnet, trotzdem fühlte ich mich von ihm verstanden und auch mit ihm verbunden. So bestätigen sich für mich die Worte des hl. Paulus: „Durch den einen Geist wurden wir in der Taufe alle in einen einzigen Leib aufgenommen." (1 Kor 12,13)

Ich danke Herrn Pfarrer Dyckhoff für die Mitteilung seiner Lebensgeschichte und für die klaren Anweisungen für das Beten und das Leben in der Gegenwart Gottes. Ich wünsche Herrn Pfarrer Dyckhoff „ruhige" Zeiten für sich, und dass er noch vielen Menschen helfen kann, den Weg zur eigenen Mitte und zu Gott zu finden.

Pater Albert Groiß OSB

Bibliothekar der Benediktiner-Abtei Altenburg und Pfarrer in Horn/NÖ

Johannes Cassian war mir Neuland während meines Studiums am Monastischen Institut an der Hochschule S. Anselmo in Rom in den späten 1980er-Jahren. In meinem Noviziat bei den Benediktinern von Altenburg hatte ich vielleicht seinen Namen im Rahmen der Ordensgeschichte gehört, doch gelesen habe ich damals sicherlich keine Zeile dieses Wüstenvaters.

Im Italienischen oder Französischen gab es wohl schon Übersetzungen der „Collationes Patrum" und der „Institutiones", doch mir standen sie nur auszugsweise in der Übertragung von Gertrude und Thomas Sartory über die Reihe „Texte zum Nachdenken" aus der Herderbücherei zu Verfügung. In unserer altehrwürdigen Stiftsbibliothek, die mir bald nach meinem Klostereintritt anvertraut wurde, fand ich schließlich in der „Bibliothek der Kirchenväter" die zwei Bände der „Einrichtungen der Klöster" und der „Unterredungen mit den Vätern" aus dem Jahr 1877/1879 mit der ersten deutschen Übersetzung von Antonius Abt.

So war ich sehr dankbar, als ich Pfarrer Dr. Peter Dyckhoffs Arbeiten zum „Ruhegebet" des Johannes Cassian entdeckte, die große Ausgabe der „Einübung in das Ruhegebet" aus dem Jahr 2006 mit der Cassian-Ikone oder den handlicheren Text „Ruhegebet" aus 2009, beides im Don Bosco-Verlag erschienen.

In leicht verständlicher Sprache wird die Weisheit des Wüstenvaters in unsere Zeit übersetzt – doch nicht philologisch, sondern lebensnah erprobt durch Praxis. So kann das Ruhegebet (oder auch Geist- oder Glutgebet genannt) eine Antwort auf die tiefe Sehnsucht nach Gottes Gegenwart sein. Ich beginne seit dieser Zeit meine morgendliche Lectio nach einem bestimmten Ritus, in dem auch das „O Gott komm mir zu Hilfe" seinen fixen Platz hat, die Gebetskette in der Hand und das Gebet stets wiederholend, bis ich die Hl. Schrift aufschlage und darin lese, meditiere und bete. Ich habe gelernt, dass beim Beten nichts geleistet, nichts absolviert werden muss. Wichtig ist wohl nur, einen Zugang zu einem offenen Herzen zu finden und den vielfältigen Ballast entfernen zu können, der einen Tag für Tag verschütten will.

Mit dem „O Gott komm mir zu Hilfe“ beginnen wir Benediktinermönche unsere gemeinsame Stundenliturgie mehrmals am Tag; mit diesem „O Gott komm mir zu Hilfe“ überspringe ich Mauern und Wälle, deshalb nenne ich es für mich auch gerne „Schwellengebet“. Bei jeder neuen Aufgabe, bei jeder neuen Begegnung, die mich vielleicht zunächst etwas verunsichert, darf ich alles in Gottes Hand legen, wenn ich eine neue Tür-Schwelle überschreite und mich auf Neues und Unbekanntes einlasse.

Ich danke Peter Dyckhoff für seine Anregungen – persönlich haben wir uns nie getroffen, jedoch über seine Bücher, auch die später folgenden!

Lieber Peter – ich wünsche Ihnen Gottes Segen, seine Ruhe und seine Glut zum runden Geburtstag und darüber hinaus!

Pater Anselm Grün OSB

Benediktiner-Abtei Münsterschwarzach

Es hat mich immer gefreut, wenn ich von Dr. Peter Dyckhoff seine Gedanken über das Ruhegebet gelesen habe. Er greift da die alte Form der Meditation auf, wie sie die frühen Mönche seit dem 3. Jahrhundert geübt haben. Für mich selbst ist das Jesusgebet der Weg meines Betens geworden. Die Mönche nennen das Jesusgebet ja auch Herzensgebet. Denn mit dem Namen Jesu soll beim Einatmen auch die Liebe Jesu ins Herz strömen und es mit Wärme erfüllen. Diese Liebe Jesu soll dann im Ausatmen den ganzen Leib durchdringen und in den inneren Raum der Stille führen, in dem ich zur Ruhe komme. Dort darf ich die Sabbatruhe Gottes erfahren, von dem der Hebräerbrief immer wieder spricht. Ruhe ist für die Griechen nichts Passives. Vielmehr ist die Ruhe der Ort, an dem die Seele aufatmet und mit ihrem eigenen Wesen in Berührung kommt. Die Ruhe ist der Ort, an dem Gott selbst in uns wohnt. Und wie es der hl. Augustinus in unübertroffener Weise ausgedrückt hat: Nur in Gott kommt meine Seele zur Ruhe.

So wünsche ich Dr. Peter Dyckhoff zum 80. Geburtstag, dass er gerade jetzt im Alter die Sabbatruhe Gottes genießen kann und dass er noch viele Menschen in diese beglückende Ruhe Gottes hineinführen darf.

Prälat Ludwig Gschwind

Ursberg-Mindelzell (Diözese Augsburg)

Man ist immer wieder erstaunt über die geistige Frische und die geistliche Tiefe von Pfarrer Dr. Peter Dyckhoff. Er kann auf ein reiches Leben zurückschauen. Höhen und Tiefen sind ihm nicht fremd. Seine Leser und Hörer lässt er an beidem teilnehmen. Er war immer ein Suchender, bis er schließlich die Kraft des Ruhegebetes entdeckt hat. Dies wurde sein Thema. Gleich einem Evangelisten Johannes umkreist er in jedem neuen Buch neu dieses Thema, von dem er begeistert ist, weil er seine Kraft erfahren durfte, und für das er auch andere gewinnen möchte – nicht zuletzt durch seine „Ruhegebet-Stiftung".

Präsent im K-TV, aber auch bei anderen Sendern, kann man seit Jahren Dr. Peter Dyckhoff mit seiner gewinnenden Art quer durch die deutschsprachige Medienlandschaft begegnen. Man darf dem geistlichen Schriftsteller dazu gratulieren, dass es ihm gelungen ist, so nachdrücklich und anhaltend für das Beten zu werben. Reinhold Schneider hat in der dunkelsten Zeit der deutschen Geschichte geschrieben: „Allein den Betern kann es noch gelingen. Das Schwert ob unsern Häuptern aufzuhalten …". Papst Franziskus wird nicht müde, zum Beten aufzufordern. Die Macht des Gebetes gilt es zu entdecken, davon ist auch Pfarrer Dr. Peter Dyckhoff überzeugt. Ich wünsche ihm Gottes Segen zu seinem 80. Geburtstag, noch viele Jahre im Weinberg des Herrn und einmal das Ruhen in Gott, dem er sein Leben gewidmet hat.

Abt em. Franziskus Heereman OSB

Abtei Neuburg, Heidelberg

Pfarrer Dr. Peter Dyckhoff zum 80. Geburtstag
Pfarrer Dyckhoff ist mir seit vielen Jahren bekannt, vor allem durch seine Bücher. Ich habe immer wieder bewundert, mit welch unersättlichem Forschergeist er sich in die verschiedenen geistlichen Traditionen eingearbeitet und sie für die spirituelle Alltagspraxis heutiger Menschen erschlossen hat.

Für mich als Benediktiner waren natürlich besonders wichtig Dyckhoffs Arbeiten über Johannes Cassian. Der hl. Benedikt lädt seine Mönche zur täglichen Lektüre der Schriften Cassians ein. Man kann sagen, wer Cassian und die alten Mönchsväter nicht kennt, kann auch die Benediktusregel nicht in ihrer ganzen Tiefe verstehen.

Das Gebet der Ruhe, das Peter Dyckhoff in Kursen und Schriften vielen nahegebracht hat, ist ein Geschenk an die Menschen unserer Epoche. Je knapper die Zeit wird, und je vielfältiger die Ablenkungen durch oberflächliche Kommunikationsmittel, desto mehr bedürfen geistlich suchende Menschen dieser Weise, sich für die Gegenwart Gottes zu öffnen. Wenn es stimmt, dass die Wiederentdeckung des kontemplativen Betens zu den wichtigsten Zukunftsfragen der Kirche gehört, ist Dyckhoff einer ihrer großen Wegbereiter.

Abt em. Berthold Heigl OSB

Seitenstetten, Österreich

Sehr geehrter Herr Pfarrer Dr. Dyckhoff,
Ihr kommendes 80. Wiegenfest ist mir ein willkommener Anlass, Ihnen auf diesem Weg einen dankbaren Gruß und meine besten Segenswünsche zu übermitteln.

Durch unsere bereichernden Begegnungen in Seitenstetten und bei der Salzburger Äbtekonferenz in Schmochtitz und durch Ihre zahlreichen Werke, die Sie mir schon übermittelt haben, sowie durch die anregenden Vorträge in Radio und Fernsehen sind Sie mir zu einem geistlichen Vater und Wegbegleiter geworden.

Sie gleichen wahrhaft dem Hausvater des Evangeliums, der Altes und Neues aus der Schatztruhe seines Herzens hervorholt und für uns Hörer und Leser fruchtbar werden lässt. Wie unser Ordensvater, der heilige Benedikt, schöpfen Sie aus der reichen Quelle des Evangeliums, der frühen Väterliteratur und anderer geistlicher Schriftsteller und übersetzen sie für uns in die Sprache unserer Zeit – ganz im Sinne des „contemplata aliis tradere".

So drängt es mich, „den Dank zu vervielfachen": den Dank an Gott, dass es Sie gibt und dass ER Sie berufen hat für diesen wertvollen Dienst.

Ihnen danke ich herzlich für Ihre treue Verbundenheit durch so viele Jahre. Gott segne Sie! Sie sind ein großer Segen, ein „Benedictus" – ein Gesegneter!
Ihr Abt em. Berthold Heigl OSB

Manuel Herder

Verleger und geschäftsführender Gesellschafter Verlag Herder Freiburg und München

Ich werde manchmal gefragt: Haben Sie denn eigentlich noch Ruhe und Zeit, einfach so zu lesen? Man könnte meinen, das wäre, an einen Verleger gerichtet, eine etwas merkwürdige Frage. Und natürlich habe ich die Zeit und wenn nicht, versuche ich sie mir zu nehmen. Aber ich finde diese Frage im Grunde sehr gut, denn sie dreht sich auch um das, was essenziell für das Lesen ist: die Ruhe. Sie ist das, was unsere Profession und Passion als Buchmenschen besonders kennzeichnet. Im Grunde leben wir davon und dafür, dass Menschen zur Ruhe kommen, innehalten und sich die Zeit nehmen, ein Buch zu lesen. Nicht umsonst lautet unser Leitspruch: Lesen ist Leben. Dazu gehört Ruhe – und wenn es einen Autor gibt, der sich mit Ruhe besonders gut auskennt, der damit auch eine wichtige Facette unseres Hauses verkörpert, dann ist das Peter Dyckhoff.

Die Geschichte von Peter Dyckhoff und dem Hause Herder ist lang. Sie ist lang und sie ist vor allem eines: erfolgreich. Es gibt nicht viele Autoren, die eine eigene Marke werden, die wie ein Symbol für etwas Bestimmtes stehen, das mit ihnen verbunden wird. Peter Dyckhoff ist so ein Autoren-Symbol. Er steht wie kein anderer für die Kraft des Ruhegebetes, für sein Geheimnis – und dafür, wie man das Geheimnis entdeckt und in diesem Geheimnis Kraft findet, Kraft daraus schöpft.

Zurück geht das Ruhegebet auf den Wüstenvater Johannes Cassian, der Mitte des 4. Jahrhunderts geboren wurde und Mitte des 5. Jahrhunderts in Massilia, dem heutigen Marseille, verstarb. Johannes Cassian war in Deutschland für die meisten, ehrlicherweise auch für mich, ein Unbekannter. Ein Heiliger zwar, das schon. Aber wer sich dahinter verbarg, dass er Abt, Seelsorger und geistlicher Schriftsteller war, das wusste ich nicht und viele andere sicher auch nicht. Erst Peter Dyckhoff hat die Figur dieses Heiligen wieder stärker ins Bewusstsein gerufen. Eine schillernde Figur, mit einem bewegten Leben – unserem Autor darin nicht unähnlich. Er selbst hat davon immer wieder erzählt und in einem seiner neuesten Bücher, das wir in unserem Hause verlegen durften, tut er das wieder. Auf die ihm eigene, unverschnörkelte und offene Art, die authentisch ist und deshalb Menschen anspricht: „Ein harter Schicksalsschlag traf meine Familie. … Aus Verzweiflung gab ich die religiöse Praxis meines Glaubens auf und wandte mich äußeren, trügerischen Dingen zu. Es war wie ein Sterben mitten im Leben."

Peter Dyckhoff hat seinen Weg zurück zu und mit seinem Glauben gefunden und das Ruhegebet war ein wichtiger, ja entscheidender Schritt dabei, er betet es seit 45 Jahren zweimal am Tag. So entscheidend, dass er ihn nicht für sich behalten wollte, sondern ihn zusammen mit anderen Menschen geht. Dazu hat er gar eine eigene Stiftung gegründet, die zusätzlich zu seinen Büchern und Vorträgen hilft, den Menschen die Faszination dieser uralten christlichen Glaubenspraxis nahezubringen. Auf diese Weise hat Peter Dyckhoff – wie sein Lehrer Johannes Cassian über die Jahrhunderte – sich auch auf christliche Größen wie Benedikt von Nursia oder auch Ignatius von Loyola bezogen. Das gilt übrigens auch für seine Bücher, die sich nicht explizit dem Ruhegebet widmen – eine Facette, die nicht vergessen werden darf und die Peter Dyckhoffs spirituelle Vielseitigkeit und geistlichen Reichtum zeigt.

An seinem 80. Geburtstag zeigt uns Peter Dyckhoff, wie man nicht mitten im Leben stirbt, sondern wie man mitten im Leben lebt. Er hilft, zur Ruhe zu kommen und auf das Wesentliche zu hören, denn: „Gottes Melodie möchte wie sprudelndes Wasser zu uns strömen und uns das Wasser des Lebens finden lassen." Zum seinem 80. Geburtstag wünschen wir Peter Dyckhoff, dass er für sich und mit uns weiter die Ruhe findet, um die Melodie Gottes zu hören und das Wasser des Lebens zu finden. Und dass sein Leben das ist, was er in seinen Büchern so nennt: lichtvoller.

Dr. Malte Herwig, Journalist u. Schriftsteller

Hamburg

Es mag kurios erscheinen, unter den vielen Publikationen eines umtriebigen Autors wie Peter Dyckhoff ausgerechnet eine scheinbare Nebensache, eine Übertragung alter Klosterregeln hervorzuheben. Aber so bin ich auf ihn gestoßen: im norddeutschen Benediktiner-Kloster Nütschau, wo ich immer wieder mal zum Atemholen bin, liegt auf jedem Zimmer ein Exemplar seines Buchs „Geistlich leben im Sinne alter Klosterregeln“. Das Benediktinische Original steht daneben, aber ich griff schon beim ersten Besuch zu Peter Dyckhoffs Übertragung und war sofort gefesselt. Denn die war weder „modern“ im Sinne von modisch-zeitgenössisch, noch war sie eine bloße Übertragung. Die Sprache ist klar und einfach. Es war genau was ich gesucht hatte, auch weil Peter Dyckhoff die Regeln so klug, einfühlsam und lebenspraktisch weiter gedacht und ausgelegt hat. Weisheit und Lebenszugewandtheit sprechen aus diesen Regeln, die Benedikt, Franziskus und andere aufgestellt und die Peter Dyckhoff dann für die Gegenwart fruchtbar gemacht hat mit der Lebensweisheit eines Menschen, der viele Jahre als Geschäftsführer eines mittelständischen Unternehmens arbeitete (Erfahrung im Wirtschaftsleben hat er übrigens mit dem Erzbischof von Canterbury, Justin Welby, gemein, der einst Manager in der Ölindustrie war). Wie heißt es in den Regeln Benedikts, via Dyckhoff: „Gern, gleich und ganz solltest du dich ans Werk machen, wenn die inneren Voraussetzungen stimmen“. In diesem Sinne wünsche ich Peter Dyckhoff zum 80. Geburtstag alles Gute und die besten inneren Voraussetzungen, das Werk fortzuführen.

Werner Holst

Domkapitular em. Bistum Hildesheim, Duderstadt

Erinnerungen an Pfarrer Dr. Peter Dyckhoff, an seine Zeit als Seelsorger im Bistum Hildesheim – von 1985 bis 1999

„Gott, du hast uns zu dir hin geschaffen, und unruhig ist unser Herz, bis es ruht in dir." (Augustinus, Bekenntnisse) Dieses Wort mag für manche Menschen, die durch Unrast, Unruhe, Unzufriedenheit belastet oder gar am Ende sind, ein Schlüssel sein für die Öffnung der Tür auf die Frage nach Gott und der Suche nach Gott.

„Vor über 50 Jahren erlernte ich das Ruhegebet, das eine Wandlung in mir vollzog, die zu einem tief greifenden, grundlegenden Glauben führte. Ganz allmählich darf ich mich seit dieser Zeit dem Geheimnis des Glaubens nähern – eine der wesentlichsten Erfahrungen in meinem Leben", so schreibt Dyckhoff in seinen Erinnerungen.

1985 kam Kaplan Peter Dyckhoff aus dem Bistum Münster in das Bistum Hildesheim. Bischof Josef Homeyer hatte ihn gerufen. Als Personalreferent im Bistum wurde ich vom Bischof beauftragt, Kaplan Dyckhoff zu begleiten und ihn in die neue Aufgabe einzuweisen. So wurde er Pfarrverwalter in Adlum, St. Georg, mit der Beauftragung, religiöse Tagungen und Kurse, Glaubensseminare, Besinnungs- und Einkehrtage sowie Exerzitien zu planen und durchzuführen.

Sehr bald stellte sich heraus, wie Pfarrer Dyckhoff mit einer inneren geistlichen Überzeugungskraft Menschen zu begleiten und ihnen eine neue Orientierung zu geben verstand. Dabei vernachlässigte er nicht die Leitung der ihm anvertrauten Gemeinde.

Mit Wirkung vom 15. Januar 1989 übertrug Bischof Josef Pfarrer Peter Dyckhoff neu die geistliche Leitung von Besinnungs- und Einkehrtagen sowie Exerzitien und religiösen Tagungen, Kursen und Glaubensseminaren im Bistum Hildesheim.

Dank der Eigeninitiative gelang es ihm nach einer mühevollen Aufbauphase, das geistliche „HAUS CASSIAN" am Möncheberg als Bildungsstätte in Rohdental, Weserbergland, zu gründen und mit Leben zu füllen.

Mit Fug und Recht kann man sagen, unterschiedliche Menschen haben – nicht nur aus dem Bereich der Gemeinden, sondern darüber hinaus aus dem wirtschaftlichen Leben – Einkehr, Umkehr und Halt gefunden.

Die Gebetserfahrungen der Wüstenväter, zusammengefasst und übertragen vom Mönchsvater Johannes Cassian, sind die Hinführungen zum „Ruhegebet". Das Ruhegebet ist mit Bezug auf die Bibel fundamental im Gebetsleben Jesu Christi verwurzelt.

Als sein ständiger Bistumsbegleiter konnte ich selbst mich überzeugen, mit welch überzeugender geistlicher Inspiration der Pfarrer Menschen gewinnen und stärken konnte. Gelegentlich war ich mit einer Gruppe von Männern und Frauen im Haus Cassian, um an einem Kurs teilzunehmen. Gerne erinnere ich mich an den Besuch der berühmt gewordenen Russin Tatjana Goritschewa.

Beindruckend, wie sie uns die orthodoxe Kirche, vor allem die ewige Liturgie, darstellte als ein immerwährendes Mysterium der Nähe Gottes. Unverändert zeige die Ikonenverehrung die lebendige Gegenwart der Heiligen. Allerdings empfinde sie hier im Westen eine manchmal vergebliche Suche nach dieser lebendigen Gegenwart und der Lebendigkeit des Glaubens. „In den Zeiten der Verfolgung erlebten wir in der Sowjetunion, dass das Gebet Wunder bewirkt."

In persönlichen Gesprächen mit Peter Dyckhoff, oft auf Wanderungen, besprachen wir sehr intensiv anstehende Glaubens- und Schicksalsprobleme der Menschen heute. In unseren Begegnungen entwickelte sich im Laufe der Zeit eine freundschaftliche Beziehung.

Bis an die Grenzen der physischen Möglichkeiten hat sich Pfarrer Dyckhoff immer wieder eingesetzt, sodass es auch zu gesundheitlichen Problemen führte. Schließlich bat er unseren Bischof Josef um Entpflichtung seiner Aufgaben. Er wollte nun zurückkehren in sein Heimatbistum und dort seine zukünftige Wohnung nehmen. Dennoch wirkte er noch viele Jahre in der Stille und Umgebung seines Zuhauses, schrieb eine Reihe von Büchern und Beiträgen für Rundfunk und Fernsehen.

Regelmäßig sandte er mir seine neuen Bücher und sorgte auf diese Weise dafür, dass wir in einem guten Kontakt blieben. Ich bin ihm von Herzen dankbar für sein Vertrauen und seine erarbeiteten Schätze der frühen Mönchsväter.

Unser Bischof drückte ihm seine tief empfundene Dankbarkeit aus für sein Wirken in unserem Bistum.

Anlässlich seines 80. Geburtstages gratuliere ich ihm von Herzen und wünsche ihm Gottes Geleit auf seinem Weg.

Joachim Jauer

Hörfunk- und TV-Journalist, Hochschuldozent, Kirchberg im Wald

Im Jahr 2008 erhielt ich das im Herder-Verlag von Dr. Dyckhoff herausgegebene Buch „Auf dem Weg in die Nachfolge Christi" – Geistlich leben nach Thomas von Kempen. Ich kannte das Original „De imitatione Christi" in der klassischen Übersetzung von Johann Michael Sailer. Ein frommes Buch, dessen Sprache Menschen von heute fremd vorkommen mag. Nun also Dr. Dyckhoffs Interpretation dieses neben der Bibel meist verbreiteten christlichen Buchs in seiner persönlichen Ansprache. Seit ich diesen „Weg in die Nachfolge Christi" zum ersten Mal las, ist das Buch für mich ständiger Begleiter, auch auf meinen zahlreichen Reisen.

Eine Kirchenzeitung wollte in einem ihrer persönlichen Fragebögen von mir wissen, welches Buch auf meinem Nachttisch liege, und ich antwortete Peter Dyckhoffs „Nachfolge". Kurze Zeit später schrieb mir Dr. Dyckhoff, dass ihn meine Wahl seines Buches überrascht und gefreut habe.

In der Folge tauschten wir Briefe und auch Bücher aus. Peter Dyckhoff schenkte mir seine vielfältigen Erklärungen zum „Ruhegebet". Ich konnte ihm meine Bücher „Urbi et Gorbi – Christen als Wegbereiter der Wende" und „Kennzeichen D – Friedliche Umwege zur Deutschen Einheit" überreichen. In beiden Titeln versuche ich, die besonderen, aber meist vergessenen – wenn nicht sogar unterschlagenen – Verdienste von Christen unterschiedlicher Konfession beim Zusammenbruch des Kommunismus in der DDR und in Ost-Europa zu würdigen. Alle Montags-Demonstrationen begannen mit Montags-Gebeten. Der polnische Papst, der heilige Johannes Paul II., hat mit seinem gewaltfreien Feldzug für Wahrheit und Freiheit die friedlichen Revolutionen angestiftet und für die Christen im Osten das unerreichbar ferne Rom durch seine Reisen vorübergehend hinter den Eisernen Vorhang verlegt. Seine Besuche in Polen, mit denen er die erste freie Gewerkschaft im kommunistischen Machtbereich, die Solidarnosc, unterstützte, halfen auch den widerständigen Christen in den „Bruderländern" des Sowjet-Imperiums. Und die Freundschaft mit dem Moskauer Generalsekretär Michail Gorbatschow garantierte schließlich den gewaltfreien Übergang aus der Diktatur in die Demokratie.

An vielen Abenden, an denen ich mit Sorgen oder in Unruhe zu Bett gehe, lese ich ein willkürlich aufgeschlagenes Kapitel in der „Nachfolge". Es sind wunderbare Texte, die tatsächlich auf den Weg helfen. Irgendwie passt jeder Text für jeden Tag.

Wenn es denn so etwas wie einen Fern-Seelsorger gibt, so wäre das für mich Peter Dyckhoff. Danke.

Abt P. Bernhard Kohout-Berghammer OCist.

Zisterzienserstift Schlierbach/Österreich

Seit ich das erste Buch „Das Ruhegebet" von Pfarrer Dr. Peter Dyckhoff in Händen hielt, habe ich ihn zu schätzen gelernt. Das Buch habe ich mit Interesse gelesen und ihm, den ich bis dahin nicht kannte, meine Eindrücke mitgeteilt. Darüber war er sehr erfreut und hat mir weitere seiner Werke zukommen lassen. Diese habe ich mit geistlichem Gewinn gelesen und auch an meine Mitbrüder weitergegeben. So bin ich ihm sehr dankbar.

Gern hätte ich etwas mehr zu ihm selbst oder zur „Stiftung Ruhegebet" geschrieben. Da ich aber im 87. Lebensjahr bin und mit manchen Mühen zu kämpfen habe, ist mir dies leider nicht so recht möglich.

Ich freue mich, dass Pfarrer Dr. Dyckhoff nun sein 80. Lebensjahr vollenden kann, und wünsche ihm alles Gute, besonders Gesundheit, vor allem aber die Gnade Gottes.

Abt Dr. Emmeram Kränkl OSB

Benediktinerabtei Schäftlarn

Das Gebet lässt aus Felsen Wasser sprudeln
In der Gegend von Subiaco fordern die Brüder Benedikt auf, drei Klöster von der Berghöhe an den See hinunter zu verlegen, weil es zu beschwerlich und gefährlich sei, jedes Mal ins Tal absteigen zu müssen, um Wasser zu holen. Benedikt tröstet die Brüder und versenkt sich „längere Zeit ins Gebet". Am nächsten Tag lässt er seine Brüder an einer Stelle oberhalb der Klöster nach Wasser suchen mit der Begründung: „Der allmächtige Gott kann doch auch auf jenem Berggipfel Wasser hervorsprudeln lassen." Und sie haben Erfolg.

Wenn eine geistliche Gemeinschaft innerlich ausgetrocknet ist, keine Wirkung mehr nach außen zeigt und keine Berufungen mehr anzieht, dann mag leicht der Gedanke aufkommen, das Kloster in eine fruchtbarere und ergiebigere Gegend zu verlegen, als ob durch einen Ortswechsel dies Problem gelöst werden könne. Die Hinwendung einer Gemeinschaft zu Gott in intensivem Gebet vermag auch vor Ort das Wasser wieder zum Sprudeln zu bringen. Nicht bequeme Wege und Verlegung, sondern Verinnerlichung ist die Kraftquelle für die Entfaltung erneuerten geistlichen Lebens. Vertrauensvolles Beten zum allmächtigen Gott vermag die Quellen geistlichen Lebens wieder zum Fließen zu bringen.

Benedikt weist in seiner Regel die Brüder an, für einen schwierigen und schwankenden Bruder zu beten: „Alle sollen für ihn beten". Voran geht aber die Aufforderung: „Die Liebe zu ihm soll erstarken!" Wenn wir uns über einen schwierigen Mitmenschen nur ärgern und wir die Schwierigkeiten, die wir mit ihm haben, nur wegbeten wollen, um schließlich unsere Ruhe zu haben, so bleibt unser Gebet für ihn wirkungslos. Unser Gebet für den problematischen Bruder oder die schwierige Schwester muss der Liebe entspringen. Nur dann hat es Aussicht auf Erfolg. Denn „Gott ist die Liebe".

Das Leben und Wirken Benedikts, wie Gregor der Große es schildert, ist ein anschauliches Zeugnis für die Macht des Gebetes. Dass es sich hier nicht um ein antiquiertes, sondern höchst aktuelles Anliegen handelt, mag die Aussage eines Philosophen des 20. Jahrhunderts belegen, die er kurz vor seinem Tod seinen Studenten gleichsam als Vermächtnis hinterlassen hat: „Und wenn Sie mich nun noch fragen sollten, bevor ich jetzt gehe und endgültig gehe, ob ich nicht einen ‚Zauberschlüssel' kenne, der einem das letzte Tor zur Weisheit des Lebens erschließen könne, dann würde ich Ihnen antworten: ‚Jawohl.' Und zwar ist dieser Zauberschlüssel nicht die Reflexion, wie Sie es von einem Philosophen erwarten möchten, sondern das GEBET … Die großen Dinge des Daseins werden nur den betenden Geistern geschenkt!" (Peter Wust, 1940)

Pater Christoph Kreitmeir, zurzeit Bamberg

Franziskaner, Sozialpädagoge, Theologe, psycho-spiritueller Lebensberater

Kein Weg ist ihm zu weit …
Seit ungefähr sechs Jahren kenne ich Pfarrer Dr. Peter Dyckhoff vor allem durch seine Bücher über das Ruhegebet. Auch seine DVD-Serie zu diesem Thema, die u. a. auf Bibel-TV ausgestrahlt wurde, fand mein Interesse, denn schon lange suchte ich nach einer christlichen Form der tieferen Einkehr und Meditation.

Im Chor der Meditationspraktiken, die wie Tai Chi, Chi Gong, Zen, Yoga und Ähnliche mehr meist aus der buddhistischen oder hinduistischen Tradition stammen, suchte ich als vielbeschäftigter Seelsorger eine christliche Form, um immer wieder zu innerer Ruhe und Weite zu kommen und dabei in der christlichen Tradition zu bleiben.

Über 10 Jahre praktizierte ich die Zenmeditation, vermisste aber immer mehr den Bezug zu Jesus Christus. Deshalb suchte ich nach Alternativen und fand bei P. Franz Jalics SJ eine für mich hilfreiche Form: die von ihm entwickelten kontemplativen Exerzitien, die eine kontemplative Lebenshaltung und das Jesusgebet im Zentrum haben. Jahrelang übte ich diese spirituelle Meditationsform, die mir nicht nur inneren Halt, sondern auch äußere verstärkte Hinwendung zu Jesus schenkte.

Eine suchende Seele wie ich es bin, suchte aber weiter und fand im „Ruhegebet“ einen Anker, der mein kleines Lebensschiff in den Stürmen des Alltags immer wieder mit dem tragenden Grund verbindet. Ich besorgte mir die Bücher und DVDs, las, informierte mich, übte und fand immer mehr Gefallen an dieser hilfreichen Gebetsform. Natürlich interessierte mich auch der Autor all dieser Schriften. Ich kontaktierte Pfarrer Dyckhoff über seine Homepage, stellte mich vor und erzählte ihm ein wenig per Mail über mein Suchen und mein Finden.

Peter Dyckhoff, der schon im siebten Jahrzehnt seines Lebens stand, der überaus fleißig seine Gedanken in den verschiedensten Medien verbreitete und Ausbildungen im Erlernen des Ruhegebetes anbot, antwortete mir persönlich, nicht nur allgemein, sondern sehr individuell und sympathisch.

Aus unserem ersten Mailkontakt wurden viele, wir lernten uns gegenseitig kennen und schätzen. Ihn selbst konnte ich aber lange noch nicht treffen.

Erst als ich als Mitorganisator eines überregionalen Treffens der deutschen Franziskaner im Kloster Vierzehnheiligen bei Bad Staffelstein gute Referenten suchte, die eine Form der Erfahrbarkeit unseres christlichen Glaubens in unserer Zeit praktizieren, bat ich ihn zu kommen.

Der mittlerweile über 75-Jährige sagte nicht nur zu, im Frühsommer 2014 mit seinem Beitrag *„Das Ruhegebet – Hinführung zu einem einfachen Gebetsweg aus der christlichen Tradition“* dabei sein zu wollen, sondern er nahm die Odyssee einer Zugreise auf sich, von der ich nun berichten will.

Seine Anreise mit der Bahn zum Veranstaltungsort Vierzehnheiligen gestaltete sich zu einer Irrfahrt. Dr. Dyckhoff war über 11 Stunden unterwegs, er musste wegen eines „Personenschadens auf offener Strecke“ (jemand hatte sich vor den Zug geworfen) lange warten, musste teilweise in Richtung Ausgangspunkt seiner Reise zurückfahren, umsteigen, einen anderen Zug und eine andere Strecke nehmen, um letztendlich heil in Bad Staffelstein anzukommen.

Zwischendurch, das gab er mir gegenüber auch per Handy zu, war er fast so weit, das Ganze abzusagen. Den Franziskanern und mir zuliebe wollte er aber nicht aufgeben und beschenkte uns mit einer Fülle von Informationen über diese Gebetsform, die eine gut nachvollziehbare Antwort auf die Sehnsucht vieler Menschen nach innerem Frieden und göttlicher Nähe gibt.

Und ich konnte diesen älteren, weisen und agilen Priester nun endlich einmal kennenlernen … und dieses persönliche Kennenlernen überzeugte mich: Hier erlebte ich nicht nur einen Geistlichen, der diese Bezeichnung verdient, ich erlebte eine stimmige und authentische Persönlichkeit mit Humor, wachen Augen, fester Stimme und einer sympathischen Form der Zuwendung. Und – nicht unwichtig – er war nicht genervt oder gereizt wegen all der Umstände der Reise. Er praktizierte auf der Reise das Ruhegebet. Er blieb selbst fokussiert, tröstete andere, betete für den, der sich vor den Zug geworfen hatte …

Schon länger wusste ich einiges von seiner wechselvollen Biografie, von seiner nicht leichten Suche nach innerem Halt in persönlich schwerer Zeit, von seinem psycho-somatischen Zusammenbruch, aber auch von seinem Finden – DAS RUHEGEBET –, seinem treuen Dranbleiben, seinem Weg zum Priestertum, seiner psychologischen und spirituell-theologischen Forschung, seinem Verbreiten dieser christlich-spirituellen Lebenshilfe, deren Wurzeln bei den frühchristlichen Mönchsvätern liegt.

Ähnlich wie Hans Conrad Zander in seinem höchst lesenswerten Buch „Als die Religion noch nicht langweilig war: Die Geschichte der Wüstenväter“ macht Peter Dyckhoff uraltes Wissen und Praxis in der heutigen Zeit lebendig. „Nebenbei“ erforschte er im Laufe der Zeit auch viele andere christlich-spirituelle Lehrer, wie Thomas von Kempen, Franz von Sales, Franz von Assisi u. a. und übertrug deren Lebensweisheiten in eine moderne Sprache.

Die oben beschriebene Irrfahrt mit dem Zug von Norddeutschland nach Oberfranken ist für mich ein Sinnbild für diesen Priester, der nun 80 Jahre alt werden darf und innerlich sehr jung geblieben ist: Unglücke, Stillstand, Umkehr, andere Transportmittel und Alternativrouten nehmen, um beim Zielort anzukommen.

Diesem Mann ist kein Weg zu weit, denn er weiß, was er will.

Diesem Manager ist keine Anfrage zu belastend; er erfüllt sie mit menschlicher Nähe und kompetentem Einsatz.

Diesem Priester ist keine Aufgabe zu schwer, um den christlichen Glauben vorzuleben.

Diesem Psychologen und Theologen ist kein Forschen zu viel, um diese Wissenschaften zu befragen und konstruktiv zu verbinden.

Diesem Menschen ist kein Leid eines anderen zu groß, wenn er helfen kann.

Ich habe das große Glück, Pfarrer Dr. Peter Dyckhoff nicht nur durch seine Bücher und Artikel kennengelernt zu haben, ich durfte ihm persönlich begegnen, ich schätze ihn und bin nach wie vor mit ihm über die modernen Medien in Kontakt. Ihm habe ich zu verdanken, dass ich durch das Ruhegebet in meinem eigenen Leben eine große christliche Kraftquelle gefunden habe. Vor allem in persönlichen Krisenzeiten, aber auch im ganz normalen Alltag hat sich für mich das Ruhegebet als „Schatz im Acker" gezeigt, von dem Jesus immer wieder sprach.

Danke, Vergelt's Gott und herzlichen Glückwunsch zum 80. Geburtstag, verehrter Mitbruder.

P. Christoph Kreitmeir – gerade im Umbruch seines Lebens, dabei aber geerdet und fokussiert auf Ziele, die den christlichen Glauben verlebendigen wollen.

Ruth Maria Kubitschek

Schweiz

Sehr geehrter Herr Pastor Dyckhoff,
ich danke Ihnen für das wunderbare Buch „Das Ruhegebet". Möge es viele Menschen erreichen und segensreich wirken.

Bei meinem Flug nach Südafrika zu zweimonatigen Dreharbeiten wird das „Ruhegebet" mich begleiten. Ich freue mich und weiß, dass Cassian uns gerade heute viel zu sagen hat.

Mit Dank und in Verbundenheit grüßt Sie Ihre Ruth Maria Kubitschek

Pfarrer Michael Maring

Gießen

Gedanken zum 80. Geburtstag von Pfarrer Dr. Peter Dyckhoff:
Es ist die Zeit zwischen den Worten: Komm Herr Jesus!
Was ist mir das Wertvollste am Ruhegebet?
Schweigen – Loslassen – ER

Dr. Walter Mixa

Bischof em. von Augsburg, Gunzenheim

Lieber priesterlicher Mitbruder Peter Dyckhoff, herzlichen Glückwunsch zu Ihrem 80. Geburtstag.

Gleichzeitig danke ich Ihnen aufrichtig für Ihre unterschiedlichen Bemühungen um die Weitergabe und Vertiefung des „Ruhegebetes", das für die unterschiedlichsten Erfahrungen unseres täglichen Lebens geistlich sehr bedeutend ist!

Von Herzen wünsche ich Ihnen für das neue Lebensjahr für Ihr menschliches und priesterliches Wirken Gottes Kraft und Segen, besonders die Liebe Gottes in guten wie schweren Tagen und im zunehmenden Alter Gesundheit des Leibes und der Seele.

Mit brüderlichen Grüßen und aufrichtigen Segenswünschen bin ich Ihr
Walter Mixa

Dr. Susanne Picht, Psychiaterin und Psychotherapeutin

Münster

Gebeten, einige Zeilen anlässlich des achtzigsten Geburtstages von Herrn Dr. Dyckhoff zu schreiben, wurde mir bewusst, dass ich mit wenigen Sätzen dieser herausragenden Persönlichkeit nicht gerecht werden würde. Es gäbe so viele Facetten seines Lebens, seiner Person und seines literarischen Werkes, die der Erwähnung bedürften.

Um als literarische und theologische Laiin keine Biografie und auch keine theologische Interpretation zu verfassen, die ich jeweils Berufeneren überlassen möchte, entschied ich mich als gläubige Christin und Psychiaterin dafür, nur wenige Aspekte, die mir spontan als besonders prägnant in Erinnerung waren, zu Papier zu bringen.

Herr Dr. Dyckhoff beeindruckt zunächst durch seinen außergewöhnlichen Lebensweg. Einer bedeutenden Unternehmerfamilie entstammend, übernahm er nach dem plötzlichen Ableben seines Vaters die Geschäftsführung des namhaften mittelständischen Textilunternehmens. Die mit dem Besitz und der Leitung eines derartigen Betriebes verbundenen pekuniären und gesellschaftlichen Möglichkeiten bedeuten ein hohes Maß an finanzieller Unabhängigkeit, persönlicher Gestaltungsmöglichkeit und sozialer Wertschätzung. Herr Dr. Dyckhoff sah durchaus diese als eher weltlich einzuordnenden Vorzüge und auch die Verantwortung hinsichtlich seines Erbes, verspürte aber gleichzeitig den zunehmenden Wunsch, einen vollständig auf Gott hin ausgerichteten Weg zu wählen. Diese sich immer deutlicher herauskristallisierende Berufung führte nach einer Zeit des Abwägens zu seiner Entscheidung, das Unternehmen seiner Schwester zu überlassen und hierdurch die Freiheit zu gewinnen, nach dem Studium der Theologie ein geistliches Amt anstreben zu können. Sein weiterer Lebensweg war geprägt durch seine tiefe innere Berufung, infolge derer er als Geistlicher verschiedene Ämter bekleidete und die von ihm begleiteten Gläubigen begeisterte.

Neben der Seelsorge in Form unmittelbaren Kontaktes mit Gläubigen diente er Gott in hohem Maße durch sein literarisches Schaffen. Herr Dr. Dyckhoff verfasste eine große Anzahl geistlicher Werke, die durch tiefe Religiosität geprägt sind. Sein umfangreiches literarisches Lebenswerk, das nicht dem oft oberflächlichen Zeitgeist folgt, lässt einen überzeugten und überzeugenden Glauben erkennen. Insbesondere das Ruhegebet, dem er nach umfangreichen Recherchen besondere Aufmerksamkeit widmete, zeugt hiervon. Dank seines herausragenden literarischen Lebenswerkes wird er viele Menschen nicht nur intellektuell, sondern auch im Sinne einer tiefen spirituellen Gottverbundenheit angesprochen und begeistert haben.

Es gäbe noch viele Gedanken hinzuzufügen. Wie angemerkt, möchte ich mich auf die Erwähnung seines besonderen Lebensweges und seines beeindruckenden literarischen Lebenswerkes beschränken.

Abschließend wünsche ich Herrn Dr. Dyckhoff Gottes Segen für seinen weiteren persönlichen, theologischen und literarischen Lebensweg.

Prof. Dr. Heinrich Pompeÿ

Lic. Theol., Dipl.-Psych., Ordinarius em. für Caritaswissenschaft und Christliche Sozialarbeit, Freiburg/Breisgau

Zwei Lebenswege – getrennt und verbunden

Es war vermutlich im Sommer 1945, als wir uns nach dem Krieg als 8- bzw. 9-Jährige in Rheine in der notdürftig wiederhergestellten Hl. Geist-Schule und dann in der Schulbaracke neben dem Trümmerfeld der alten Thieschule kennenlernten. Du kamst aus Melle und ich aus Rodde nach den schrecklichen Bombardements der letzten Kriegsjahre zurück. Zum Heizen der Schulklasse brachten wir Brennmaterial mit. Im Laufe des Vormittages gab es eine wässrige, süßliche Schulspeisung. Und die Lehrer schreckten nicht vor körperlichen Strafen zurück!

Du warst schon in Melle zur Ersten Hl. Kommunion gegangen – im Elternhaus Deiner liebenswerten mütterlichen Großeltern – und ich kam 1946 zur

Hl. Kommunion. Unser Vorderhaus war nach den Kriegsschäden infolge einer Luftmine wieder bezugsfähig geworden. Du überbrachtest mir als Geschenk zur Ersten Hl. Kommunion gute warme Wollstrümpfe – damals eine große und notwendige Kostbarkeit: die Lebensrealitäten der Nachkriegszeit hatten uns fest im Griff.

Trotzdem: Unvergesslich sind die Stunden zum Beispiel bei Euch im Sandkasten hinter der alten weißen Villa in der Riegelstraße, sei es der Bau unserer fantasievollen Bären-Häuser, die Bewunderung der zahmen Dohlen im Gartenhaus – wir warteten darauf, dass sie sprechen lernten –, dann die Gartengänge des strengen väterlichen Großvaters. Vor uns sehe ich noch deutlich das stets schwarz gekleidete, zierliche Fräulein Krokmeier (so ähnlich hieß sie), die zur gesetzten Stunde auf der kleinen Treppe erschien und das Spielen für Deine Hausaufgabenbetreuung beendete. Gab es nicht auch einen Hund?

An die große eindrucksvolle Treppe in der weißen Villa Deiner väterlichen Großeltern, die zur Wohnung Deiner Eltern führte, erinnere ich mich noch gut sowie an Deine stets freundliche und herzliche Mutter, die uns von der oberen Balustrade begrüßte. Besonders spannend war es, wenn Deine Tante aus Amerika Euch mit einem Paket beglückte. Das Auspacken eines Amerika-Pakets schenkte uns Nachkriegskindern die Berührung mit einer anderen, einer heilen Welt. Wie schön, dass Deine Mutter auch mich daran teilnehmen ließ.

Dann der große Salon der Erdetage mit dem Flügel: Die Räume der Erdetage waren Ehrfurcht gebietend und unbetretbar. Nur durch einen Spalt durften wir – halb verboten – durch die großen Flügeltüren schauen, vor allem, wenn die strengen Großeltern nicht präsent waren. Ich weiß nicht, ob ich sogar einmal auf dem Flügel meine bescheidenen Klavierkenntnisse zum Besten geben durfte? Dann die Besuche in Euren beiden Fabriken. Die großen Hallen mit den Webstühlen waren imposant und typischer Ausdruck unserer Textilstadt Rheine.

Schließlich Dein Umzug in Euer eigenes Haus – ich meine, es war in der Händelstraße – mit einem großen Teich im Innenhof. Wie hieß noch Euer großer Hund? Schließlich das Entdecken der Welt durch Nachforschungen in den Büchern

Eures geräumigen Wohnzimmers und unsere Spiele mit dem Globus. Wir sprachen damals über Gott und die Welt, die wir zu verstehen suchten. Dann der tödliche Autounfalltod Deines Vaters.

Auch wenn sich unsere Schulwege trennten: Du gingst zum Gymnasium und ich zur Handelsschule – unsere freundschaftliche Verbundenheit blieb bestehen. Ich denke an die gemeinsamen Radtouren mit anderen Freunden, z. B. zu den 5000 Jahre alten Hünengräbern in Mehringen, zur Burg nach Bentheim usw.

Während ich meine Banklehre abschloss und Du das Gymnasium absolviertest, entschied ich mich, das Abitur am Collegium Marianum in Neuß nachzuholen, durchaus im Blick auf Studien in Theologie und Psychologie. Ich wurde also kein engagierter Bankkaufmann und Du übernahmst nicht die Firma Deines Vaters, sondern studiertest Theologie in St. Georgen/Frankfurt zur großen Verwunderung Deiner Mutter. Wir waren wohl nicht für Wirtschaftskarrieren prädestiniert. Nach meinem Abitur führten mich meine theologischen und psychologischen Studienwege über Münster nach Würzburg. Es ist ein Mysterium, warum wir beide uns der Theologie zuwandten, obwohl wir m. W. nie über eine solche Studienentscheidung gesprochen haben? War es unser gemeinsames Nach-Denken über die „Wirk"-lichkeiten Gottes und der Welt? Es faszinierte uns das Geheimnis der Erlösung sowie die Gegebenheiten der Schöpfung und der menschlichen Kultur. Ist es das, was uns als Jugendliche noch bis heute geistlich-geistig verbindet?

Die weiten räumlichen Entfernungen unserer unterschiedlichen Studienorte und Wirkungsstätten bewirkten eine Ruhephase unserer Beziehung. Nur durch unsere Mütter erhielten wir vice-versa bei unseren Heimaturlauben Nachrichten über unsere Lebenswege und blieben so zumindest indirekt miteinander in Kontakt. Mit den Jahren liefen jedoch unsere jeweiligen Wege räumlich und infolge des beruflichen Vollengagements noch weiter auseinander und kreuzten sich nicht mehr. Allein die Kenntnisnahme unserer jeweiligen Publikationen und Aktionen erinnerte uns aneinander. Die Lebenswelt unserer Kindheit verblasste.

Du wirktest im Münsterland, wurdest Priester und entfaltetest eine eindrucksvolle Spiritualität zur religiösen Selbstfindung suchender Menschen. Ich blieb im Frankenland, wurde Psychologe und Psychotherapeut, promovierte und habilitierte als Laie in der Theologie, wurde Professor für Praktische Theologie und Pastoralpsychologie. Schließlich entfernte uns meine nachfolgende Lebenskarriere räumlich noch einmal weiter voneinander. Mit meiner Berufung auf den Lehrstuhl für Caritaswissenschaft an der Universität Freiburg ging es in den äußersten Süden Deutschlands und nach meiner Emeritierung sogar noch östlicher zur Universität Olmütz in Tschechien. Dort etablierte ich die BA- und MA-Studiengänge für Christliche Sozialarbeit. Gleichzeitig verlagerte sich mein Wirkungsfeld durch die Berufung zum Honorarprofessor an die Katholische Universität Murcia nach Spanien in den äußersten Süd-Westen Europas. Wir hätten uns fast aus den Augen verloren. Doch immer wieder kam es zu bescheidenen Briefkontakten und Versuchen, einander wieder zu begegnen. Es gab ein subtil verbindendes Band.

Wer hätte gedacht, als wir im ersten Lebensjahrzehnt im Sandkasten fantasievoll unsere Bärenhäuser – Du nach meiner Erinnerung mit einem weißen Bär und ich mit einem braunen – bauten, dass unsere Lebenswege trotz Unterschiedlichkeit ähnlich und in gewisser Weise gleichsinnig verlaufen würden, bei Dir die geistlich-pastorale Diakonie und bei mir die caritativ helfende Diakonie aus der Kraft und Weisheit unseres gemeinsamen Glaubens. Was ließ uns – trotz unserer jeweiligen Umwege – analoge Wegrichtungen einschlagen? Gott schreibt auf krummen Pfaden gerade.

Vielleicht kreuzen sich noch einmal unsere Wege im nun beginnenden 9. Jahrzehnt unseres Lebens. Wir könnten uns wieder austauschen über die „Wirk"-lichkeiten Gottes und der Welt, wie wir es als Heranwachsende taten, und unseren Fragen wie Inspirationen freien Lauf lassen, um zu entdecken, was Leben und Leiden trans-zendiert, d. h. überschreitet. Dies wollten wir damals wissen. Woraus schließlich unser Bemühen, Lebenshilfen für suchende und leidende Menschen zu erschließen, erwuchs. Was ist das Geheimnis unserer analogen, wenn auch anders kolorierten Wege? Gründet dies vielleicht auch in der gemeinsamen Faszination für die Spiritualität von Johannes Bours?

Dein Heinrich Pompeÿ

Pfarrer Andreas Schätzle

Programmdirektor Radio Maria Österreich
Mitglied der international bekannten Gesangsgruppe „Die Priester"

Ich schätze Peter Dyckhoff und seine Sendungen auf Radio Maria wegen seines spirituellen Tiefgangs und theologischen Feingefühls – und einfach seinem liebevollen Umgang mit den Hörerinnen und Hörern. Auch mich persönlich und meine Radio-Kollegen hat Peter Dyckhoff immer wieder in der oft nicht leichten journalistischen Evangelisationsarbeit ermutigt.

Kardinal Dr. Christoph Schönborn

Erzbischof von Wien

Pfarrer Dr. Peter Dyckhoff hat mit seinen zahlreichen Büchern die christliche Mystik lebendig und sehr vielen Menschen wieder nahegebracht. Nicht nur das Ruhegebet, sondern auch die Wiederentdeckung der spanischen Meister und besonders die „Nachfolge Christi" als Übertragung ins Heute sind ein geistlicher Gewinn, den er sozusagen in unsere Gegenwart herübergeholt und zum Leuchten gebracht hat.

Sehr gern möchte ich ihm zu seinem 80. Geburtstag gratulieren.

Direktor Guido Schröer

Borromäusverein e. V., Bonn

Könnten Sie, würden Sie?
Wie Peter Dyckhoff mit einer Anfrage umgeht.

Das Redaktionsteam der BiblioTheke, die Zeitschrift für katholische Bücherei- und Medienarbeit, plant ein Heft über das Alter. Neben der Themensammlung ist die Überlegung, welche Autoren für die gewünschten Themen infrage kommen, von höchster Bedeutung. Ein Thema, das dem Redaktionsteam in den Sinn kommt, ist „Glaube als Schatz im Alter". Ein Autor, der zu diesem Thema Gutes zu sagen hat, fällt uns schnell ein: Peter Dyckhoff. Nun weiß das Team, dass es nicht immer einfach ist, Wunschautor und Wunschthema für den kommenden Redaktionsschluss zusammenzubringen. Es gibt viele nachvollziehbare Gründe, warum es manchmal nicht klappen kann. Durch die langjährige, freundschaftliche Zusammenarbeit mit Peter Dyckhoff ermutigt, schreibt die Redaktion eine E-Mail an Pfarrer Dyckhoff, beschreibt kurz das Anliegen und schließt mit der Frage: „Können Sie sich vorstellen, uns für die nächste BiblioTheke einen solchen Artikel zu schreiben?"

In der Regel geht es jetzt folgendermaßen weiter: Der angefragte Autor schreibt zurück, ob er sich selbst für den Richtigen für dieses Thema hält, ob er es zeitlich schaffen kann, ob es gegebenenfalls sonst noch etwas zu beachten gilt usw. Bis ein Artikel tatsächlich da ist, muss noch einiges von der Redaktion gearbeitet, gezittert und gewartet werden. Das ist nicht immer leicht.

Zwei Tage später: Eine E-Mail von Peter Dyckhoff geht ein. Was wird er auf unsere Anfrage hin antworten? Wird er uns den Artikel schreiben? Nein, mit Antworten solcher Art hält sich Peter Dyckhoff gar nicht erst auf. Der komplett fertige Artikel ist geliefert. Uns fällt ein Stein vom Herzen. Das für uns so wichtige Thema ist für die BiblioTheke gesichert.*

---

* Peter Dyckhoff, Altern und Unsterblichkeit. Glaube als Schatz im Alter, in: BiblioTheke 4/2016.

Welche Arbeitsweise treibt Peter Dyckhoff an, dass er so zielgenau „liefert“? Allgemein haben Menschen heute viel um die Ohren. Viel muss erledigt werden und das auch noch schnell. Oft hastet man sich ab, von einer Sache zur nächsten. Wenn man in seinem Leben jedoch etwas lebt, das Peter Dyckhoff mit „Ruhegebet“ bezeichnet und aus dem heraus er selbst auch schöpft, ist es möglich, selbst im größten Trubel seine Prioritäten zu finden und diese ruhig und zielgerichtet umzusetzen.

„In der Ruhe liegt die Kraft.“ Dieses allgemein bekannte Sprichwort lässt Menschen aufhorchen. Doch Aufhorchen alleine genügt noch nicht. Man muss näher hinsehen. Dann sieht man vielleicht, woher diese Kraft, die in der Ruhe liegt, kommt. Das Ruhegebet, so wie es von Peter Dyckhoff vorgestellt wird, kann eine Quelle dieser Kraft sein. Aus dieser Ruhe erwächst die Kraft und schließlich auch die Tat. Und so braucht es auch bei Peter Dyckhoff kein langes Zaudern geben, wenn er, wie oben beschrieben, für einen Artikel angefragt wird. Wenn er es für richtig hält, den Artikel zu schreiben, dann tut er es ohne Umschweife. Dann gibt es kein langes Hin und Her.

Ich wünsche, dass sich viele Menschen ein solches Vorgehen zum Vorbild nehmen können. Es wäre auch eine prima Vorsorge vor der Zivilisationskrankheit Burnout. Und mehr noch: Durch das Ruhegebet erfährt man „tiefere Ahnung von der Wirklichkeit Gottes“ (Peter Dyckhoff). Aber dazu darf ich den Autor selbst sprechen lassen.*

* Peter Dyckhoff, Geheimnis des Ruhegebetes, Freiburg im Breisgau 2016.

Pfarrer Franz Starringer

Ornbau

Ich glaube, dass es tatsächlich so etwas wie Sternstunden gibt. Jedenfalls war es für mich eine Sternstunde, als mir im Jahr 1993 in einer Buchhandlung das Buch von Pfarrer Dyckhoff „Das Ruhegebet" in die Hand fiel. Was ich da las war für mich neu, es war anders als alles, was ich bis dahin gehört und geübt hatte.

Dass Beten nicht mit Leistung verbunden sein soll, dass man nicht hohe theologische Gedankenreihen wälzen oder möglichst sinnvolle Texte aufzusagen hat, dass man also nicht Gott zu beweisen hat, wie „gscheit" man ist, letztlich aber doch immer das Ungenügen im Nacken hat, sondern, dass man als Beten einfach still werden, alle Aktivitäten zurückfahren und sich schlichtweg nur noch Gott überlassen kann, das war für mich völlig neu – und damit war es eben auch wirklich reizvoll, so etwas nun auch kennenzulernen.

Als ich mich dann auch noch für eine Woche im Bildungshaus Cassian anmeldete, dort nicht bloß einen Platz bekam, sondern auch noch einen Besuch von Herrn Pfarrer Dyckhoff persönlich mit seinem Hund Kino bei mir daheim in Ornbau, da war ich bereits voll begeistert von dieser Begegnung mit Herrn Pfarrer Dyckhoff, aber auch von diesem Ruhegebet.

Erst recht wurden dann diese Tage in der fast familienhaften Atmosphäre im Haus Cassian zu einem bleibenden und auch prägenden Erlebnis; vor allem die Begegnung und diese kundige Einführung, bei der ich schnell spürte, dass dahinter nicht nur fundierte Kenntnis, sondern auch echtes persönliches Erleben und auch echte Begeisterung für das Ruhegebet zu spüren war.

Nun sind inzwischen Jahre vergangen. Aber auch weiterhin waren die Begleitung durch Grüße von Herrn Pfarrer Dr. Dyckhoff und auch die Lektüre seiner vielen Bücher für mich eine stete Ermunterung und ein bleibender Gewinn.

Inzwischen weiß ich aus eigenem Erleben, wieviel an innerer Ruhe, an Frieden, aber auch an Kraft für meine Aufgaben ich im Laufe der vielen Jahre dem

Ruhegebet zu verdanken habe. Das Gebet der Hingabe ist inzwischen fester Bestandteil meines Tagesablaufes geworden, und ich möchte es nicht mehr missen.

Man kann Herrn Pfarrer Dr. Dyckhoff gar nicht genug danken, dass er mit dieser Form des Betens den Zugang zum Beten entkrampft hat und einen Weg zur Freude an einem Beten wies, das eine Quelle des Friedens und der Kraft für die Aufgaben des Lebens erschließen kann.

Es ist nur zu wünschen, dass auch vielen anderen der Zugang dazu geschenkt wird und sie selber eine Erfahrung machen können, wie das Ruhegebet wirklich das Leben bereichern und in recht unterschiedlichen Lebenslagen Freude und inneren Halt geben kann – oder, um es in der Bildersprache zu sagen: wie es in den Mahlsteinen des Alltags trotzdem immer frisches und belebendes Wasser der Freude und des Lebens bereithält.

Äbtissin Sr. Margareta Sterzinger

Klara-Schwestern, Frastanz/Österreich

Lieber Peter, von Herzen freut es mich, dass ich zu Ihrem hohen Geburtstag eine kleine Gratulation beifügen darf. Gott begleite Sie weiterhin mit seinem Segen!

Bereits in der Zeit Ihrer Vorbereitung auf das Priestertum in Brixen lernte ich Sie kennen und obwohl ich in der strengen Klausur war, führten wir spannende Gespräche im Besuchszimmer. Einmal kam auch Ihre liebe Mutter mit und deshalb berührte mich dann das Buch „Sonnenuntergänge" sehr und immer wieder lese ich es. Ihre Bücher sind ein großer Reichtum, an denen ich die Jahre herauf teilhaben durfte und dafür einen ganz herzlichen Dank!

Prof. Dr. Arnold Stiglmair

Brixen/Südtirol

„Wir wollen mit euch gehen, denn wir haben gehört …“ (Sach 8,23)

Der Jubilar hat ein umfangreiches spirituelles Werk in Schrift, gesprochenem Wort, im Mitgehen mit Menschen auf ihren Wegen aufzuweisen. Will man dieses einigermaßen umfassend kennzeichnen, dürfte wohl kaum ein Bild passender sein als jenes, das die Redaktoren von Sach 1–8 an den Schluss ihrer Komposition gestellt haben: *So spricht der Herr der Heerscharen: In jenen Tagen werden zehn Männer aus Nationen aller Sprachen einen Mann aus Juda an seinem Gewand fassen, ihn festhalten und sagen: Wir wollen mit euch gehen; denn wir haben gehört: Gott ist mit euch. (Sach 8*[23]*)*

Der Prophetenspruch schließt den letzten Abschnitt des ersten Teiles im Buch Sacharja (Sach 1–8) ab. Sach 8 stellt in immer neuen und sich steigernden Zukunftsbildern die Segens- und Lebensfülle dar, die in der neuen Zeit Jerusalem prägen werden.

Ein wesentliches Moment dieser anbrechenden Zukunft wird in einer völlig veränderten Beziehung der Völker zu Jerusalem bestehen. Dies wird auch eine neue Beziehung zur eigentlichen Mitte Jerusalems, zu JHWH, der der Grund der neuen Segensfülle ist, beinhalten. Da diese in und an Jerusalem wirksam gewordene Segens- und Lebensfülle letztlich der „huldvollen Zuwendung“ JHWHs seinem „gnädig gestimmten Angesicht“ (vgl. Sach 7,2; 8,20.22) – zu danken ist, sieht die prophetische Vision „Völker und die Einwohner vieler Städte“ (Sach 8,20f) und „viele Völker und mächtige Nationen“ (Sach 8,22) nach Jerusalem strömen, um „das Angesicht JHWHs gnädig zu stimmen“ und „JHWH zu suchen“ (Sach 8,21.22).

Diese Aussagen sind nun nicht zu lesen als Informationen, wie die Völkerwelt sich Israel bzw. seinem Gott gegenüber verhält bzw. verhalten wird. Sie geben vielmehr darüber Auskunft, wie die Glaubenden, die hinter diesen Texten stehen, ihren eigenen Gottesglauben verstanden haben, wie sie auf der Basis dieses Gottesglaubens die eigene Identität formulierten und was sie diesem Gottesglauben im Hinblick auf ihre Beziehungen zur Völkerwelt zutrauten. So begegnet uns in dieser Bildsprache eine glaubende Gemeinschaft, die ihren Gottesglauben als eine faszinierende Angelegenheit erfährt. Sie dokumentiert in diesen Aussagen, dass der eigene Gottesglaube eine Dynamik entfaltet, die die eigene Identität dadurch stärkt, dass sie diese Gemeinschaft fähig macht, auf die Welt zuzugehen im Bewusstsein, dass diese im Licht JHWHs steht. So fasst das Bild vom Mann aus Juda, an dessen Gewand sich zehn Männer aus allen Nationen und Sprachen hängen, weil sie die Menschen aus Juda als in der segensvollen Gegenwart Gottes stehend erleben, wunderbar zusammen, wie die Tempelgemeinde selber ihren Gottesglauben erlebt – faszinierend und Licht gebend.

So mag der Blick auf diese Gemeinde dem Jubilar Bestätigung und Ermutigung sein, weiterhin sein Glaubenslicht anderen Menschen weiterzureichen, denn auch an seinem Gewandzipfel hängen viele, weil sie gehört haben: Mit ihm ist Gott.

Abt Otto Strohmaier OSB

Abtei St. Lambrecht/Österreich

Pfarrer Dr. Peter Dyckhoff kommt mir wie ein Schatzgräber vor. Schon seit vielen Jahren versteht er es, Schätze christlicher Spiritualität zu entdecken, auszugraben, den Staub der Jahrhunderte wegzuwischen durch eine heutige erfrischende Sprache und sie so ans Licht der Öffentlichkeit zu bringen. Dies ist auch deshalb so wichtig, weil einerseits der Hunger der Menschen nach innerer Orientierung offensichtlich ist und andererseits längst nicht alles gesunde, christliche Speise ist, die den Menschen heute angeboten wird. Pfarrer Dyckhoff versteht es, uralte verschüttete Quellen wieder zum Fließen zu bringen und zwar so, dass damit das Evangelium, die Nachfolge und ein Leben aus der Tiefe des Glaubens als etwas Heutiges erscheint.

Im Besonderen kenne ich sein Bemühen, das Gebet der Ruhe für die Menschen von heute wieder zugänglich zu machen. Mir scheint, dass er gerade damit dem ruhelosen Menschen unserer Tage ein wirksames und erprobtes Heilmittel aufzeigt. Wie der ruhelose Mensch von heute, gejagt von Terminen, getrieben von Medien, die ihn überall hin begleiten, von einer immer größeren Schnelligkeit in allen Bereichen, wie also dieser Mensch, zerrissen und sich selbst entfremdet, doch zu einer inneren Ruhe kommen kann, das ist für viele eine ganz wichtige Frage. Es mag wahrscheinlich allzu einfach klingen, durch die Wiederholung eines Wortes der Heiligen Schrift, eines Psalmes, eines Wortes von Jesus dieser Zerrissenheit zu entkommen und wirklich zu einer wahren inneren Ruhe zu finden. Die Erfahrung zeigt aber, dass es tatsächlich so sein kann. Freilich braucht es Geduld und Ausdauer und das Wissen um die entsprechenden Schritte. Ein Mensch zu werden, der in Christus zur Ruhe gekommen ist: ein wunderbares Ziel. Pfarrer Dyckhoff ist selber diesen Weg gegangen und kann ihn auch vermitteln. Möge er noch vielen auf diesem Weg helfen.

Ingo Maria Voss, Realschuldirektor a. D.

Friesoythe

Peter Dyckhoff ist ein Geschenk, an uns, seine Zeitgenossen

Im Rahmen seiner theologisch-historischen Forschungen stieß er – wie andere vor ihm – auf die Schriften des Priesters, Wüstenvaters und Abtes Johannes Cassianus und das Ruhegebet, das Cassian von den Mönchen in der ägyptischen Wüste übernommen hatte und in der westlichen Welt bekannt machte. So weit ist das nicht ungewöhnlich.

Peter Dyckhoffs großer Verdienst liegt darin, dass er die antiken Schriften auch für uns erschlossen hat, dass er vor allem das Ruhegebet in unsere Zeit tradiert hat und aus immer wieder anderen Aspekten zu einem Schatz für die heutigen Menschen geformt hat. Er verarbeitete dabei auch die Erkenntnisse anderer Theologen und Kirchenlehrer, die sich intensiv mit dem Ruhegebet nach Cassian beschäftigt hatten, wie z. B. Benedikt von Nursia, Teresa von Avila, Miguel de Molinos, Johannes vom Kreuz etc.

Das Ruhegebet ist auf mancherlei Weise beherrschendes Element in vielen der über 40 Bücher, die Peter Dyckhoff verfasst hat. Natürlich ist auch seine herausragende Dissertation aus dem Jahr 2006 eine systematisch-theologische Untersuchung des Ruhegebets von Cassian. Allein das Literaturverzeichnis ist umfangreicher als manche komplette Dissertation anderer Doktoranden …

Peter Dyckhoff hat in unserer schnelllebig-gehetzten Welt eine Möglichkeit geboten, innezuhalten, sich zu besinnen, gewissermaßen psychisch „aufzutanken“, ein neuer Mensch zu werden.

Neben seiner unglaublichen Kreativität ist es auch seine mentale und physische Kraft, die immer wieder erstaunen lässt. Trotz Krankheiten und Anfeindungen missgünstiger Zeitgenossen findet er immer wieder auf wundersame Weise Gelassenheit und Stärke – wahrscheinlich tatsächlich aus dem Ruhegebet, für dessen Verbreitung er kürzlich eine Stiftung gegründet hat, viele qualifizierte Lehrkräfte gesucht, gefunden und ausgebildet hat.

Nachdem ich 1992 Peter Dyckhoffs erstes Buch über das Ruhegebet nach Cassian (mehrfach) lesen und verinnerlichen durfte, habe ich über all die Jahre sein theologisch-literarisches Schaffen hochinteressiert verfolgt.

Vor Jahren durfte ich ihn persönlich kennenlernen und blieb seitdem mit ihm in angenehmem Kontakt. Das Studium seiner Bücher, die Briefe und auch die persönliche Begegnung haben mich seither nachhaltig geprägt, mein Leben in hohem Ausmaß bereichert.

Dafür bin ich Peter Dyckhoff und unserem Herrgott dankbar!

Notker Wolf OSB

Abtprimas emeritus, Erzabtei St. Ottilien
Kloster der Missionsbenediktiner

Zum 80. Geburtstag von Pastor Peter Dyckhoff möchte ich als ehemaliger Abtprimas des Benediktinerordens mich in die Reihe der Gratulanten stellen. Denn gerade unsere benediktinischen Brüder und Schwestern sind Pastor Dyckhoff dankbar für die geistlichen Schätze, die er aus der Vergangenheit hervorgeholt hat, insbesondere das Ruhegebet des Johannes Cassian. Er hat sie nicht als Historiker herausgegeben, sondern umgesetzt für den modernen Menschen, um zur Ruhe zu kommen in einer rastlosen Zeit.

Der heilige Benedikt beruft sich in seiner Regel auf die Werke Cassians als Fundament monastischen Lebens. Bei Gott verweilen, bei Gott sein, in seiner Gegenwart leben, das ist unser christliches Ziel. Es ist eine wichtige Dimension, die Pastor Dyckhoff in die Seelsorge einbringt. Die christliche Berufung ist das Leben mit Gott, weil Gott mit den Menschen geht und einer von ihnen geworden ist.

Dr. Stefan Zekorn

Weihbischof in Münster

Es gibt Ameisenarten, bei denen legen sich die kleinen Tiere regelrecht in die Sonne, um Energie zu tanken und dann ihre Arbeit aufnehmen zu können.

Es ist nicht die einzige Bedeutung des Gebets, Kraft für den Alltag zu schenken, aber dies ist eine hilfreiche Folge eines Betens, das Lobpreis Gottes ist und die Verbindung zu ihm vertieft.

Das Ruhegebet, das Pfarrer Dr. Peter Dyckhoff ungezählten Menschen durch Bücher, Kurse und Gespräche erschlossen hat, verbindet die Verehrung Gottes mit der Vertiefung der Gemeinschaft mit ihm. Daraus wächst Kraft zu einem engagierten und gleichzeitig gelassenen, weil in Gott verankerten, Leben.

In meinen Begegnungen mit Jugendlichen erfahre ich immer wieder, wie viele von ihnen durch Familien-, Schul- und Freizeitstress seelisch stark belastet sind. Manchmal erkläre ich ihnen dann eine einfache Weise des Ruhegebets und erzähle davon, dass solches „Chillen mit Jesus“ für mich eine der wichtigsten Gebetsweisen ist.

Wir können Pfarrer Dr. Peter Dyckhoff gar nicht genug danken, dass er die Vermittlung des Ruhegebets zu einem Schwerpunkt seines priesterlichen Dienstes gemacht hat!

Lehrende des Ruhegebetes

Mehr als 40 Lehrende hat Peter Dyckhoff bislang ausgebildet. Es gibt sie mittlerweile in Deutschland, Österreich, Italien, der Schweiz und sogar in Kampala/Uganda.

Die Lehrenden führen Einübungs- und Vertiefungskurse durch in Bildungshäusern, Klöstern oder anderen kirchlichen Einrichtungen.

Sr. Angeline Schürholz, Ökonomin

Franziskanerin v. Lüdinghausen

Meine erste Begegnung mit Herrn Pfarrer Dyckhoff

Vor mehreren Jahren erhielten wir Schwestern von Herrn Pfarrer Dyckhoff Bücher zugeschickt mit dem Titel „Ruhegebet". Als ich dann hörte, dass Pfarrer Dyckhoff nach Senden gezogen sei, kam in mir der Wunsch auf, ihn näher kennenzulernen. Der Kontakt war schnell hergestellt und sehr ausführlich erklärte er mir am Telefon die Wegstrecke, um ihn zu finden. Ich muss jedoch gestehen, dass ich beim ersten Besuch fast die Suche aufgegeben hätte, da ich mehr als eine halbe Stunde brauchte, um „Schölling 37" zu finden, denn sein Haus liegt wunderbar von jedem Lärm entfernt im Grünen.

Die erste Begegnung war, wie auch alle weiteren, sehr herzlich. „Kino", sein treuer Begleiter, begrüßte mich mit lautem Bellen und war natürlich jetzt und auch später immer dabei. Das Privileg, von Pfarrer Dyckhoff allein ins Ruhegebet eingeführt zu werden, erhielt ich, ohne danach gefragt zu haben. Ich spürte, wie groß Pfarrer Dyckhoffs Anliegen war, dieses Gebet bekannt zu machen, da es von großem Nutzen ist für den, der es anwendet, um immer mehr Gottes Nähe zu erfahren. Für mich ist es ein wahrer Glücksfall – oder soll ich sagen: Gottes Fügung –, Pfarrer Dyckhoff kennengelernt zu haben. Er hat mir in all den Jahren einen Weg gewiesen, der mich immer tiefer zu Gott hinführt. Seine sensible, einfühlsame, verständnisvolle und dennoch auf gute Weise distanzierte Art lassen schon sehr bald ein vertrauensvolles Verhältnis entstehen, sodass bei einer Begegnung weder eine Beklemmung noch ein Fremdheitsgefühl aufkommt.

Obwohl sein Terminkalender stets voll ist, macht er es doch immer wieder möglich, mir und auch meinen Mitschwestern Zeit für ein Gespräch einzuräumen.

Das Ruhegebet ist inzwischen nicht nur in Deutschland, sondern auch über seine Grenzen hinaus bekannt. In weiser Voraussicht hat Pfarrer Dyckhoff immer mehr Menschen als „Lehrende des Ruhegebetes" ausgebildet und eine Stiftung gegründet, sodass dieses segensreiche Gebet sich auch weiterhin ausbreiten kann und von immer mehr Menschen geschätzt werden möge.

Christa Betzwieser, Industriekauffrau und Verena Schäfer (Gast bei Lehrertreffen)

Mosbach

Lieber Herr Pfarrer Dyckhoff!
Zu Ihrem schönen Geburtstagsfeste wünschen wir Ihnen das Allerbeste.
Möge Ihnen der liebe Gott Gesundheit gewähren,
damit Sie uns hier auf Erden noch recht lange beehren.
Gott führte Sie in Ihrem Leben nicht immer auf geraden Wegen,
in Ihrer Biografie kann man es lesen, wie steil und steinig es oft war gewesen.
Schicksalsschläge, Richtungssuchen,
das können Sie alles auf Ihrem Lebenskonto verbuchen.
Und doch kann man es ruhig sagen, Sie wurden von Gott auch auf Händen getragen.
Was auf Ihrer Lebensleiter brachte Sie immer höher, weiter??
Es war Gottes leiser Ruf, er wollte SIE zum Priestertum.
In die Nachfolge Christi hat er SIE erwählt, um Menschen zu bringen das Ruhegebet.
Nach Johannes Cassian, dem Wüstenvater,
sind Sie in der „heutigen Zeit" uns Lehrer und Berater.
Ein Herzensanliegen ist es Ihnen, vielen Menschen dafür zu dienen.
Die Ruhe vor Gott, das richtige Beten, die Hingabe bringt reichen Segen.
Vielen, vielen verzweifelten Wegen brachte das Ruhegebet schon Segen.
Auch wenn Sie sind ein begnadeter Lehrer, bleiben „wir" doch „nur" Gottesverehrer.
Aber dennoch ist es wichtig, Ihnen zu sagen, dass wir froh sind, SIE zu haben.
Was wäre geworden sonst aus unserem Leben?
Vielleicht viel, viel weltliches Streben?
Von Herzen danken wir Ihnen SEHR.
Sie haben uns durch das Ruhegebet gelehrt, wie sich das Leben doch verwandelt,
wenn man nach Gottes Weisung handelt.

Deshalb sagen wir – das ist kein Scherz, durch's Ruhegebet blicken wir himmelwärts.
Alle Ihre Bücher sind Ihnen gelungen und in die Herzen vieler Menschen gedrungen.
SIE, lieber Herr Pfarrer Dyckhoff, lehren uns den Weg,
wie das Verbreiten des Ruhegebetes weiterhin geht.
So wollen wir nach Ihren Weisungen handeln
und die Welt durch die Weitergabe des Ruhegebetes zum „Besseren" verwandeln.
Als Dank für „ALLES" legen wir Sie Tag für Tag
Jesus ans Herz, der Ihnen alles vergelten mag.
Gott behüte Ihre Wege – das wünschen wir Ihnen von Herzen mit ganz viel Segen.

Pater Cyrill Greiter OCist.

Vigil/Südtirol

Erinnern Sie sich an Matchbox-Autos?

Diese maßstabgetreuen, einfachen Nachbauten von Autos, Lkw's, Baggern, Kränen u. v. m. brachten viele Bubenaugen zum Leuchten. In meiner Kindheit waren diese Spielzeugautos in jedem einschlägigen Geschäft zu finden. So drückte auch ich als Kind oft meine Nase an den Schaufenstern platt, mit glänzenden Augen, verträumtem und wünschendem Blick. Wie groß war die Freude, wenn an Weihnachten solch ein Auto unter dem Christbaum lag oder das Geburtstagsgeschenk war. Spielen im Haus, im Garten oder in der Sandkiste, ohne die kleinen, robusten Vehikel war dies nur halb so schön.

Als ich im Kloster Hamicolt die Ausbildung zum Lehrenden des Ruhegebets machen durfte, so waren dies herausfordernde und zugleich bereichernde Tage. Alle Teilnehmer, die Begleiter und besonders Pfarrer Dyckhoff brachten sich mit ihren Erfahrungen und auf ihre je eigene Art und Weise ein und wurden so zum Geschenk füreinander.

In der Mitte dieser intensiven Woche bekam jeder neue Lehrende von Pfarrer Dyckhoff ein kleines Geschenk, das ein typisches Charakteristikum des jeweiligen „Azubi“ aufgriff, wie eine Verhaltensweise, ein Symbol aus einem Gespräch usw. Dieses kleine Geschenk sollte die neuen Lehrenden an diese Woche erinnern und sie zugleich wie ein Wahlspruch auf ihrem Weg begleiten.

Mit strahlenden Augen eines Kindes und mit seiner echten und typischen Herzlichkeit wurde mir von Pfarrer Dyckhoff ein kleines Spielzeugschiff, in der Art der Matchboxfabrikate, die Frisia X, geschenkt. Wie ein Schiff soll mich das Ruhegebet durch mein Leben tragen, und ich soll wie ein erprobter Kapitän meine Erfahrungen mit dem Ruhegebet an die suchenden Menschen weitergeben.

Natürlich bin ich als Tiroler eine klassische Landratte. Ich bin mehr mit den Bergen vertraut, sie gehören zu meiner Heimat. Darum mache ich auch gerne Wanderungen und Touren in die Berge. Doch wie in meinen Kindheitstagen die Matchbox-Autos zum Spiel gehörten, so gehört heute das Ruhegebet zu meinem Leben. Gestaltet sich der Alltag geordnet, wie ein Haus angelegt ist, sind die Aufgaben und Anforderungen aufwühlend wie der Sand nach einem Spiel der Kinder, ist das Leben angenehm und fruchtbar wie eine blühende Wiese, das Ruhegebet ist fixer Bestandteil des Tages.

Mögen sich meine Erfahrungen mit dem Salzwasser auf das entspannende Salzbad in der Badewanne beschränken, so ist mir die Frisia X doch Symbol für die Erfahrung, dass ich im Ruhegebet in Gott eintauchen kann und ich von Gott getragen werde wie das Schiff vom Wasser. Es spielt keine Rolle, wie viel Rost und Ablagerungen sich an meinem Schiffsrumpf befinden – einzig zählt das Vertrauen, dass Gott mich annimmt und trägt aus selbstloser Liebe.

Für diese neue, lebendige Tiefe in meinem Leben danke ich Gott und Pfarrer Dyckhoff. Gott, weil er nicht nur auf uns Menschen wartet, sondern immer neu auf uns zukommt. Pfarrer Dyckhoff, weil er sich für Gott geöffnet hat, sich von Gott erfüllen lässt und von diesem Reichtum weitergibt wie die vom hl. Bernhard v. Clairvaux beschriebene Schale, die sich von Gott füllen lässt, überströmt und so weitergibt.

Die Werbung transportierte lange das Klischeebild des Tirolers als jodelnden Gesellen, der die Wichtigkeit der Feste mit einem freudigen Jodler bereichert und hervorhebt. Da ich in keinster Weise diversen Klischeebildern entspreche, kann ich auch nicht einen freudigen Jodler zum 80. Geburtstag von Pfarrer Dyckhoff zum Besten geben. So möchte ich – meinem Laster entsprechend – ein Rauchzeichen der Gratulation und der Dankbarkeit über das Geschenk des Lebens von Pfr. Dr. Peter Dyckhoff aufsteigen lassen und Ihnen zu Ihrem 80. Geburtstag Gottes Segen wünschen! Ad multos annos!

Barbara Dietrich-Bier, geistliche Begleiterin

Coppenbrügge

Sehnsucht nach Gott – Wege des Betens

Der religiöse Mensch von heute hat eine auffallende Sehnsucht nach kontemplativem Gebet. Er sucht – wie noch nie in der Geschichte – nach der Einfachheit der Ruhe in einem für ihn begehbaren Weg. Je schneller die Welt wird, desto mehr brauchen wir den Ausgleich der ruhenden Stille. In der Stille liegt eine wunderbare Macht der Klärung. Je komplexer die Welt wird, desto mehr brauchen wir die Einfachheit. Je mehr uns die Welt mit leeren Worten der Propaganda und der Werbung belagert, desto mehr brauchen wir eine wortlose Stille, um unserer eigentlichen spirituellen Bestimmung näher zu kommen.

Das Ruhegebet ist ein „hörendes" Beten, ein aufmerksames Verweilen, ein Präsentsein in der Stille, ein wiederholendes Beten, bei dem ein Wort aus der Heiligen Schrift im Innern bewegt wird, eine Übung, alle Gedanken und Bilder loszulassen und offen zu werden für die Gegenwart Gottes. Ein kurzer Gebetsvers in beständiger Wiederholung bildet die Brücke, um zur inneren und äußeren Ruhe zu kommen und so sensibel zu werden für die liebende Stimme Gottes und seinen Willen. Es ist die älteste, urchristliche geistige Gebetsweise, deren Weg weder eine Leistung fordert noch eine bestimmte religiöse Verhaltensweise. Das Ruhegebet erschließt eine tiefere Dimension des Lebens, die trägt, Hoffnung gibt und Bereicherung schenkt in eine neue Beziehung zu uns selbst, zu unseren Mitmenschen und zum Alltag.

Die Übung des Sitzens in der Stille nach bewährten Regeln ermöglicht eine größere Spürfähigkeit für Ganzheit, Heil und Frieden. Es vollzieht sich ein

Dialog zwischen Gott und dem Menschen, wobei der Mensch zum Empfangenden wird.

Frieden in der Welt kann erst entstehen, wenn wir Frieden in uns selbst gefunden haben. Das Ruhegebet führt uns vom einengenden Ich-Verhaftetsein weg zur Liebe hin.

Barbara Dietrich-Bier, Angelika und Hans-Joachim Scholz, Johanna Pick, Alma Wölfel, Barbara Landeck, Roswitha Daume

(eine der ersten Ruhegebetsgruppen im *Haus Cassian*)

Die ersten Anfänge im Weserbergland

Rohdental, *Haus Cassian*, steht hier in Hameln für eine Zeit kirchlichen Umbruchs. In einer Zeit immer leerer werdenden Kirchen wird uns bewusst, dass wir durch Pfarrer Peter Dyckhoff auf einen Gebetsweg von unschätzbarem Wert geführt wurden.

Wir, das sind sieben Personen, die im *Haus Cassian* diesen Gebetsweg begonnen haben und diesen nun schon 20 Jahre hindurch sowohl in St. Augustinus Hameln als auch im Hauskreis regelmäßig praktizieren.

Am Beginn dieses Weges standen mehr Frauen und Männer. Leider sind in den vergangenen Jahren viele verstorben. Aber, wenn wir uns zweimal im Monat in der Krypta von St. Augustinus oder im Hauskreis zum gemeinsamen Gebet treffen, dürfen wir stets neue Gäste begrüßen, die das Ruhegebet auch in einer Gemeinschaft praktizieren möchten.

Da wir im Weserbergland diesen Gebetsweg allein gehen, sind uns die Bücher von Pfarrer Peter Dyckhoff ein geschätzter Wegweiser. Hier holen wir uns Korrektur und Begleitung.

Wir danken Pfarrer Peter Dyckhoff herzlich und sind glücklich, dass er uns in seinen Kursen in diesen Gebetsweg eingeführt hat. Das Wissen, dass wir mit ihm dadurch verbunden sind, gibt uns die Kraft, diese uralte christliche Tradition zu bewahren und weiterzugeben.

Äbtissin M. Laetitia Fech OCist.

Abtei Waldsassen

Pfarrer Dr. Peter Dyckhoff zum 80. Geburtstag ein paar Gedanken …

Ich überhole mich selbst. Ich fliege an meiner Zeit vorbei. Nicht immer. Aber zu oft: Diese Eile, diese Geschäftigkeit, das Leben rennt manchmal so schnell … da sind die Mädchenrealschule, das Gästehaus, der Klosterladen, die Bibliothek, das Kultur- und Begegnungszentrum, die Umweltstation, … ca. 70 Mitarbeiter, Lehrer/innen, Mitschwestern im Kloster sind mir anvertraut … ein mittelständischer Betrieb, das Budget für das alles, welches ca. 4,5 Millionen Euro im Jahr beträgt … das ist eine sehr große Herausforderung. Ich bin die Äbtissin. Und am Ende für alles verantwortlich. Ich stehe immer neu an der Front.

Ich bin aber auch ein Mensch. Ein Mensch, der verantwortlich für sich selbst sein muss. Und genau hier frage/fragte ich mich immer wieder … ich darf bei aller Fürsorge für andere mich selbst nicht aus den Augen verlieren? Bin ich zu schnell für mich?

Mittlerweile habe ich wieder gelernt, auf mich warten zu können – und auch tatsächlich auf mich zu warten. In Ruhe kann ich das. Es reichen 20 Minuten – zweimal an einem jeden Tag. Es ist das Ruhegebet. Schon der Name ist so wunderbar unaufgeregt, entschleunigend, als Motto für uns Eilige, für uns Geschäftige, Gestresste. Es ruft: Nicht weiter! Stop! Anhalten!

Das Ruhegebet als eine sanfte Einladung: Eingehen in die innere Einkehr. Das eigene Erkennen. Das eigene Achten auf die Seele.

Ich mache dies wieder sehr gerne. So gerne. Wie gesagt: 20 Minuten. Zweimal an einem jeden Tag.

Dieses Wollen und dieses Tun habe ich Pfarrer Dr. Peter Dyckhoff zu verdanken. Er hat mir das Ruhegebet wieder sehr nahegebracht, ganz in der Tradition der Wüstenväter aus Ägypten, die der Mönch Johannes Cassian vor mehr als 1600 Jahren in seinen „Unterweisungen" verschriftlichte, die der hl. Benedikt aufnahm in seiner „Regula", nach der wir Zisterzienserinnen leben … die dann im Dunkel der Geschichte wieder verloren schienen. Und die

Peter Dyckhoff nun genau richtig für unsere heutige Zeit wieder ans Licht gebracht hat.

Ich muss zugeben: Erst war ich begeistert von der Idee des Ruhegebetes, vor zehn Jahren etwa schon. Da entdeckte ich es … es war neu. Doch die Euphorie verflog so schnell, denn ich hatte immer weniger Zeit, auf mich zu warten. Oder warten zu wollen. Es gab so viel zu tun. Die Front hat gerufen, manchmal ein halbes Dutzend Sitzungen am Tag – da das Ministerium, dort die Baustellen, die 1. Generalsanierung der Klostergebäude seit der Barockzeit, hier das Kloster mit seinem Leben, …

Bis mich Pfarrer Dyckhoff mit seinen Schriften, seinen Kursen erinnert hat, dass es auch noch mich gibt. Und dass ich mich dem Ruhegebet wieder neu hingeben sollte. Und zwar konsequent. Mit aller Verantwortung, aller Pflicht – einer Pflicht auch gut zu mir selbst zu sein …

Es gibt immer wieder Schätze, die wir in unserer christlichen Religion finden. Und letztlich in uns selbst. Das Ruhegebet ist ein solcher Schatz. Er muss täglich neu, immer wieder gefunden werden, immer wieder geborgen werden, immer wieder gewertschätzt werden.

Pfarrer Dyckhoff ist der, der unserer Zeit den Schatz gezeigt hat. Und der uns – und mich – ermuntert, diesen zu nutzen. Ich habe das mittlerweile für mich erkannt. Und ich will es nun auch in unserer Abtei Waldsassen weitergeben, weitertragen. So biete ich Ruhegebetskurse im Kloster an. Geistliche Inseln würde ich sie nennen. Ausgebucht sind diese Inseln sehr schnell und immer wieder neu … unsere Zeit hat tiefe Sehnsucht nach Orten der Stille, wie unser Kloster! Mein Ruhegebet: Es sind 20 Minuten. Zweimal an einem jeden Tag. Ich bin dann einfach da. Ich spüre meine bloße Existenz. Ich muss nichts leisten, von mir hängt nichts ab. Es ist ein wirklich schönes Gefühl, auf mich zu warten. Und mich dann an die Hand zu nehmen, besser in Gottes Hände fallen zu lassen … mit Ruhe und Vertrauen …

Pfarrer Dr. Peter Dyckhoff gilt als der bedeutendste geistliche Begleiter für das Ruhegebet und Experte für die Spiritualität des Johannes Cassian. 2013 gründete er die Stiftung Ruhegebet, um das Ruhegebet im Sinne Cassians bekannter zu machen und es durch Kurse sowie die Ausbildung von Kursleitern zu fördern.

Ich danke ihm von ganzem Herzen dafür und nun „ad multos annos“ – zu seinem 80. Geburtstag, die besten Segenswünsche aus der Zisterzienserinnenabtei-Waldsassen/Bayern nach Senden-Schölling/Nordrhein-Westfalen!

Ihre dankbare M. Laetitia Fech OCist., Äbtissin

Diakon Günter Fichte, Dipl.-Sozialpädagoge

Bad Nenndorf

Das Ruhegebet lässt (mich) nicht in Ruhe!
Der Titel des ersten Buches von Peter Dyckhoff „Das Ruhegebet" (1992) hat mich regelrecht „angelockt". Ohne zu wissen, was damit gemeint war, hatte mich der Begriff „Ruhe" im Zusammenhang mit Gebet fasziniert. Über das Haus Cassian in Schaumburg bin ich mit Pfarrer Peter Dyckhoff in Kontakt gekommen. Mit der Zeit ist daraus eine förderliche und sehr wertschätzende Beziehung geworden. Dabei durfte ich erleben, wie ich in das Ruhegebet, trotz Phasen weitgehender „Abstinenz", immer tiefer hineingewachsen bin. Es hat mich nicht in Ruhe gelassen, sondern wie „magnetisch" angezogen. Im Laufe der Zeit ist es zu einer festen Größe für mich geworden. Vielleicht hat es mir sogar das Leben gerettet.

Insgesamt drei Mal hat Pfarrer Dyckhoff in unserer Gemeinde einen Vortrag gehalten. Beim ersten Mal (2/1997) durften wir uns noch mit ihm „Himmlische Gedanken" im (ausgebauten) Keller machen, weil aufgrund einer Panne kein anderer Raum zur Verfügung stand. Bei den anderen Vorträgen, zuletzt im Mai 2015, reichte der Gemeindesaal gerade so für alle Teilnehmer aus. Durch seine lebendige Echtheit konnte er bei allen Vorträgen die Zuhörer/innen ein gutes Stück weit „mitnehmen" und damit vielleicht die Tür zu neuen inneren Erfahrungen öffnen.

Mittlerweile gibt es in unserer Gemeinde eine kleine Gruppe von „Ruhegebetlern", die sich unter meiner Anleitung regelmäßig zum gemeinsamen Ruhegebet und zum Austausch von geistlich-spirituellen Impulsen versammeln. Jetzt hat die Gruppe sogar zwei eigene Räume zur Verfügung, die als kleines „Ruhegebetszentrum" für Gruppentreffen sowie Gebet und Information eingerichtet sind.

Ich bin sehr froh darüber, als Lehrender das weitergeben zu können, was ich selbst erfahren durfte. Die jährlichen Treffen in Dernbach mit Peter Dyckhoff und den anderen Lehrenden kommen mir vor wie ein Familientreffen, auf das man sich das ganze Jahr über freuen kann.

Für die langjährige Begleitung auf meinem Weg bin ich Pfarrer Dyckhoff außerordentlich dankbar. Vergelt's Gott!

Pfarrer Ralf Gössl

Gersthofen

Die Freude am Herrn von innen her verkosten

„Heute bist du aber wieder ziemlich zerpflückt“ – so höre ich es manchmal von einem Menschen, der mich sehr gut kennt. Nach außen hin wirke ich dann immer noch ziemlich ruhig. Aber innerlich bin ich „zerpflückt“. Das kommt dann vor, wenn mich Termine hin- und herreißen; gegensätzliche Erwartungen auf mich zukommen; ich Dinge tun muss, die mir absolut nicht liegen, und wenn ich mich noch dazu selber unter Druck setze. Wenn ich „zerpflückt“ bin, dann ist es gut, mich zu sammeln und die innere Mitte zu finden, die für mich eine Quelle der Ruhe ist. Dabei ist es wichtig, dass ich das nicht aus eigener Anstrengung und nur als Reaktion auf innere Unruhe tue. Vielmehr soll es eine tägliche Grundhaltung in meinem Leben sein, dass ich mich vom Herrn selber finden und sammeln lasse.

Auf meinem geistlichen Weg wurde mir Ignatius von Loyola (1491–1556) zu einem wichtigen Weggefährten. Er schreibt in seinem Exerzitienbuch, dass nicht das Vielwissen die Seele sättigt, sondern das Verkosten der Dinge von „innen her“. Das bedeutet für mich, dass Zeiten des Gebetes nicht zu einer Ableistung von religiösen Pflichten werden dürfen, die mich nur weiter in die Unruhe treiben. Zeiten des Betens sollen mir vielmehr helfen, die Freude am Herrn von innen her zu verkosten. Deshalb bin ich für das Geschenk des Ruhegebetes so dankbar. Ich muss nichts tun und darf mich einfach in die Gegenwart Jesu hinein los-lassen. Die Anrufung seines Namens führt mich dann in eine wohltuende innere Ruhe und Tiefe.

Ich bete nun seit zehn Jahren das Ruhegebet. Manchmal muss ich auch darum ringen und mit den Gedanken, Gefühlen und Sorgen umgehen, die dabei in mir hochkommen. Immer wieder aber darf ich Momente inneren Friedens und tiefer Freude erleben. Diese Freude am Herrn möchte ich auch den Menschen, die mir anvertraut sind, in ihren unterschiedlichsten Lebenserfahrungen verkünden. Dabei schenkt mir die Verbundenheit mit Jesus Kraft für den Alltag und sammelt mich wieder ein, wenn ich „zerpflückt“ bin.

Diakon Martin Güttner, Landschaftsgärtner

Hamm

Und ich habe mich nicht mal bedankt …
Es war Ende der 70er-Jahre, so glaube ich mich zu erinnern, als im Publik-Forum eine kleine Anzeige erschien: Bücher aufgrund eines neuen Projekts zu verschenken. Ich reagierte auf diese Anzeige, schrieb ein paar Zeilen und bekam tatsächlich nach einiger Zeit ein Päckchen mit drei Büchern und drei Tonkassetten zum Ruhegebet, zum kosmischen und zum mystischen Gebet. Ich habe mich riesig über das Päckchen gefreut, denn wann bekommt man schon einmal etwas im Leben geschenkt? Doch schnell hatte mich der Alltag wieder fest in den Krallen und ich habe mich nicht mal bedankt. Erst Jahre später entdeckte ich die Seite von Dr. Peter Dyckhoff im Internet und wieder vergingen Monate, bis ich mich aufraffte, ihm zu schreiben, nicht, um ihm etwa zu danken, nein, in mir war im Laufe der Zeit das Bedürfnis gewachsen, mich noch intensiver mit dem Ruhegebet zu befassen, ich meldete mich zu einem Einführungskurs an. Sicherlich habe ich mich dort persönlich bei ihm bedanken können, doch wichtiger war eigentlich der Weg, der mich auch durch das Geschenk der Bücher zum Ruhegebet geführt hat. Es war ein Suchweg mit Impulsen aus ganz unterschiedlichen Quellen, die mich immer wieder ermutigt haben, diesen Weg weiterzugehen.

Stand am Beginn dieses Weges ein von Ängsten und Albträumen geplagter Jugendlicher, der in Gefahr stand, sich selbst zu isolieren, so gab die Begegnung mit der Lebensbeschreibung seines Namenspatrons, des heiligen Martin, den Anstoß, den Kriegsdienst zu verweigern. In der gerichtsähnlichen Verhandlung erfuhr ich damals Gott als einen befreienden Gott des Lebens. Nach dem Zivildienst lernte ich in einer Obdachlosensiedlung die Kleinen Schwestern Jesu kennen, die dort unter den Menschen in der Spiritualität Charles de Foucaulds lebten. Sein Gebet der Hingabe, im Ursprung eine Meditation zu den letzten Worten Jesu, wurde mein Gebet, das ich jeden Morgen, an einer der Hauptdurchgangsstraßen unserer Stadt auf- und abgehend, betete und dabei auf den Firmenbulli wartete, der mich zur Arbeit abholte. Erst später wurde mir klar, dass diese 20 Minuten täglichen Gebets mein Einstieg ins Ruhegebet waren. Meine Ängste wichen und verneigten sich vor dem Vertrauen und einem tiefen inneren Frieden. Bei einer Jahrestagung des internationalen Versöhnungsbundes begegnete ich dann Daniel Berrigan, einem amerikanischen Jesuiten, der durch seine Aktionen gegen den Vietnamkrieg bekannt wurde, er schrieb ein Buch über: Die dunkle Nacht des Widerstands, eine bewusste Anspielung auf „Die dunkle Nacht der Seele" des Johannes vom Kreuz. Dadurch wurde er für mich zum Brückenbauer zu den christlichen Mystikern. Ihre Erfahrungen wurden für mich zur Ermutigung, den Weg weiterzugehen, sie wurden zur Wegzehrung in Krisenzeiten, halfen mir eigene Erfahrungen zu deuten und wurden zum Ansporn, diesem Weg des Ruhegebets treu zu bleiben.

Die persönliche Erfahrung eines Gottes, der mich aus dem Sklavenhaus meiner Ängste befreit hat, ließ mich eine engere Bindung an Ihn suchen. Als Diakon versuche ich den Menschen diesen befreienden Gott des Lebens durch mein Leben zu verkünden. Das Ruhegebet ist für mich auf diesem Weg die Zeit geworden, in der ich Ihm bewusst mein Leben hinhalte, damit Er in mir und durch mich, nach Seinem Willen wirken kann.

Die geschenkten Bücher von Peter Dyckhoff: ein Bild für das Geschenk meines Lebens. Auch da habe ich nicht sofort einen Dankesbrief geschrieben, aber vielleicht gelingt es mir heute nach 65 Jahren besser, ihm persönlich zu danken.

Marie Christine Hartlieb, Pädagogin, TAU-Apostulat

Kevelaer

Es war einmal ein Tag in meinem Leben, als ich einen Anruf bekam, der mein ganzes Leben beeinflusste. Es war in einem Krankenhaus. Ich wollte einen Besuch dort machen, als mein Handy klingelte.

„Marie Christine", sagte mir der Verwaltungsleiter des Klosters, in dem ich lebte. „Sie können nicht zum Kursus fahren. Man hat uns gerade angerufen, dass Ihre Anmeldung nicht angekommen ist." Im Grunde genommen freute ich mich, denn so hatte ich Zeit, ganz andere Dinge zu machen, und außerdem bestätigte das meine eigene Meinung, dass es wohl besser sei, diese Ausbildung zur *Lehrenden des Ruhegebetes* nicht zu machen, zu der mich meine Oberin, in deren Kloster ich als Laie im TAU-Apostolat leben durfte, angemeldet hatte. Sie war der Meinung, das passe zu mir.

„Siehst du", sagte ich zu mir, „habe ich recht gehabt. Ich brauche es doch nicht zu machen. Eigentlich gut." Ich fühlte mich entsprechend erleichtert und dachte nun, dass dies jetzt so in Ordnung sei, als kurz darauf mein Handy erneut klingelte … eine unbekannte Nummer. Ich war erstaunt, ging aber dran und hörte nun zu meinem Erstaunen eine mir unbekannte, aber sehr sympathisch klingende Stimme am Telefon, die sich mit Pfarrer Dyckhoff meldete.

„Entschuldigen Sie", sagte er, „Ihre Anmeldung ist leider wirklich nicht bei mir angekommen. Ich habe darum weder ein Zimmer für Sie, alles ist belegt, noch Unterlagen für Sie vorbereitet. Bitte fahren Sie auf keinen Fall dorthin, (ich sollte mitgenommen werden, so war es vereinbart), denn Sie kommen von dort nicht mehr weg, es ist ganz weit auf dem Land." Ich hatte fast den Eindruck, diesen netten Priester trösten zu müssen, so leid tat ihm das Ganze. So erzählte ich ihm, dass das nun wirklich in Ordnung sei, er brauche sich wegen mir keine Sorgen machen, wenngleich ich ihn wirklich gerne kennengelernt hätte, denn sein Buch *„Auf dem Weg in die Nachfolge Christi"*, das ich zuvor gelesen hatte, hatte mich ganz besonders angesprochen. Wir sprachen noch über Dieses und Jenes, als er plötzlich ganz still wurde – und zu meiner Überraschung sagte: „Ich habe das Gefühl, als würden wir uns schon ganz lange kennen. Seien Sie doch bitte noch erreichbar, ich muss versuchen, ob ich nicht doch noch ein Zimmer für Sie bekommen kann. Ich rufe gleich im Kloster an."

Betroffenheit meinerseits - was war das denn? Ich wollte doch gar nicht und jetzt dies? Ein ganz bestimmtes Empfinden – ich kann es mit Worten nicht ausdrücken, aber wer es kennt, weiß, wovon ich spreche – erfüllte mein ganzes Sein. Es war eine Gegenwart Gottes, die mich berührte und mir klarmachte, dass hier Großes geschah, etwas, was sich ereignete, um mir klarzumachen, dass jetzt SEIN Wille geschah. Ich war ganz gespannt und positiv berührt. Plötzlich konnte ich mir auch vorstellen, doch Freude daran zu haben, wovor ich zuvor Angst gehabt hatte. Es vergingen nur wenige Minuten, als das Handy wieder klingelte. „Kommen Sie! Kommen Sie, die Schwester im Kloster hat gesagt: ‚Wenn es an mir liegt – ich organisiere etwas. Sie soll kommen!' Die Unterlagen können Sie sich ja kopieren, das schaffe ich nicht mehr zuvor. Wir sehen uns dann heute Mittag im Kloster."

Plötzlich erfüllte mich eine solche Freude, dass ich genau wusste: Das musste jetzt geschehen, damit ich mich von IHM überreden lasse, doch *Lehrende des Ruhegebetes* zu werden. Ich muss heute noch lachen, ja bin begeistert, wie herrlich Gott alles fügt und wandelt auch in unseren Herzen, um SEINEN Willen zu zeigen. Gott sei gelobt und gepriesen. Ich bin unendlich dankbar heute, dass Sie, lieber Herr Pfarrer Dyckhoff, so offen für SEIN Wort in Ihrem Herzen sind. Später einmal – als Sie mir Mut machten, an etwas Gutes in meinem Leben, was mir sehr wichtig war, glauben zu dürfen - sagte ich zu Ihnen: „Ihr Wort in Gottes Ohr" – als prompt Ihre Antwort kam: „Nein, Gottes Wort in meinem Ohr!" Ja, so wird es auch damals gewesen sein, als Sie mich einluden, *Lehrende des Ruhegebetes* zu werden. Das erfüllt mich, Sie wissen es, und ich danke Ihnen von ganzen Herzen für alles, was Sie uns schenken. Behüte Sie Gott.

Pfarrer Jens R. Heil

Harra

Es muss doch mehr geben!

Zwischen Weihnachten und Silvester 2004 folgte ich der Einladung eines mir befreundeten katholischen Kollegen, diese Tage mit ihm im Kloster Beuron zu verbringen. Nach den stressigen Weihnachts- und Jahreswechselvorbereitungen freute ich mich auf etwas Ruhe im Schatten des Klosters. Zunächst begann alles recht verheißungsvoll: Als wir in das Tal einfuhren, grüßte uns ein Kruzifix mit den Worten Jesu „Kommt her zu mir alle, die ihr mühselig und beladen seid; ich will euch erquicken“ (Mt 11,28). Erquickung! Das war es, was ich brauchte; möglichst auch spirituelle Erquickung.

Zunächst lauschten wir den Gesängen der Mönche, aber meine Versuche, Stille und Gebet in der Abteikirche zu finden, schlugen regelmäßig fehl, weil eine Gruppe von lautstarken, um nicht zu sagen penetranten, Rosenkranzbetern dies nicht zuließ. Ehrlich gesagt, hatte ich den Eindruck, dass diese Leute mehr die Mönche mit ihrer frommen „Show“ beeindrucken wollten, als dass es sich dabei um wirkliches Gebet handeln würde.

Also kam ich nicht zur ersehnten Ruhe und zog es vor, mich in den gut sortierten Buchladen des Klosters zurückzuziehen. Ein ziemlich dicker, rot eingebundener Band eines katholischen Theologen fiel mir als Erstes in die Hände. In seinem Vorwort stellte er die Frage, ob wir Christen keine eigenen spirituellen Traditionen hätten, sodass auch immer mehr Christen Anleihen bei östlichen Religionen nehmen würden. Ich fühlte mich verstanden!

Wenige Minuten vorher erklärte mir noch einer der Klosterbrüder mit Stolz, dass er einen Abschluss als „Zen-Meister“ habe. Das war genau das, was ich n i c h t wollte. Da nach der Heiligen Schrift Jesus Christus der einzige Weg zum Vater und zum ewigen Leben ist (Joh 14,6), betrachte ich solches als das, was es ist: Synkretismus! Außerdem hatte ich damit schon meine Erfahrungen.

Wenige Jahre vorher besuchte ich in einem anderen Benediktinerkloster einen „Einführungskurs ins Jesusgebet“. Das ganze Drumherum glich mehr einer Zen-Sitzung als christlichem Gebet; abgesehen von den Schmerzen durch das Knien auf den Gebetsbänkchen, mit denen ich mehr beschäftigt war als mit der Meditation des Namens Jesu.

Also hielt ich das daheim auch nicht durch wie so vieles, was ich im Laufe der Jahre ausprobiert hatte. In der DDR atheistisch aufgewachsen, SED-Mitglied, nach der Berufausbildung Studium an einer Offiziersschule, wo sich für mich der Sozialismus innerhalb weniger Stunden entmythologisierte, fand ich durch katholische und fromme evangelische Christen zum Glauben an Jesus Christus, trat aus der SED aus, studierte evangelische Theologie, weil ich mich für den Zölibat als ungeeignet empfand, und wurde Pfarrer einer Gemeinde in Thüringen. Gott gewährt einem Anfänger im Glauben so manche Erfahrung mit ihm, sodass sie nicht auf der Strecke bleiben. Allerdings werden solche Erfahrungen später weniger.

So sehnte ich mich denn auch bald nach tieferer geistlicher Erfahrung. Was habe ich nicht alles probiert: Stundengebet, Schriftmeditation nach Bonhoeffer, lectio continua etc. Letztlich bin ich für alles dankbar, aber nichts führte mich in tiefere geistliche Erfahrungen.

Dies war der Hintergrund, als ich im Buchladen des Beuroner Klosters zum nächsten Buch mit dem Titel „Ruhegebet“ von Peter Dyckhoff griff. Von diesem Autor besaß ich bereits zwei Bände; allesamt interessant, aber es fehlte die praktische Anleitung. Bei diesem Bändchen hatte ich allerdings sofort den Eindruck, endlich auf die richtige Spur gekommen zu sein. Nach Erwerb des Büchleins und Heimkehr setzte ich mich sofort mit dem Autor in Verbindung. Zu meiner Freude versprach er mir, mich bei meinen Bemühungen um das Ruhegebet zu unterstützen, was er auch einige Jahre sehr treu getan hat. Jederzeit konnte ich ihn anrufen und meine Fragen stellen. Ich habe das neben seiner unglaublichen Großzügigkeit, die er mir durch die kostenlose Zusendung seiner Bücher zuteil werden ließ, sehr geschätzt und bin dafür nach wie vor sehr dankbar.

Das Ruhegebet ist nun seit elf Jahren meine Hauptgebetsform, die ich mit wachsendem Gewinn täglich praktiziere. Ein Leben ohne dieses Gebet ist für mich nicht mehr denkbar. Es führt in die eigene Mitte und damit in die Gegenwart Gottes. „Wir müssen Gott nicht suchen, er ist doch da“, sagt Meister Eckhart. Diese Erfahrung durften auch Menschen innerhalb und außerhalb meiner Gemeinde machen. Menschen, die dem Evangelium eher distanziert gegenüberstanden, verwandeln sich beim Praktizieren des Ruhegebets, gehen regelmäßig zum Gottesdienst, lesen die Heilige Schrift, suchen Gemeinschaft und kümmern sich um ihre Nächsten. So geht ein Segensstrom vom Ruhegebet aus und bekommt sogar eine missionarische Dimension.

Peter Dyckhoff wünsche ich zu seinem 80. Geburtstag, dass dieser Segensstrom reichlich zu ihm zurückkehre.

Magdalene Hellwig, Meditationsleiterin

Bedburg/Hau

Ich lernte Dr. P. Dyckhoff schon 1986 im Haus Aspel in Rees kennen. Er hielt einen Kurs, an dem ich teilnahm: „Die Reise nach Ekbatana", es ging um das Buch Tobit. Seine mitreißende charismatische Art, mit uns zu arbeiten, machte auf mich großen Eindruck. Wir blieben über viele Jahre in brieflicher Verbindung, und er wurde mein wichtigster geistlicher Lehrer. Dafür bin ich ihm bis heute unendlich dankbar!

Als das Haus Cassian im Weserbergland sein Bildungshaus im Bistum Hildesheim wurde, war ich oft in den angebotenen Kursen. Der wichtigste Kurs für mich war dann 1993 der Einführungskurs in das Ruhegebet nach Johannes Cassian, durch Peter Dyckhoff persönlich gehalten, der für mich zu einer der prägendsten Erfahrungen in meinem Leben wurde. Ich durfte mir mein Wort aussuchen und fühlte mich dadurch schon reich beschenkt.

Durch konstantes tägliches Beten wuchs ich in das Ruhegebet hinein, und es ist für meine Gottesbeziehung unerlässlich geworden. Das Stillwerden, das Versenken, das Loslassen, ja die Hingabe an Gottes Willen konnten so wachsen.

Erfahrungen von Traurigkeit und Überfordertsein mit Ehepartner und Kindern wichen langsam einer festen inneren Gewissheit, niemals tiefer fallen zu können als in Gottes Hände! Ja, es machte sich eine innere Freude breit, von der Peter Dyckhoff bei der Einführung gesprochen hatte. Ich weiß noch genau, dass ich zuerst skeptisch war, aber heute ist es wirklich so gekommen.

Im Jahr 2012 durfte ich von Dr. Dyckhoff dann im Kloster Hamicolt zur Lehrenden für das Ruhegebet ausgebildet werden.

Aufgrund gesundheitlicher Einbußen habe ich keine rege Kurstätigkeit, freue mich aber über jeden Menschen, der sich für das Ruhegebet interessiert, und mache dann Einzeleinweisungen, die natürlich sehr schön und dicht für beide Beteiligten ist.

Und dafür gebührt meinem geistlichen Lehrer Dr. Peter Dyckhoff ein von Herzen kommender Dank!

Ulrike Jensen, Religionslehrerin

Waldshut-Tiengen

Endlich Ruhe in der Familie

Ein ganz normaler Arbeitstag geht zu Ende. „Pssst, leise, Papa ist grad im Ruhegebet", flüstere ich den Kindern zu, denn bevor das abendliche Familienprogramm einsetzt, betet er das Ruhegebet. Eingeübt wurde er dazu von Pfarrer Peter Dyckhoff.

Was das ist, habe ich ihn oft gefragt, doch so richtig genau konnte er es mir nie erklären. Zu dieser Zeit betete ich andere, lieb gewohnte, kontemplative Gebete, aber der Kinder wegen oft auch sehr wenig. Doch spürte ich zunehmend: Dieses Ruhegebet tat meinem Mann gut. Nicht nur ihm, auch irgendetwas von dem, was er da erfuhr, hat sich auf uns alle übertragen.

Ich bin verheiratet und Mutter dreier Kinder. Dass ich mich dafür ebenso zurückziehen könnte, war für mich ein Unding. Wann schon gibt es dafür *„endlich mal Ruhe"* für mich? Dieses Ruhegebet war für mich undurchsichtig, aber eben vielleicht genau deshalb machte es mich auch neugierig. So meldete ich mich ein Jahr später zu einem Einführungskurs in das Ruhegebet an. Ein Kompaktwochenende, das mich begeisterte: Was für ein Gebet – so viel Wahres steckt in ihm und in den Erfahrungen, die ich schon in den ersten Tagen machen durfte. Ging ich noch mit der Vorstellung zum Wochenende, dieses Gebet einfach kennenzulernen, wollte ich es ab diesen Tagen nicht mehr missen. Der Überzeugung meines Mannes ist es zu verdanken, dass es heute wirklich so ist: *„Endlich mal Ruhe in der Familie"*. Er hatte recht mit seiner Überzeugung: Das klappt auch für uns beide. Für die Kinder war das einfach erklärt: Mama und Papa sind nun gemeinsam im Ruhegebet. Das Schild an der Tür zeigt ihnen bis heute: Jetzt sind Mama und Papa gerade im Ruhegebet. Kein Telefon, keine Türklingel, kein Streit braucht jetzt geklärt werden. Eben für einen Augenblick: *„Endlich Ruhe in der Familie"*. Wenn Sie jedoch meinen, dass deshalb bei uns immer Ruhe herrscht, täuschen Sie sich. Oft ist das Gegenteil der Fall. Im Besonderen vor dem abendlichen Ruhegebet braust die Zeit auf. Ich gewöhne mir an, etwa 5 Min. vorher anzukündigen, dass ich nun noch dieses „Eine" erledige und danach ins Ruhegebet gehen möchte. Doch dann: Da leert noch ein Glas aus, der Tisch fürs Abendbrot muss noch schnell gedeckt werden, die Spülmaschine ausgeräumt, diese eine „whatsapp" noch schnell beantwortet werden, … Und nicht nur die Zeit braust auf, auch ich mit ihr, weil ich merke: Es bleibt nicht bei dem „Einen", die Zeit fürs Ruhegebet „schmilzt" dahin. Wäre da nicht meine große Tochter, die mir plötzlich mitten im Weg steht, mich anschaut und mir eindringlich sagt: „Du wolltest doch ins Ruhegebet gehen – dann geh' jetzt doch bitte!"

„Endlich Ruhe in der Familie", auch wenn die Kinder dieses Gebet nicht selbst beten: Sie spüren, um was es geht. Und dass es für alle lohnt, diese Zeit einzuhalten, haben sie verstanden. In einfachen Sätzen schreiben sie dazu: Ruhegebet ist Entspannung, ist zur Ruhe kommen, ist wichtig, Mama und Papa brauchen es – oder einfach: Ruhegebet ist schön!

Dass auch unser jüngster Sohn etwas davon spürt, zeigte er auf seine Weise im vergangenen Jahr im Urlaub. Wir waren in einer Großstadt zu Besuch. Ungewöhnlich laut war es dort, und er stellte für sich fest: „Wenn ich groß bin, möchte ich hier später einmal nicht wohnen, hier ist es immer so laut, man könnte zum Beispiel (er überlegte eine Weile …) gar kein Ruhegebet machen."

Das Ruhegebet hat eine positive Grundstimmung in unsere Familie gebracht, die wir so nicht in Worte fassen können, die im Umgang miteinander doch spürbar ist. Seit 2015 bin ich durch Pfarrer Dyckhoff zur Lehrenden des Ruhegebetes ausgebildet und freue mich, dieses wertvolle Gebet an andere weitergeben zu dürfen.

Danke, Pfarrer Dyckhoff, dass Sie für unsere heutige Zeit dieses alte Gebet neu übersetzt haben. Es hat uns verändert, unseren Glauben vertieft und lässt uns den Grund spüren, auf dem wir leben und einander, gerade in Ehe und Familie, annehmen und lieben dürfen.

Mit diesen Zeilen gratulieren wir Ihnen von Herzen zu Ihrem 80. Geburtstag. Möge Gott alles segnend vergelten, was Sie in Ihrem Leben an uns gewirkt, zu uns gesagt und für uns geschrieben haben. Möge es noch vieles mehr werden!

Herzlichen Glückwunsch, Pfarrer Dyckhoff!

Anna Keller

Flawil/Schweiz

Das Ruhegebet – ein Geschenk des Himmels

„Gott beschenkt seine Kinder reicher als ich es erfahre. Was ich mit Christus erlebe, kann nicht alles sein. Lohnt es sich daher, ihm weiterhin zu folgen?" Solche Gedanken beschäftigten mich während vieler Jahre immer wieder. Als eher verstandesmäßig geprägte Frau hatte ich öfters das Gefühl, mein Glaube spiele sich vor allem im Kopf ab, erfasse mich nicht als ganzen Menschen. Verständlicherweise erwies er sich auch nicht als krisenresistent, trug mich mehr schlecht als recht durch Dürrezeiten.

Als mein Mann pensioniert wurde, geriet unsere Ehe in eine große Krise. Wir hatten beide so unterschiedliche Erwartungen, was nun zu geschehen habe. Mein Mann hatte schon während seiner Tätigkeit in einer Bank begonnen, in seiner Freizeit Stiefelgeißen zu züchten, eine vom Aussterben bedrohte Ziegenrasse. Nun baute er sein früheres Hobby stark aus, was seine ganze Aufmerksamkeit und Kraft forderte. Meine Sehnsüchte gingen in ganz andere Richtungen. Ich dachte beispielsweise an einen gemeinsamen Einsatz mit einer Hilfsorganisation in einem Entwicklungs- oder Schwellenland – verschiedene Träume, die sich auch mit viel gutem Willen nicht zusammenbringen ließen. Das gegenseitige Unverständnis und die Frustration wuchsen.

In meiner großen Not bekam ich das Buch „Das Ruhegebet" geschenkt und gleichzeitig erfuhr ich von der sechsteiligen Fernsehsendung zum gleichen Thema mit Herrn Pfr. Dyckhoff bei Bibel TV. Ich fühlte mich sofort tief angesprochen und berührt vom Ruhegebet. Für mich war es wie ein Heimkommen nach einer langen Suche. Da wurde mir gesagt: „Beim Beten des Ruhegebetes musst du nichts leisten, nicht angestrengt nachdenken, für wen oder was du beten solltest, nicht krampfhaft versuchen, Gottes Stimme zu vernehmen, nicht studieren, welche Bedeutung ein bestimmter Bibelvers für deine Lebenssituation hat, … Es genügt, in der Haltung der dritten Vaterunser-Bitte „Dein Wille geschehe" vor Gott zu sein. Alles andere hat seinen Platz, aber nicht im Ruhegebet." Für mich als stark leistungsorientierter Mensch klang das wie Erlösung.

Nun bin ich schon mehrere Jahre mit dem Ruhegebet unterwegs, und ich bin zutiefst dankbar für dieses kostbare Geschenk. Ich spüre, wie ich durch diese Art des Betens Veränderungen erlebe. Meine durchschnittliche Stimmungslage hat sich deutlich aufgehellt, ich bin zuversichtlicher und hoffnungsvoller geworden für mich und meine Mitmenschen, traue mir mehr zu, weil ich um die Unterstützung durch Christus weiß, ich fühle mich entlastet, da ich nicht mehr „alles" selber tun muss, sondern mit Christus rechnen darf, …

Ich bin Herrn Pfr. Dyckhoff sehr dankbar, dass er uns Menschen des Westens das Ruhegebet wieder nähergebracht hat. Dankbar bin ich ihm auch für die wertvollen Seminare, die ich bei ihm besuchen durfte, und für die Ausbildung zur Lehrenden für das Ruhegebet. Seine Schaffenskraft, die große Achtung vor der Schöpfung, sein Verantwortungsbewusstsein, gepaart mit Vertrauen in seine Mitarbeiter und seine innige Liebe zu Christus beeindrucken mich immer wieder neu. Und bei alldem ist er einfach Priester geblieben.

Markus Knipp

Nürnberg

Meine Begegnungen und Erfahrungen mit Pfarrer Dr. Peter Dyckhoff und dem Ruhegebet

Auf der Suche nach einem für mich passenden Meditations- und Gebetsweg bin ich auf die DVD „Ruhegebet" mit Pfarrer Dr. Peter Dyckhoff und Wolfgang Severin aufmerksam geworden. Mit einer sich daraus ergebenden Frage habe ich mich seinerzeit an Pfarrer Dyckhoff gewandt, der mir diese sogleich beantwortete und mit der Zusendung seines entsprechenden Buches eine große Freude bereitet hat. Das Buch „Ruhegebet" stellte sich als das für mich bis dato beste Buch im Hinblick auf die Erklärung und Anleitung eines Meditations- und Gebetsweges heraus. Daraufhin besuchte ich im November 2010 den Einübungskurs zum Ruhegebet bei Pfarrer Dyckhoff und im September 2012 folgte bei ihm der Vertiefungskurs zum Ruhegebet. Die Ausbildung zum Lehrenden des Ruhegebets absolvierte ich bei Pfarrer Dyckhoff im Mai 2015. Bei meinen Treffen mit ihm durfte ich Pfarrer Dyckhoff als einen offenen, herzlichen und vorurteilsfreien Menschen kennenlernen. Immer wieder betont er die Wichtigkeit der Praxis des Ruhegebets, da dadurch erst Wandlung und Erfahrung möglich wird. Durch seine einfühlsame Art konnte er sich stets auf mich einstellen und er ist mir eine große Unterstützung auf meinem persönlichen Weg. Immer wieder findet Pfarrer Dyckhoff Worte für das Ruhegebet, die mich zutiefst berühren. Das Ruhegebet ist ein ganz großes Geschenk, aus dem heraus sich alles ergibt. Es ist das Fundament, das nichts verdrängt.

Ich danke Pfarrer Dr. Peter Dyckhoff ganz herzlich dafür, dass er uns das Ruhegebet in seiner ganz eigenen Weise zugänglich gemacht hat, und wünsche ihm zu seinem 80. Geburtstag alles Liebe und Gute, reichen Segen und Gesundheit.

Pfarrer em. Hansjürgen Meynig, Spiritual

Rickling

Über Begegnungen mit Pfarrer Dr. Peter Dyckhoff

Es war Februar 1997. Beim Lesen der evangelischen Wochenzeitschrift: *Das Sonntagsblatt Nr. 8* gab es auf S. 25 eine Überschrift, die mich gleichsam anzog.

„Licht, das auf die Seele fällt". Im Artikel ein Bild von einem Pfarrer mit einem Hund im Arm: „*Kino*" nannte er ihn. Im Artikel ein Satz, der mich neugierig machte: „Im Gebet können Menschen etwas vom Geheimnis Gottes erfahren, ja, in sich aufnehmen". Beide machten in mir eine Tür auf. Dieser Pfarrer mit Hund und dieser Satz. Dem Geheimnis Gottes auf die Spur zu kommen, das war mein vergebliches Suchen in den vergangenen Jahren gewesen. Ich fühlte mich spirituell leer und hielt mich aufrecht an der Lehre unserer Kirche. Also rief ich in Rohdental an, erhielt eine Einladung zum Dezember nach Rohdental und staunte dann über die Offenheit einem evangelischen Pfarrer gegenüber und über sein Arbeitszimmer, das eher einer kleinen Bibliothek ähnelte. Diese Offenheit wurde im Laufe der Jahre zu von mir gefühlten freundschaftlichen, mit Respekt und Achtung erfüllten Begegnungen. Dankbar bin ich darüber bis heute (2016).

Beim für mich ersten, gleichzeitig dem letzten Ruhegebetsseminar in Rohdental im Mai 1998, begegnete ich beiden wieder: Hund und Herr. Beide auf einer Bank auf dem Weg zur Paschenburg, die oberhalb seines Wohnortes in einem herrlichen Wald gelegen war.

Im Juli 1998 erhielt ich dann einen Brief, dass das Haus *Cassian* aufgegeben werden musste mit einem Hinweis, der für mich typisch für Pfarrer Dyckhoff war, dass seine Sekretärin weiterhin bei der Kirche eine Stellung gefunden hatte. Dann kam ein sehr kurzer Brief vom 12.07.1998, der schmerzte. „Nun ist es so weit. Das Haus *Cassian* im Weserbergland gibt es nicht mehr." Mein Herz mag es nur schwer begreifen, was dort aufgegeben wurde. Eine Stätte der Liebe zu Gott und der Ruhe als Weg zu Gott.

Aber nicht aufgegeben wurde das Ruhegebet und erst recht nicht gab der Bruder und Pfarrer, der Pfarrer wie Bruder auf. Im Februar 2002 bei Eisregen und Kälte und 2007 sahen wir uns wieder in der Benediktinerabtei St. Josef in Gerleve zu Exerzitientagen und 2006 im Benediktinerkloster Nütschau zum *„Petrus von Alcantara".* Begegnungen, denen Briefe und Buchgeschenke von Peter Dyckhoff vorausgegangen waren. Die Verbindung war und blieb seelsorgerlich, großzügig seinerseits und freundlichst von beiden Seiten. Sein Fleiß, bei all den Seminaren im In- und Ausland, bei all den Vorträgen und der Medienarbeit, löste und löst wenig beschreibbares Erstaunen aus.

Wie macht er das? Wo nimmt er die Kraft her? Woher die Konzentration und Energie? Ist die Antwort nur die eine: das Ruhegebet? Ist das wie eine Sehn-sucht? Hier sehnt sich einer, sucht und hat gefunden und bleibt **in** dieser Such-t nach dem Geheimnis Gottes und hat doch viel gefunden!

Beeindruckend geplant und durchgeführt war die Einladung von Pfarrer Heribert Kötter, Benediktiner im Kloster Nütschau, und von mir zum 25-jährigen Priesterjubiläum 2007 bei den „Hiltruper Missionsschwestern" in Münster. Gleich drei Bischöfe gaben ihm und weniger uns die Ehre. Es war ein gelungener Tag mit viel Anerkennung zur Arbeit und zur spirituellen Tiefe der Seminare und seiner Publikationen. Die vielen Gäste erhielten damals ein kleines Gastgeschenk vom „Peter D" mit dem hl. Petrus in Bronze. Sinnvoll geprägt als „Schlüssel-Anhänger".

Und es geht weiter! Die ersten Ausbildungstage 2010 für „Lehrende des Ruhegebetes" im Benediktinerinnenkloster *Maria Hamicolt*. Danach folgten dann Begegnungen bei den weiteren Ausbildungskursen und als „Vertiefungskurse für Lehrende des Ruhegebetes" im Mutterhaus der Katharina-Kaspar-Schwestern in Dernbach. Inzwischen wurden die Haare grau, nicht nur bei Pfarrer Dyckhoff und …!

Er ist weiterhin zutiefst „Ruhegebetler, Mystiker", Schriftsteller, inzwischen Medienfachmann, Seminarleiter und ein wunderbarer Mensch mit Freude an uns, an seiner Arbeit und um uns zu stärken als Erhalter und Fortführende des Ruhegebetes, mit einer Stiftung für die Jahre später.

In diesem Jahr, 2016, erlebte ich ihn wieder, „unseren Pfarrer Peter Dyckhoff", den Bruder und sich zurückhaltenden Leiter dieser Tage. Seine Erfahrungen wurden abgefragt, seine Korrekturen unserer inzwischen selbstständig durchgeführten Ruhegebetsseminare wurden alle gern angenommen. Es war für mich so, als nähme er uns sanft und energisch an der Hand, um uns den Weg des Ruhegebetes weiterhin zu öffnen und uns den Weg zu Gott darin zu zeigen. Das im September mit seinen Worten eingeleitete Ruhegebet führte uns in eine Tiefe der Ruhe, wie ich sie noch nicht erlebt hatte. Ruhe und Wärme blieben als besonderes Erlebnis in meiner Erinnerung. Dazu sein geistlich-spiritueller Vortrag zum *„Abrahamsweg"!*

Zehn Jahre vorher hatte ich in einem russischen Kloster einen mich tief beeindruckenden Starez gehört – mit immenser geistlicher Tiefe. Das erlebte ich bei diesen Worten von Peter Dyckhoff wieder. Vortrag und Dyckhoff, unvergesslich.

Großartig auch die Atmosphäre dieser Tage. Herzliche Begegnungen, Austausch über Erlebtes und von Gedanken, unsere Ruhegebete, der Gottesdienst, Gemeinschaft und viel Fröhlichkeit. Für mich waren dies Tage voller Lebenselixier – diesseitig und vorwärts weisend. Auch dank Pfarrer Peter Dyckhoff.

Herbert Milas, Heilpraktiker

Hamburg

Aufmerksam auf das Ruhegebet und auf Pfarrer Dr. Peter Dyckhoff wurde ich 2010 durch Bibel TV. In der Reihe „Das Gespräch: Das Ruhegebet" sprach der Moderator W. Severin mit Pfarrer Dyckhoff in sechs Folgen über verschiedene Aspekte des Ruhegebetes und über den „Erfinder" des Gebetes Johannes Cassian. Ich sah mir alle Folgen an und nahm zu Pfarrer Dyckhoff Kontakt auf. 2012 war ich Teilnehmer des Ausbildungskurses „Ruhegebet für Lehrende". Inzwischen gebe ich Einzeleinweisungen zum Ruhegebet nach den Empfehlungen von Pfarrer Dyckhoff. Die folgenden Fragen werden von ihm in seinen Büchern und DVDs kompetent beantwortet:

- Wie komme ich in der Hektik des Alltags zur Ruhe?
- Wie kann ich mich am Wesentlichen orientieren?
- Wie gewinne ich körperliches, seelisches, geistiges Gleichgewicht und Stabilität?

In seinen Vorträgen, Kursen und Gesprächen gelingt es ihm immer wieder, an das Ruhegebet heranzuführen und zu es erläutern. Oft zitiert Pfarrer Dyckhoff Richard Dehmel: „Nichts ist schwer, sind wir nur leicht".

Das tägliche Beten des Ruhegebets vergrößert meine Sehnsucht nach der Gegenwart Gottes. Herzlichen Dank für die Weitergabe Ihres Wissens, Pfarrer Dyckhoff!

Angelika Teresa Oehlke, Leverkusen

Zisterzienser-Säkularoblatin (Abtei Himmerod), geistliche Leiterin im Kolpingwerk Diözesanverband Köln

„Steh auf und iss, sonst ist der Weg zu weit für dich!" (1 Kön 19,7)
Wer kennt sie nicht? Lebenssituationen und Lebenskrisen, Zeiten der tiefen Trauer? Zum Beispiel wenn sich Liebgewonnenes und Vertrautes mehr und mehr verändert. Wenn für uns besondere Menschen plötzlich nicht mehr da sind, die einen festen Platz in unserem Herzen haben. Oder wenn man spürt, dass dort, wo einst Heimat war, keine Heimat mehr ist, weil man selbst sich verändert und in eine andere Richtung entwickelt hat, die nach einer tieferen Glaubenserfahrung dürstet?

Zunächst wird man einen Prozess der Trauer durchmachen, denn etwas aufgeben und auch jemanden durch den Tod oder Trennung loslassen zu müssen, das erzeugt zunächst einmal einen tiefen Schmerz, es tut in der Seele weh …

Wer eine solche Erfahrung kennt, weiß darum, wie es ist, verletzlich und verwundbar zu sein. Man zieht sich in seiner Trauer zurück, verkriecht sich in sich selbst wie in eine innere schützende Höhle.

Das Bild des Elija unter dem Ginsterstrauch in der Wüste rührt mich stets sehr an. Vielleicht, weil ich mich selbst in ihm in eigenen gemachten Erfahrungen erkenne, so kraftlos voller Trauer und Schmerz gekrümmt und in sich gekehrt zu sein. Ich erinnere mich auch an die Erfahrung, in der ich glaubte, dass nichts mehr weiterging, ich nichts mehr weiter vermochte als mich selbst loszulassen und im inneren stillen Gebet der Ruhe Gott anzuvertrauen, IHM alles hinzuhalten und mich IHM ganz zu überlassen. Da sandte Gott auch mir Engelsboten in Menschengestalt, die mir stärkendes Brot (Trostworte) und Wasser (Freundschaft, Liebe, Segen) reichten und damit auch Ermutigung zusprachen, den neuen Weg mit Gott weiterzugehen. Das war für mich die leise Sprache Gottes durch Menschen zu mir, damals im Heiligen Land am See Genezareth, dem Ort der Heilswunder Jesu und meiner tiefen Gotteserfahrung im stillen Schweigen, im Ruhegebet.

Und was wäre gewesen, wenn ich diesen neuen Weg nicht voll vertrauend weitergegangen wäre? Ich wäre vielleicht nie dort angekommen, wo ich heute bin. Ich wäre vielleicht nie all den wunderbaren und lieben Menschen begegnet, die ich erst durch meinen neuen Weg auch kennenlernen konnte. Ich wäre vielleicht nie auf die Idee gekommen und hätte aus mir selbst heraus nie den Mut gefasst, einmal selbst Menschen auf ihrem Weg mit Gott zu begleiten und in das mir so wichtig und kostbar gewordene Ruhegebet einzuführen.

So war die damalige Krise für mich auch eine Zeit der Prüfung und Neuorientierung, aber auch des Segens. Es war eine Zeit des JA-Sagens und sich im Innern des Herzens zu öffnen Wagen für das Wirken des Heiligen Geistes in mir, sodass ich lernte, auf Gottes Liebe und Güte wirklich zu vertrauen, ich mich von IHM führen lasse und ER für mich alles nur zum Guten hin fügt. Welche Gnade!

Sie, lieber Pfarrer Dr. Dyckhoff, waren einer dieser besonderen Engelsboten, die Gott mir auf meinem Weg sandte und als geistlichen Vater und Freund zur Seite stellt, damit Sie mir nicht nur mit dem Ruhegebet Brot und Wasser geben. Möge nun allein Gottes Wille geschehen – in mir!

In tief empfundener Dankbarkeit für so unendlich viel …

Dipl.-Ing. Josef Oehmen

Hage

Mein Weg des Ruhegebets

Es war vor etwa zwanzig Jahren, als ich in der Zeitschrift „Publik Forum" eine Anzeige fand, in der stand, dass die Bücher „Das Ruhegebet", „Das Kosmische Gebet" und „Das Mystische Gebet" von Peter Dyckhoff kostenlos an interessierte Leser abgegeben würden.

Besonders das Buch über das Ruhegebet faszinierte mich von der ersten Seite an. Ich spürte, hier wurde ein Weg zum christichen Glauben gewiesen, den ich unbewusst immer schon gesucht hatte. Der Weg über die Hingabe an das Göttliche führte nicht nur dazu, mein spirituelles Wachstum anzuregen, sondern auch dazu, mein alltägliches Leben besser zu meistern. Ich erfuhr, dass – wenn ich mich meinem Schmerz und meiner Angst stelle, sie im Vertrauen auf Gott annehme und Ja sage zu dem, was ist – Veränderung und Wandlung geschieht.

Mehr noch als bisher bemühte ich mich, Zeichen gegen die Gleichgültigkeit vieler Menschen im Umgang mit ihren Mitmenschen und der Umwelt zu setzen.

Mich einzusetzen für Menschen am Rand unserer Gesellschaft wie Bedürftige, Obdachlose und Flüchtlinge sowie Kranke und Trauernde wurde für mich wesentlich.

Mithilfe eines weiteren Buches von Peter Dyckhoff, „Finde den Weg", einer geistlichen Wegweisung nach Miguel de Molinos, eines spanischen Mystikers des 17. Jahrhunderts, fand ich den Weg in das weite Feld der christlichen Mystik.

Zusammenfassend möchte ich sagen, dass der Weg über das Ruhegebet und die christliche Mystik mich Gott deutlich nähergebracht haben als der traditionelle Weg über Gebote und Verbote.

Zum Schluss möchte ich meinen ganz besonderen Dank meinem Freund Dr. Peter Dyckhoff aussprechen. Peter: Vielen, vielen Dank, dass Du den Schatz des Ruhegebets für uns alle wiederentdeckt hast. Du hast damit vielen Menschen eine neue Sicht und einen neuen Zugang auf ihren Glauben und ihr Leben ermöglicht.

Ganz herzliche Glückwünsche zu Deinem 80. Geburtstag. Ich wünsche Dir eine gute Gesundheit, Frohsinn, Zuversicht und vor allem Gottes Segen. Mögen Dir und uns noch viele Jahre Deines segensreichen Schaffens geschenkt werden.

Diakon Patrick Oetterer

Leiter des Edith-Stein-Exerzitienhauses der Erzdiözese Köln Engelskirchen

„Was nicht in meinem Plan lag, das hat in Gottes Plan gelegen. Lebendiger wird in mir die Glaubensüberzeugung, dass es – von Gott her gesehen – keinen Zufall gibt, dass mein ganzes Leben bis in alle Einzelheiten im Plan der göttlichen Vorsehung vorgezeichnet und vor Gottes allsehendem Auge ein vollendeter Sinnzusammenhang ist. Dann beginne ich mich auf das Licht der Glorie zu freuen, in dem auch mir dieser Sinnzusammenhang entschleiert werden soll."
Sr. Teresia Benedicta a cruce, Karmelitin

Das Ruhegebet –
Lebensschule für einen Umgang mit „Nichts" und „Alles" aus dem Blickwinkel der „Glorie"
Zwei Worte vermögen als extreme Pole die Spannung anzudeuten, in die uns ein zeitgenössisches Lebensgefühl gemeinhin gestellt sieht: Das Nichts und das Alles. Insofern werden auch wir manches Mal erschrecken, wenn wir spüren und es uns bewusst wird, dass sich unser Leben zwischen diesen oder sogar in der Nähe dieser schaudernd machenden Größen vollzieht. Um nicht an ihnen zu zerschellen oder dazwischen zerrissen zu werden, braucht es die Berufung und Ermutigung zu einer wahrhaftigen und lebenslangen Auseinandersetzung, die den rechten Weg zum Leben sucht oder besser noch, ihn sogar kennt. Diese Berufung erwächst aus und in der Liebe, die der Erfahrung nach ‚Sinnzusammenhänge' herstellt, gangbare Wege und Auswege weist, al-

le Abgründe umfängt, trägt, an sich bindet und in sich erneuert. Die Liebe ist der barmherzige, der neue und einzige Weg zu einem erfüllten und zum ewigen Leben in Glorie. Das Geheimnis der Liebe ist uns in Christus erschienen und als dreifaltiger Gott offenbar geworden. Er selbst eröffnet jedem Berufenen, dass das Nichts „kein leerer Begriff und sein Alles … ihm ein heiliger Name“ (vgl. Teresia Renata de Spiritu Sancto. Edith Stein. Nürnberg[5] 1950, S. 141) ist. Das eigene Leben in Liebe zu gestalten, kann folglich als die zentrale Aufgabe eines jeden menschlichen Lebens benannt werden. Jeder Lebensweg steht vor dieser durchaus großen Aufgabe. Er gestaltet sich individuell und je nach Fassungsvermögen der Person. Wie jedoch konkret die Herausforderungen annehmen, die das Leben fortlaufend und vielfach gerade auch in seinen Extremen und schrecklichen Erfahrungen an uns stellt? Wie nicht gelangweilt, einsam, süchtig, depressiv, resignativ sein Leben vergeuden? Wie kann demnach ein erfülltes Leben selbst unter Bedrängnis und Bedrückung in seiner grundsätzlichen Schönheit und Leichtigkeit (zurück-)gewonnen werden?

Das Ruhegebet ist der Historie und der Erfahrung vieler Menschen nach als gut gangbarer Weg und eine wesentliche Antwort auf die beschriebene Problemlage und die Nöte gerade unserer Zeit herauszustellen. Es führt und stellt anhand seiner Praxis, darin ganz am biblisch bezeugten Gebetsleben Jesu Christi orientiert, auf seine eigene Weise in die Spannung von Nichts und Alles hinein. Es lässt uns in diesen Extremen aber gerade nicht resignieren, untergehen oder nur bestehen, vielmehr verwandelt es uns, indem es uns eröffnet, wie wir uns gerade in unserer Schwachheit und in unseren Sorgen freiwillig und ganz konkret dem Wirken der Liebe Gottes überlassen können. Entlang unseres Lebens geübt, entlässt es uns erneuert und innerlich gestärkt in unseren Alltag, den es fortan verantwortlich und in Freiheit zu gestalten gilt. Dieses Gebet führt uns dahin, dass wir unser Leben immer mehr und ganz Gott anvertrauen können, damit er uns nach seinem Willen reinigen, bewegen, erneuern, gestalten und führen kann. Unsererseits bedarf es dazu vor allem einer Offenheit und Bereitschaft, sich seinem Herzen gläubig, liebend, und hoffend hinzugeben. Dieser Weg ist folglich ein Abschied von Machertum, Egoismus und Selbstgerechtigkeit.

Es war gerade die Erkenntnis und der Weg der Wüstenväter und –mütter und speziell der des Johannes Cassian, die alle in dieser Weise auf Jesus Christus geschaut und ihn selbst in der gesuchten Stille ihres Herzens unter der Führung des Hl. Geistes in ihr Leben aufgenommen und beherbergt haben. Er hat seine Erfahrungen als einen systematischen Gebets- und Lebensweg eines Lebens in Stille in der Gestalt des Ruhegebetes beschrieben und in die westliche Spiritualität vermittelt. Für das christliche Gebetsleben und das Leben überhaupt ist es fortan eine wesentliche und unverzichtbare Erkenntnis, dass diese Haltung und Einstellung in der Ruhe „nicht nur äußere Bedürfnislosigkeit und Armut" ist, „sie ist ein bewusst angestrebtes freiwilliges Leersein im Denken und Wollen, im Begreifen und Genießen, damit Gottes Gegenwart mit ungehinderter Allgewalt in diese Leere einströme und sie mit einer völligeren Ganzheit … durchdringe." (Dies., S. 142)

Diese tiefe Erkenntnis und Erfahrung des Ruhegebetes in die Gegenwart zu übermitteln ist genau das zentrale Anliegen von Pfr. Dr. Peter Dyckhoff. Er hat uns Heutigen das Ruhegebet in all seinen Dimensionen als einen gangbaren geistlichen Weg neu erschlossen und ihn in seiner wunderbaren Leichtigkeit mit großer Geduld und Güte vermittelt. Als wahrer Seelsorger, der er ist, weiß Pfr. Dyckhoff sicher, dass die, die „den Herrn fürchten und die Wege zum Leben kennen, … jetzt und ewiglich glücklich sein" (Johannes Cassian) werden. Ich bin ihm zutiefst dankbar für seine Geduld, sein sicheres Erfassen von Mensch und Situation, für seine Großzügigkeit und seine Zuneigung zu uns Lehrenden des Ruhegebetes. Dies alles zeigt: Wir können auf diesen stillen und unermüdlichen Lehrer des Ruhegebetes, das an Europas geistlicher Wiege steht und zu seiner geistlichen Erneuerung seinen Beitrag leisten wird, noch lange nicht verzichten. Zu seinem 80. Geburtstag wünsche ich ihm, zu seinem und zu unserem Wohl, Gottes reichen Segen!

Sr. M. Theresia Winkelhöfer ADJC, Noviziatsleiterin

Dernbach

Dieser Mann ist ein Geschenk

Begegnungen – in unserem Leben, ja allein an einem Tag finden unzählige Begegnungen statt. Die meisten Begegnungen sind flüchtig, oberflächlich, nichtssagend. Dann gibt es die Begegnungen, die nachhaltiger sind, gehaltvoll, aussagekräftig. Es gibt auch die Begegnungen, die uns wirklich treffen, die uns prägen, die unser Leben verändern; und der Witz ist: Das merken wir erst viel später.

Es war im Frühjahr 2004. Ein Freund lud Sr. Clarentia und mich zu einer Autorenlesung in die Abtei Marienstatt (Hachenburg, Westerwald) ein. Der Autor war Peter Dyckhoff, den unser Freund auf einem Katholiken- oder Kirchentag erlebt hatte. „Der wird euch gefallen", meinte er noch. Und wir fuhren nach Marienstatt.

Wer schon angekündigte Autorenlesungen von Peter Dyckhoff erlebt hat, der weiß, dass er nicht aus seinem neuesten Buch liest, sondern einen Vortrag hält – manchmal zu seinem jüngsten Werk, in der Regel über das Ruhegebet – lebendig, mitreißend, begeisternd.

Und so ging es uns auch: Wir waren begeistert. Als Redakteurin unserer Ordenszeitschrift gehöre ich immer schon zu den Jägern und Sammlern, und so reihte ich mich in die Reihe derer ein, die ein Autogramm wollten oder eine Frage loswerden wollten. Zunächst taten wir unsere Begeisterung kund, und dann bat ich ihn um einen Artikel für unsere Zeitschrift. Ich erinnere mich noch gut an den klaren Blick, mit dem er mich ansah, an das strahlende Lächeln. „Gerne, melden Sie sich bitte schriftlich, dann muss ich mir jetzt nichts merken", antwortete er.

Und ich meldete mich. Und so wurde diese Begegnung zu einem Ereignis in unserem Leben, das an Tiefe und Intensität zunahm, das zu einer geistlichen Freundschaft wurde, die unser Leben nicht nur bereicherte, sondern veränderte. Uns verbindet vieles – nicht zuletzt die Liebe zu Tieren. Wir durften regen Anteil nehmen an dem Schicksal seines Kino, und durften miterleben, wie Aaron zu ihm kam. Als mein Buch „Taugen Menschen wohl zur Treue?"

erschien, schrieb er das Vorwort. 2008 durften wir bei Peter Dyckhoff Exerzitien machen, in denen er uns einführte in das Ruhegebet. Zwei Jahre später berief er mich in den ersten Kreis der Lehrenden des Ruhegebetes.

Seit fünf Jahren trifft sich der Kurs der Lehrenden einmal im Jahr bei uns im Kloster in Dernbach (Montabaur). Es ist schon eine kleine Tradition, dass Peter Dyckhoff schon donnerstags anreist, um abends den Schwestern einen Vortrag zu halten. Nach dem Vortrag – etwa gegen 21.30 Uhr – kommt er in unseren Konvent, und bei Käsebrot mit Trauben sind wir ganz schnell in einem ganz tiefen Gespräch, das die Länge der klösterlichen Nachtruhe deutlich einschränkt.

Dieses Jahr hielt er den Lehrenden samstagabends den gleichen Vortrag. Nach dem Vortrag flüsterte mir Peter Dyckhoff zu: „Kann ich noch ein Käsebrot haben?" Ich nahm ihn mit in unseren Konvent. Er wollte nicht, dass ich den für den Sonntag schon gedeckten Frühstückstisch berührte. Er schnappte sich einen Stuhl und setzte sich vor den Ofen, auf den ich dann Brot, Butter und Käse stellte. Während er sich das Brot schmierte, fragte er nach Sr. Clarentia. Die aber stand zu dem Zeitpunkt unter der Dusche. Ich holte mir auch einen Stuhl und setzte mich zu ihm vor den Ofen. Als ich die Badezimmertür hörte, flitzte ich schnell raus und flüsterte meiner Mitschwester zu, dass Peter Dyckhoff da sei.

Es dauerte keine fünf Minuten, und sie stand in der Küche – mit Schleier und in blauem Morgenmantel. Peter Dyckhoff strahlte sie an: „Die Königin der Nacht!"

Schade, dass wir dieses Bild nicht festhalten konnten: der große Peter Dyckhoff in aller Einfachheit und Bescheidenheit vor dem Ofen sitzend, ganz entspannt, vor ihm Sr. Clarentia in blauem Morgenmantel. Kurz darauf saßen wir alle auf einem Küchenstuhl und erfreuten uns unseres lockeren Miteinanders.

Eines ist sicher: Dieser Mann ist ein Geschenk.

Bibliografie

Alle Bücher von Peter Dyckhoff auf einen Blick

Das Ruhegebet. Einübung nach Cassian. Kösel-Verlag, München 1992

La preghiera della quiete. Alla scuola di Giovanni Cassiano. Neri Pozza, Vicenza 95

Smirujuca Molitva. Vjezbanje po Kasijanu. U Pravi Trenutak, Dakovo 1996

Aux sources de la Paix Intérieure. La meditation selon Cassien. Éditions Brepols, Paris 1996

Das Kosmische Gebet. Einübung nach Origenes. Kösel-Verlag, München 1994

La preghiera della cosmica. Alla scuola di Origene. Neri Pozza, Vicenza 1995

Kozmicka Molitva. Vjezbanje po Origenu. U Pravi Trenutak, Dakovo 1996

Das Mystische Gebet. Einübung nach Dionysius. Kösel-Verlag, München 1996

Himmlische Gedanken. Die Kraft mystischer Weisheit. Kösel-Verlag, München 1996

Albani. Das unerhörte Abenteuer. J. F. Steinkopf Verlag, Kiel 1998

Albani. Das unerhörte Abenteuer. Fischer Taschenbuch Verlag, Frankfurt 2000

Albani. Historischer Roman. Scherz Taschenbuchverlag, Frankfurt 2004

Finde den Weg. Geistliche Wegweisung nach Miguel de Molinos. Don Bosco Verlag München 1999

Gott spricht zur Seele. Auszüge aus der Geistlichen Weisung, Miguel de Molinos, Johannes-Verlag, Leutesdorf 2001

Jak nalézt cestu. Pokyny pro duchovni cestu podle Miguela de Molinos. Karmelitánské nakladatelstvi, Kostelni Vydri 2002

Aus der Quelle schöpfen. Das innerliche Gebet nach Teresa von Avila. Don Bosco Verlag, München 2000

Aus der Quelle schöpfen. Das innerliche Gebet nach Teresa von Avila. Verlagsgemeinschaft topos plus, Kevelaer 2011

Einfach beten. Don Bosco Verlag, München 2001
Über die Brücke gehen. Exerzitien im Alltag nach Petrus von Alcántara. Don Bosco Verlag, München 2001
Atme auf. 77 Übungen zur Leib- und Seelsorge. Don Bosco Verlag, München 2001
Odetchnij … 77 cwiczen dla duszy i ciata. Wydawnictwo Jednosc, Kielce 2008
Tiefer als der Ozean. Fragen des Lebens und die Weisheit der Wüste. Don Bosco Verlag, München 2002
Entschließe dich. Drei Wochen Exerzitien im Alltag. Don Bosco Verlag, München 2002
Gibt es für Christen Erleuchtung? Don Bosco Verlag, München 2003
Mit Leib und Seele beten. Die neun Gebetsweisen des Dominikus. Verlag Herder, Freiburg 2003
Pregare con il corpo. Alla scuola di san Domnico. Áncora Editrice, Milano 2005
Christina. Ein Klosterleben im Mittelalter. J. F. Steinkopf Verlag, Kiel 2004
Auf dem Weg in die Nachfolge Christi. Geistlich leben nach Thomas von Kempen. Verlag Herder, Freiburg 2004
Bete ruhig. Betrachtung und Ruhegebet. Don Bosco Verlag, München 2005
Geistlich leben im Sinne alter Klosterregeln. Don Bosco Verlag, München 2005
365 Tage im Licht der Liebe. Geistlich leben nach Johannes vom Kreuz. Verlag Herder, Freiburg 2007
Zycie Duchowe. Wedlug Regul Klasztornych. Swiety Wojciech, Poznan 2009
In der Stille vor dir. Gebete aus dem Geist großer christlicher Mystiker. Verlag Herder, Freiburg 2006
En silencio ante ti. SAN PABLO, Bogotà – Colombia, 2013
In der Stille vor dir. Gebete. Media Maria Verlag, Illertissen 2013
Gebet als Quelle des Lebens. Systematisch-theologische Untersuchung des Ruhegebetes, ausgehend von Joh. Cassian. Don Bosco Verlag, München 2006
Einübung in das Ruhegebet. Eine christliche Praxis nach Johannes Cassian. 2 Bd. Don Bosco Verlag, München 2006
365 Tage im Licht der Liebe. Geistlich leben nach Johannes vom Kreuz. Verlag Herder, Freiburg 2007
Bilder göttlichen Lebens. Ikonen schauen und beten. Verlag Herder, Freiburg 2007

Maßlose Hoffnung. Worte, die aufrichten. Sankt Ulrich Verlag, Augsburg 2008
Das Blaue Buch. Vom Loslassen und Wiederfinden. Sankt Ulrich Verlag, Augsburg 2009
Im Licht des Segens. Heilvolle Betrachtungen. Verlag Herder, Freiburg 2009
Ruhegebet. Don Bosco Verlag, München 2009
Oracão de Repouso. O essencial é simples. Paulinas, São Paulo (Brasil) 2014
Im Feuer deiner Liebe. Gebete auf dem Weg des Glaubens. Verlag Herder, Freiburg 2009
Sonnenuntergänge. Vom Abschied aus dieser Welt. Verlag Herder, Freiburg 2010
Kreuzgang der Liebe. Das Leben der Christina von Markyate. J. F. Steinkopf Verlag, Kiel 2011
Das Ruhegebet einüben. Verlag Herder, Freiburg 2011
Molitva Smirenja. Teovizija, Zagreb 2013, Kroatien
La práctica de la oración de quietud. Sal Terrae, Santander 2013, España
Dem Licht Christi folgen. Inspirationen für ein christliches Leben. Verlag Herder, Freiburg 2012
365 Tage im Licht der Liebe. Media Maria Verlag, Illertissen 2013
Franziskus und Klara. Ermutigung, einfach zu leben. Media Maria Verlag, Illertissen 2013
Wege der Freundschaft mit Gott. Geistlich leben nach Franz von Sales. Verlag Herder, Freiburg 2013
Maria bereitet uns den Weg. Biblische Meditationen über die Gottesmutter. Verlag Herder, Freiburg 2014
Sterben im Vertrauen auf Gott. Media Maria Verlag, Illertissen 2014
Atme auf. 77 Übungen für Körper und Seele. Herder Spektrum Band 6689. Freiburg 2014
Ruhegebet. Verlag Katholisches Bibelwerk, Stuttgart 2015
Seguir a Jesús con Tomás de Kempis, La „Imitación de Christo", hoy Ediciones Mensajero, Bilbao (Espana) 2015
Gottesmutter mit drei Händen. Media Maria Verlag, Illertissen 2015
Die leise Sprache Gottes. Geistlich leben nach Johannes von Ávila. Verlag Herder, Freiburg 2015
Bete ruhig. Media Maria Verlag, Illertissen 2016
Geheimnis des Ruhegebetes. Verlag Herder, Freiburg 2016
Wie hat Jesus gebetet? Media Maria Verlag, Illertissen 2017
Das Ruhegebet im Alltag. Verlag Herder, Freiburg 2017

Religiöses Buch des Monats September 2012

Dyckhoff, Peter: Dem Licht Christi folgen. Inspirationen für ein christliches Leben. Freiburg i. Br.: Herder Verlag, 2012. – 459 S.; 19,99 €

Pfarrer Peter Dyckhoff ist bereits als Autor zahlreicher Bücher über Spiritualität und Glaube in Erscheinung getreten. Zu seinem 75. Geburtstag legt er im Herder Verlag nun eine Art umfassendes Kompendium seines Schaffens vor – keine theologische Summe, sondern der reiche Erfahrungsschatz eines Lebens als Priester und geistlicher Begleiter. Verschiedene Lebenserfahrungen werden anhand biblischer Beispiele beleuchtet und vertieft, alle zusammengenommen sollen einen Weg aufzeigen, im alltäglichen Leben Christus nachzufolgen und darin Gott selbst zu begegnen. Dabei geht es nicht in erster Linie um die Vermittlung von Glaubenswissen und schon gar nicht um „Patentrezepte", vielmehr wird großer Wert darauf gelegt, dass allgemeine Aussagen nur Richtungen weisen können, dass jeder selbst auf die Stimme des eigenen Herzens zu hören lernen muss.

Jeweils sechs bis sieben kleinere Kapitel sind zu acht größeren Einheiten zusammengefasst. Im ersten Teil geht es darum, den Willen Gottes für das eigene Leben zu erkennen und sich ihm anzuvertrauen, der zweite Abschnitt handelt von „Liebe und Barmherzigkeit" – die dann möglich sind, wenn es gelingt, den Anderen so sehen, wie Jesus ihn sieht. Danach geht es um die Wandlung, die nötig ist, damit wir uns Gott, der doch alle Zeit bei uns ist, auch zuwenden, um ihm so schließlich begegnen zu können – im Alltag, in der inneren Stille, im anderen Menschen. Wie ein Leben aussieht, das ganz von der Begegnung mit Gott erfüllt ist, wird deutlich am Beispiel der Heiligen, denen es „gelungen und gleichzeitig geschenkt" ist, Jesus Christus ganz zur Mitte des eigenen Lebens werden zu lassen. Von hier aus ist es dann auch möglich, Geheimnisse zu „entschlüsseln", insbesondere das große Geheimnis der Menschwerdung Gottes wahrzunehmen und gläubig anzunehmen. Ein wichtiger Abschnitt ist ganz dem Gebet gewidmet, eines der zentralen Themen im Werk von Peter Dyckhoff. Vor allem empfiehlt er immer wieder das „Ruhegebet" als einen Akt der vertrauensvollen Hingabe an Gott. Schließlich geht es noch um das Hoffen über den Tod hinaus, das uns ermöglicht wird durch „Taborerfahrungen", im Gebet und in der Eucharistie, die uns auch in schweren Zeiten den Weg voll Zuversicht weitergehen lassen.

Man kann dieses umfangreiche Buch vollständig von vorne bis hinten lesen, ebensogut kann man aber auch je nach thematischem Interesse einzelne Kapitel herausgreifen und (zunächst) für sich betrachten. Zu diesem Charakter eines Haus- und Lesebuches, das man immer wieder gerne zur Hand nimmt, passt auch gut, dass das in blaues Leinen gebundene Buch mit rund 40 Abbildungen von Federzeichnungen Rembrandts zu biblischen Themen sehr schön illustriert ist. Der Autor überfordert die Leser/innen nicht durch theologisches Fachvokabular, lieber greift er zu anschaulichen und einprägsamen Geschichten und Bildern, vor allem aber scheut er sich nicht, auch eigene Erfahrungen einfließen zu lassen und sogar die Leser persönlich anzusprechen (etwa durch Fragen, konkrete Anregungen, Gebete) – schließlich geht es letztlich doch gerade für die Leser/innen darum, innezuhalten und Gott im Gebet gegenüberzutreten, um daraus das eigene Leben verwandeln zu lassen. Dafür bietet das gehaltvolle Buch viele schöne Anregungen.

(Dr. Thomas Steinherr, Sankt Michaelsbund, München)

(Als „Religiöses Buch des Monats" benennen der Borromäusverein, Bonn, und der Sankt Michaelsbund, München, monatlich eine religiöse Literaturempfehlung, die inhaltlich-literarisch orientiert ist und auf den wachsenden Sinnhunger unserer Zeit antwortet.)

Religiöses Buch des Monats Mai 2014

Dyckhoff, Peter: Maria bereitet uns den Weg. Biblische Meditationen über die Gottesmutter. Freiburg: Herder Verlag, 2014. – 174 S.; 12,99 €

Marienverehrung – lange Zeit ein ganz selbstverständliches Element der katholischen Tradition – wird heute von vielen als ein biblisch kaum begründeter Teil der Volksfrömmigkeit angesehen, der höchstens für schliche Gemüter noch eine gewisse Bedeutung besitzen kann. Demgegenüber möchte Pfarrer Peter Dyckhoff zeigen, dass der Blick auf Maria, so wie sie in der Heiligen Schrift dargestellt wird, für jeden Christen nach wie vor von zeitloser Aktualität ist und dem modernen Menschen genauso Lebenshilfe zu geben vermag wie in früheren Zeiten. In seiner Zeit als Wallfahrtsseelsorger in Kevelaer hat sich Peter Dyckhoff intensiv mit den biblischen Zeugnissen über Maria auseinandergesetzt, um nun ein Buch mit „biblischen Mediationen über die Gottesmutter" (so der Untertitel) vorzulegen.

Der Autor betrachtet zunächst die sechs Worte Mariens, von denen die Evangelien berichten, dann diejenigen Schriftstellen, an denen von Maria die Rede ist. Tatsächlich sind diese biblischen Zeugnisse relativ begrenzt, doch zeigt Pfarrer Dyckhoff, dass darin unglaublich viel enthalten ist, wenn man die Texte nur genau genug betrachtet und sie im gesamten Kontext zum Sprechen bringt. Sehr erhellend ist zum Beispiel der Vergleich, wie Zacharias, der Vater von Johannes dem Täufer, auf die Erscheinung des Engels Gabriel reagiert und wie im Unterschied dazu Maria, die sich nicht fürchtet, nicht zweifelt, sondern überlegt, mit Gott ins Gespräch kommt, um sich dann ganz Gott anzuvertrauen. Aber etwa auch die leicht zu übersehende Tatsache, dass Maria zwar unter dem Kreuz stand, aber nicht bei den Frauen dabei war, die am Ostermorgen zum Grab kommen, um den Leichnam Jesu durch Salben vor der Verwesung zu bewahren, ist für Peter Dyckhoff ein Zeichen für Marias ungebrochene Glaubenszuversicht.

Ein zentrales Ereignis, um Marias Rolle im Leben ihres Sohnes Jesus zu begreifen, ist neben der Verkündigung seiner Geburt durch den Erzengel auch die Hochzeit von Kana. Der Autor zeigt, wie Maria sich durch die zunächst abweisende Antwort Jesu auf ihre Bitte nicht irritieren lässt, sondern im Glauben begreift, dass ihr Sohn sie nicht zurückweist, sich vielmehr ganz in die Sendung seines himmlischen Vaters stellt. Von hier aus kann Maria dann voller Vertrauen die Diener ermutigen: „Was er euch sagt, das tut!"

Aber auch unscheinbare Ereignisse im Leben Mariens wie die drei Monate bei Elisabeth oder die 30 verborgenen Jahre in Nazaret werden in den Blick genommen, um Maria als Vorbild im Glauben zu verstehen, als einzigartiges Beispiel, einzuwilligen in den Willen des Vaters, auch wenn man die konkreten Folgen noch nicht abschätzen kann. Dabei verschweigt der Autor keineswegs, dass das Einwilligen in Gottes Willen, wie Maria es getan hat, zunächst durchaus auch Leiden und Aushalten in schweren Situationen bedeuten kann – Marias Leben war sogar zum größten Teil von solchen Phasen geprägt. Gerade dadurch kann Maria für uns aber auch zur Trösterin werden, die dafür einsteht, dass es bei Gott selbst dort, „wo das menschliche Leben an Grenzen stößt, oder da, wo es keine Antworten mehr zu geben und das Leben zu Ende zu sein scheint", dennoch einen neuen Anfang geben und alles ein gutes Ende nehmen kann.

In einer klaren Sprache ohne theologische Fachbegriffe, dafür aber mit lebensnahen Beispielen stellt Pfarrer Dyckhoff seine Überlegungen an. Die Texte trennen dabei nicht immer zwischen Betrachtung und Gebet – eines kann ins andere übergehen, was den Leserinnen und Lesern helfen wird, das Bedachte auf das eigene Leben zu beziehen und vor Gott zu bringen. So kann das schöne Buch wirklich dazu beitragen, durch Maria „Lebenshilfe" im besten Sinne zu geben. *(Sankt Michaelsbund, Dr. Thomas Steinherr)*

(Als „Religiöses Buch des Monats" benennen der Borromäusverein, Bonn, und der Sankt Michaelsbund, München, monatlich eine religiöse Literaturempfehlung, die inhaltlich-literarisch orientiert ist und auf den wachsenden Sinnhunger unserer Zeit antwortet.)

Vita – kurz zusammengefasst

19.08.37	geb. in Rheine an der Ems
1943	Einschulung in Rheine
1945–49	Volksschule in Rheine
1949–58	Gymnasium Dionysianum in Rheine, Abitur (Math.-Naturw. Zweig)
1958–59	Praktikum bei der Commerzbank in Hamburg
1959–60	Praktikum bei der Frottierweberei Dyckhoff GmbH, Rheine
1960–64	Psychologie-Studium an der Universität Münster
Herbst 64	Übernahme der Geschäftsführung des elterlichen Textilbetriebes
1964–76	Geschäftsführung der Dyckhoff GmbH
1971	Berührung mit asiatischer Philosophie und Meditation
1976	Einstellen eines Geschäftsführers für die Dyckhoff GmbH
1976–77	Gründung eines Meditationszentrums in Schledehausen bei Osnabrück
1977–81	Theologie-Studium an der Univ. Münster, der Univ. Innsbruck und der Theologischen Hochschule Brixen/Südtirol
1981	Priesterweihe in Brixen; Primiz in Rheine
1981–82	Kooperator (Kaplan) in St. Georgen/Bruneck, Südtirol
1982–85	Wallfahrts- und Krankenhaus-Seelsorger in Kevelaer/Niederrhein
1985–88	Pfarrer in Adlum, Diözese Hildesheim
1989	Aufbau und Leitung des *Haus Cassian*, einem bischöflichen Bildungshaus, in Rohdental (Weserbergland)
1990	Ernennung zum Spiritual durch Bischof Dr. Josef Homeyer
Seit 1990	Verbreitung des Ruhegebetes (Vorträge, Kurse, Einzelbegleitungen)
1990	Beginn der literarischen Tätigkeit

1999	Auflösung des *Haus Cassian*
1999	Emeritierung und Umzug nach Senden, in die Heimat-Diözese Münster
1999	Adoption von Claus Matthias Brück-Dyckhoff
Seit 1999	Wahrnehmung pastoraler Aufgaben im Münsterland; Einsatz in diversen Pfarreien (Senden, Ottmarsbocholt, Bösensell, Venne, Münster, Buldern, Hiddingsel, Rorup, Karthaus, Hamicolt u. a.)
Seit etwa 2000	• Einübungskurse in das Ruhegebet, Vorträge zum Ruhegebet in Deutschland, Österreich, Schweiz und Südtirol • Fernsehsendungen bei Bibel TV, K-TV, Kirche in Not, EWTN, ZDF • Radiosendungen bei NDR, WDR, Domradio Köln, Radio Horeb, Deutschlandradio Kultur, Radio Maria Österreich, Radio Maria Schweiz, Radio Maria Südtirol
2006	Promotion in Kath. Theologie; Schwerpunkt Dogmatik Dissertation: „Gebet als Quelle des Lebens. Systematisch-theologische Untersuchung des Ruhegebetes, ausgehend von Johannes Cassian"
Etwa 2010	Beginn der Suche von potenziellen „Lehrenden des Ruhegebetes" und deren Ausbildung
2013	Gründung der „Stiftung Ruhegebet"
ab 2011	Mehrere Kurse zur Ausbildung von Lehrenden des Ruhegebetes Regelmäßige Jahrestreffen der Lehrenden des Ruhegebetes im Kloster Dernbach/Ww. Erstellen von Powerpoint-Präsentationen zur Vertiefung des Ruhegebetes bei entsprechenden Kursen durch die Lehrenden Fortführung seiner literarischen und pastoralen Tätigkeit